U0090255

民國文化與文學研究文叢

三 編

李 怡 主編

第 9 冊

抗戰時期「軍紳」社會與大後方文學（上）

袁少沖 著

國家圖書館出版品預行編目資料

抗戰時期「軍紳」社會與大後方文學（上）／袁少沖 著 -- 初
版 -- 新北市：花木蘭文化出版社，2014〔民103〕
目 4+214 面；19×26 公分
（民國文化與文學研究文叢 三編；第9冊）
ISBN 978-986-322-781-6（精裝）
1.中國文學 2.抗戰文藝 3.文藝評論
541.26208   103012748

特邀編委（以姓氏筆畫為序）：

丁　帆	王德威	宋如珊
岩佐昌暲	奚　密	張中良
張堂錡	張福貴	須文蔚
馮　鐵	劉秀美	

民國文化與文學研究文叢
三　編　第　九　冊　　　　ISBN：978-986-322-781-6

抗戰時期「軍紳」社會與大後方文學（上）

作　　者	袁少沖
主　　編	李　怡
企　　劃	四川大學現代中國文化與文學研究中心
	民國文學與海外漢學研究中心（籌）
	北京師範大學民國歷史文化與文學研究中心
總 編 輯	杜潔祥
副總編輯	楊嘉樂
編　　輯	許郁翎
出　　版	花木蘭文化出版社
社　　長	高小娟
聯絡地址	235 新北市中和區中安街七二號十三樓
	電話：02-2923-1455／傳真：02-2923-1452
網　　址	http://www.huamulan.tw 信箱 hml810518@gmail.com
印　　刷	普羅文化出版廣告事業
初　　版	2014 年 9 月
定　　價	三編 20 冊（精裝）新台幣 35,000 元

版權所有·請勿翻印

抗戰時期「軍紳」社會與大後方文學（上）

袁少沖　著

作者簡介

袁少沖，男，1981 年生，河南洛陽人。大學期間學習工科專業，因有志於從事人文學術研究而轉入中國現代文學研究領域。2009 年於陝西師範大學獲得文學碩士學位，2012 年於北京師範大學獲得文學博士學位，現爲運城學院中文系講師。目前的研究方向主要有：魯迅思想研究，中國現代文學與民國歷史文化研究。本人興趣廣泛，無論文學還是歷史、哲學，無論西方文化、印度文化還是傳統的儒釋道文化，均有濃厚的興味。

提　　要

　　抗戰時期的大後方文學與它所處的社會環境有非常緊密的關聯，這種社會環境的結構與性質在很大程度上影響了文學自身的面貌。近年來關於民國社會的許多歷史學、社會學研究都表明，抗戰時期的大後方仍舊是一種特殊的「軍紳」社會。它有兩個重要特徵：其一是以新軍閥、新紳士聯合的「軍紳」政權爲主導；其二是由於近代新式教育體制的實施造成的城鄉二元分離現象。這兩方面的特徵都對當時的文學發生了相當深入的影響。就前者來說，既體現在政權的現實權力對文學的控制與導向上，又體現在政權的意識形態對文學的影響和滲透。就後者來說，城鄉的二元分離造成的社會上層與下層、城市與鄉村、現代文明與農耕文明之間的巨大鴻溝，爲中國「抗戰建國」的歷史任務設置了重大的障礙。大後方文學的許多變化與特點都與此相關，論文主要分四個部分從抗戰時期「軍紳」社會的角度探討了其與大後方文學之間的關係。

　　第一章通過知識分子階層從傳統的「士大夫」（紳士）形態過渡到現代知識分子形態的轉變，以及國民政府行政改革的不成功，如何形成了民國的「軍紳」社會。先是考察了中國近代的新式教育體制與知識分子身上發生的城市化、知識化傾向的關係；接著分析知識分子的城市化所引起的城鄉二元分離現象；最後分析了蔣介石政府如何因行政改革的不成功而最終成爲「軍紳」社會的一部分。

　　第二章探討抗戰時期大後方的「軍紳」社會與文人作家的生存境遇的關係。首先，地方上的「軍紳」建設如何爲大後方的文學活動提供物質基礎。其次，分析了大後方各類「軍紳」政權的意識形態與作家活動空間的關係。最後，探討各種「軍紳」政權的相互制衡如何給文學的生存提供了機遇。

　　第三章通過對大後方文學作品的分析，發現其中所展示出的各個層面的「軍紳」社會，並分析了抗戰時期「軍紳」社會的惡化與社會的兩極分化，在人的分化方面重點剖析了知識分子的分化情形。

　　第四、五章論述「抗戰建國」這個抗戰時期國家的總任務與大後方文學之間的關係。前兩部分論述了西南聯大現代派詩歌和「七月派」文學。後面四個部分對大後方的文藝「大眾化」現象進行了研究，指出後者是一種爲了彌補「軍紳」社會二元鴻溝而發生的現象。

　　結語部分指出了「軍紳」社會對國家現代化的阻礙與文學的「現代化」追求之間的矛盾，以及「軍紳」社會與中國現代文學之間奇特的悖謬共生的關係。

「民國熱」與民國文學研究
——第三輯引言

李　怡

　　經過多學界多年的倡導和努力，「民國文學」的概念在越來越大的範圍內獲得了人們的理解和接受，從民國歷史文化的角度闡述文學現象也正在成爲重新定位「現代文學」的重要思路，從某種意義上看，這可以說是近年來中國文學研究的一大動向。當然，面對我們業已熟悉的一套概念、思路和批評方式，「民國文學」的價值、意義和研究方式也依然需要更多的學者共同參與，並貢獻自己的創造性思想，在更獨特更具規模的「民國文學史」問世之前，種種的疑問是不可避免的。其中之一，就是困惑於社會上越來越強烈的「民國熱」：在不無喧鬧、魚龍混雜的「民國消費」的浪潮中，所謂的「民國文學研究」又意味著什麼？它根源於何方？試圖通往何處？如何才能將流俗的迷亂與學術的理性劃分開來？

　　在這個意義上，釐清當前中國社會的「民國熱」與學術研究的「民國文學」思潮之相互關係，也就成了一件極有必要的事情。

作爲當代大衆文化的民國熱

　　民國熱，這個概念的所指本身並不明確：一種思想潮流？一種社會時尚？一種消費傾向？我們只能先這樣描述，就目前一般報章雜誌的議論而言，主要還是指由媒體與出版界渲染之後，又部分轉入社會時尚追求與大衆想像的「趣味的熱潮」。

　　在一個相當長的時期內，「民國」這一概念通常被另外一個色彩鮮明的詞語代替：舊中國，它指涉的就是那一段早已經葬身歷史墳墓的「軍閥當道，

萬馬齊喑，民不聊生」的時代，因早已結束而記憶發黃，因過於黑暗而不願詳述。而所謂的「民國熱」就是對這些固化概念的反動，重新生發出瞭解、談論這段歷史的欲望，並且還不是一般的興趣，簡直引發了全社會範圍內的廣泛而強烈的熱潮。據說，當代中國的「民國熱」要追溯到 2005 年。餘世存的《非常道》、美籍華人學者唐德剛的《袁氏當國》、張鳴的《歷史的壞脾氣》相繼出版，一反過去人們對「民國」的刻板印象，種種新鮮的歷史細節和「同情之理解」，喚起了中國人對原本早已塵封的這段「舊中國」歷史的新的興味。接下來的幾年中，陶菊隱、傅國湧、何兆武、楊天石、智效民、邵建、李輝、孫郁等「民國見證人」與「民國史學者」不斷推出各種鮮活的「民國話題」，使得我們在不斷「驚豔」的發現中似乎觸摸到了「眞實」的歷史脈搏，而且，這些關於民國往事、民國人物的敘述又不時刺激到了我們當今生活的某些負面，今昔對比，但不再是過去那種模式化的「憶苦思甜」，在不少的時候，效果可能恰恰相反，民國的細節令人欣羨，反襯出今天的某種不足，這裡顯然不無記憶者的美化性刪選，也難免闡釋者的想像與完善，但對於廣大的社會讀者而言，嚴謹考辨並不是他們的任務，只要這些講述能夠塡補我們的某種欠缺，滿足他們的某些精神需要，一切就已經夠了。「民國熱」在「辛亥百年」的紀念中達到高峰，如今，在大陸中國的稍具規模的書店裏，我們都能夠看到成套、成架、成壁的民國專題圖書，圖書之外的則是更多的報刊文章、電視節目，甚至服飾的民國懷舊潮流，大陸中國的民國熱還在一定程度上波及到了海峽對岸，在臺灣的圖書與電視中，也不時晃動著「民國記憶」的身影，只是，對於一個自稱「民國進行時」所在，也會同我們一起講述「過去的民國」，多少令人覺得詫異，它本身似乎也生動地提醒我們：民國熱，主要還眞是一種大眾趣味的流變，而非知識精英的文化主題，儘管我們的知識界在其中推波助瀾。〔註1〕

作爲當代大眾文化體現的「民國熱」是由知識分子津津樂道的「民國掌故」喚起興味的，正是借助於這些「恍如隔世」的故事，人們逐漸看到了一個與我們熟悉的生活格局迥然有別的時代和社會，以及生活於其中的個性色彩鮮明的歷史人物，出於某種可以理解的現實補償心理，人們不免在這一歷史意象中寄予了大量的想像，又逐漸將重塑的歷史意象召喚進現實，成爲某

〔註1〕 參看周爲筠：《「民國熱」之下的微言大義》，載《南方都市報》，2008 年 1 月 20 日。

種時尚趣味的符號，如在一些婚紗藝術照與大學畢業紀念照中流行「民國服飾」。應當說，作為這一社會趣味的推動力量，一些知識分子的「關於民國」的寫作發揮了明顯的作用，但是，作為流行的社會趣味本身的「民國熱」卻還不能是一種自覺的時代思潮，而只是知識分子的個人的某種精神訴求與社會情緒的並不嚴密的合流，一方面，知識界對這些「民國文化」的提取和發掘尚未進入系統的有序的理性層面，本身就帶有明顯的趣味化和情緒性色彩，包括目前流行甚廣的所謂「民國范兒」，這個本來是一個值得深入探討的精神現象，但是到目前為止，依然主要流於種種極不嚴格的感性描述與文學比喻，而且據說提出者本人也還試圖放棄其概念發明權。〔註2〕

大眾文化，不管我們今天對它的評價究竟如何，都應該看到，這是一種與通常所說的由知識分子自覺建構的並努力納入到精英文化傳統的追求所不一樣的「文化」，它更多地與人們的日常生活方式及生活趣味緊密聯繫，是指普通大眾基於日常生活的需要而生成的種種精神性追求和傾向，它與精英知識分子出於國家民族意識、歷史使命或文化獨創性目標而刻意生產的成果有所不同。當然，作為個體的知識分子既致力於精英文化的建構，又同時置身於大眾生活的氛圍之中，所以嚴格地講，他同樣也擁有大眾文化的趣味和邏輯，受到日常生活文化的影響，也自覺不自覺地影響著以日常生活為基礎的大眾文化。

從精英知識分子的邏輯出發，我們不難發現大眾文化的若干消極面，諸如與媒體炒作對真正的個性的誤導甚至覆蓋，工業化生產的趣味同質化，五彩繽紛背後隱含的商業利益，對世俗時尚缺乏真正的批判和反思，甚至對國家意識形態的某種粉飾和媾和等等，當年的法蘭克福學派就因此對資本主義的大眾文化大加鞭撻。的確，源於日常生活需要的物質性、享受性與變異性等特點使得大眾文化往往呈現出許多自我矛盾的形態，這裡就有法蘭克福學派所痛心疾首的「商品性」、「同質化」、「工業生產式的批量化」、「傀儡化」、解構主體意識等消極面，如霍克海默和阿多洛在《啓蒙辯證法》中指出的那樣：「文化工業的產品到處都被使用，甚至在娛樂消遣的狀況下，也會被靈活地消費。」〔註3〕「文化工業反映了商品拜物教的強化、交換價值的統治和國

〔註2〕 舒非：《「民國熱」》，見2012年8月10日「大公網」，http://www.takungpao.com/fk/content/2012-08/10/content_913084.htm。

〔註3〕 霍克海默、阿多諾：《啓蒙辯證法》，洪佩郁、藺月峰譯，重慶：重慶出版社，1990年版，第118頁。

家壟斷資本主義的優勢。它塑造了大眾的鑒賞力和偏好，由此通過反覆灌輸對於各種虛假需求的欲望而塑造了他們的幻覺。因此，它所起的作用是：排斥現實需求或真實需求，排斥可選擇的和激進的概念或理論，排斥政治上對立的思維方式和行動方式。」〔註4〕

所以，我們今天也不難發現大眾「民國熱」中的一些為消費主義牽引的例證。例如今天的「民國熱」也開始透露出不少獵奇和窺隱的俗套，諸如《民國公子》、《民國黑社會》、《民國八大胡同》一類黑幕消費、狹邪消費同樣開始流行一時，走上被法蘭克福學派抨擊的文化解構、文化異化的萎靡之路。

作為學術史演進的「民國文學研究」

上述大眾之熱，在最近一些年給人留下了深刻的印象（有人稱之為「愈演愈烈」），所以當「民國文學研究」的呼聲出現，便自然引起了不少的聯想：這是不是「民國熱」的組成部分呢？又會不會落入獵奇窺隱的窠臼呢？

在我看來，「民國熱」與「民國文學研究」的出現，其最大的相關性可能就在時間上。拋開臺灣學界基於意識形態原因而書寫「中華民國文藝史」不算，中國大陸最早的「民國文學」設想出現在 1990 年代末（陳福康），最早的理論倡導出現在 2000 年代早期（張福貴），但形成有聲有勢的多方位研究則還是在 2000 年代後期（張中良、丁帆、湯溢澤、李怡及「西川論壇」研究群體），這一逐漸成熟的時間剛好與所謂的「民國熱」相重疊，所以難免會給令人從中尋覓關聯。不過，值得我們注意的是，在前述大眾趣味的民國熱之外，其實還有另外一條線索被我們忽略了，這就是學術界對中國近現代歷史的考察和追問方式。

20 世紀初，劍橋史書已經成為英語世界的多卷本叢書典範，《劍橋中國史》從 1966 年開始規劃，迄今已經完成 16 卷，它對歷史的劃分很自然地採用了朝代與政治形態的變化加以命名，至我們所謂的現代與當代分別編寫了《中華民國史》與《中華人民共和國史》各兩大卷，在這裡，「民國」歷史的梳理和描述已經成為國際學界的正常工作，絲毫不涉及流行趣味的興起問題。

在大陸中國，雖然因為政治原因，「民國」一詞一度包含了某種政治禁

〔註4〕斯道雷：《文化理論與通俗文化理論導讀》，楊竹山譯，南京：南京大學出版社，2001 年版，第 71 頁。

忌，需要謹慎使用，但總體來看，除了「文化大革命」這樣的極端的文化專制時期之外，對「民國史」的關注和研究一直獲得了國家層面的包容甚至支持。《中華民國史》的編修工作可以追溯到半個世紀以前，早於《劍橋中國史》的編寫計劃。1956 年，在「向科學進軍」及「百花齊放、百家爭鳴」的熱潮中，國家科學發展十二年規劃中就已經列入了「民國史」的研究計劃。1961 年是辛亥革命 50 週年紀念，作為辛亥革命親歷者的董必武、吳玉章等人又提議開展民國史研究。1971 年全國出版工作會議期間，周恩來總理親自指示，將編纂民國史列入國家出版規劃，具體交由中國科學院哲學社會科學學部（今中國社會科學院）近代史研究所負責組織實施，由著名史學家李新先生負責統籌。由於「文革」的環境所限，編寫工作真正開始於 1977 年，但作為項目卻始終存在。作為民國史研究系列之一，《民國人物傳》第一卷於 1978 年出版，1981 年，《中華民國史》第一卷上下兩冊亦由中華書局正式出版，至 2011 辛亥革命一百週年前夕，全套《中華民國史》共 36 卷全部出齊，被稱為是中國出版界在近年來的一件大事。有趣的是，《中華民國史》第一卷在當年問世之後，遭到了臺灣學界的激烈批評，被認為是政治色彩濃厚、評價偏頗的「官史」，當時大陸方面特意回應，辯解說我們的民國史研究不是政治行為，是完全的學術行為。雖然這辯解未必完全道出了我們學術制度的現實，但是從那時起，「民國史」的研究至少在形式上已經成為學術而不是政治的一部分，卻是值得肯定的事實。到今天，史學界內部的民國史研究已經成為中國學術重要的方向，中華民國史研究被確立為中國社會科學院重點學科也已經十多年了；致力於「民國史」研究的自然也不只中國社會科學院一家，如南京大學、復旦大學、北京師範大學、中國人民大學等諸多學術機構都在這方面投入甚多，且頗有成就，就是一部《中華民國史》今天也不僅有中國社會科學院牽頭版，也另有南京大學版（南京大學出版社，2005 年，張憲文主編）、中國現代史學會版（四川人民出版社，2006 年）等，2000 年 9 月，南京大學中華民國史研究中心被批准為教育部普通高等學校人文社會科學重點研究基地，多年來，他們通過編輯出版《民國研究》、承擔國家重點科研項目、連續舉辦中華民國史國際學術研討會、不斷推出大型研究叢書等方式穩健地推動著民國史的研究。

這一「民國史」的學術努力試圖突破當代「以論代史」之弊、還原歷史真實，承襲的是實事求是的中國學術傳統，與當下社會文化的時尚毫無關

係。

　　民國文學研究的出現和發展同樣是歷史學界實事求是追求的一種有力回應。

　　同整個歷史學界一樣，中國文學史研究也一度成為「以論代史」的重災區，甚至作為學科核心概念的「現代」一詞也首先來自於政治思想領域，與中國文學發生發展的事實本身沒有關係，以致到了1980年代，我們的文學博士還滿懷疑惑地向學科泰斗請教「何謂現代」。1990年代的「現代性」知識話語讓中國文學研究在概念上「與國際接軌」了，但同樣沒有解決「以中國術語表述中國問題」的困惑，凡此種種，好像都在一再證實「論」的重要性，於是，「以論帶史」的痕迹依舊存在。

　　如何回到中國歷史自己的現實，如何在充分把握這些歷史細節的基礎上梳理和說明我們文學的發展，我們需要走的路還很長很長。

　　「民國文學」概念的重新提出，其實就是創造了一種可能：我們能不能通過回到自己的國家歷史情態之中，就以這些歷史情態為基礎、為名詞來梳理文學現象──不是什麼爭議不休的「現代」，也不是過於感性的「新文學」，就是發生在「民國」這一特定歷史語境中的精神現象和藝術追求，一切與我們自己相關，一切與生存於「民國」社會的我們相關。

　　就是這樣，本著實事求是的治史傳統，我們可以盡可能樸素地返回歷史的現場，勘探和發掘豐富而複雜的文學現象。實事求是，這本來是當年「民國史」負責人李新先生的願望，他試圖倡導人們從最基礎的原始材料做起，清理和發現「民國」到底有哪些值得注意的史實，這樣的願望雖然在「文革」的當時並不能實現，但卻昭示了一代民國史學人的寶貴的學術理想。今天，文學史研究也正在經歷一場重要的轉型，這就是從空洞的理論焦慮中自我解放，重新返回歷史，在學術的「歷史化」進程中鳳凰涅槃，迎來自己新的生命。

　　只有在這樣的學術脈絡中，我們才有可能洞悉「民國文學」研究的真諦，也才可能將真正學術的自覺與大眾文化的潮流區分開來，為將來的文學史研究開闢嶄新的道路。

　　社會的時尚是短暫的，而文學史研究的發展卻有它深遠的思想淵源。

　　大眾的文化是躁動的，而我們需要的學術卻是冷靜的、理性的。

　　當下的潮流總是變動不居的，除了「民國」之熱，照樣還有「啟蒙」的

熱，「黨史」的熱，「國學」的熱……不是每一椿的「時髦」都可以牽動學術思想的重大演變，儘管它們可以在某種程度上相遇，也可以發生某種的對話。

一切都是如此的不同，一切本來也就是根本不同。

熱中之冷與冷中之熱

我如此強調文學史學術的冷靜與理性，與鼓譟一時的社會潮流區別開來，這當然並不意味著我們的工作是封閉於社會，不食人間煙火的學院活動，當代學術向著「歷史化」的方向轉型，這並不意味著學術從此與主體感受無關，與社會關懷無關，從根本上看，這是一種對於研究主體與歷史客體雙向關係的全新的調適，我們必須最充分地尊重未經干擾的事實本身，同時也要善於從歷史事實的豐富中把握我們感受的真實性，在過去的歷史敘述中，我們對此經驗欠缺，希望「民國文學史」研究能夠讓我們重新開始。

這也就是說，雖然我在根本上強調了學術邏輯與時尚邏輯的不同，但是，我也無意拒絕從社會的普遍感受中獲得關於「歷史價值」的追問和思考，包括對大眾文化內在意義的尊重和關注。法蘭克福學派曾經激烈地抨擊了大眾文化的諸多弊端，不過，這不能掩蓋另外一些學者如英國的文化研究（如費斯克的學說）從相反的角度所展開的正面的發掘與肯定，這指的是對大眾文化追求中積極的建構性意義的褒揚。如費斯克所欣賞的反抗性、自由選擇性，正所謂「身體的快感所進行的抵抗是一種拒絕式的抵抗，是對社會控制的拒絕。它的政治效果在於維持著一種社會認同。它也是能量和強有力的場所：即這種拒絕提供強烈的快感，並因而提供一種全面的逃避，這種逃避使身體快感的出現令上層覺得驚慌，卻使下層人民感到了解放。」〔註5〕中國的大眾文化是在結束文革專制、社會改革開放的過程中發展壯大的，這樣的過程本身就與法蘭克福學派所警惕的成熟的資本主義文化不盡相同，它在問題重重的同時依然帶有抵抗現實秩序的某些功能，因此值得我們認真對待。即以我們目前看到的「民國熱」為例，一方面其中肯定充斥了消費主義的萎靡之態與嘩眾取寵的不負責任，但是，在另外一方面，我們卻也應該承認，帶動了「民國熱」的許多講述者本身也是民國史的研究者和關注人，他們兼具知識

〔註 5〕費斯克：《理解大眾文化》，王曉珏、宋偉強譯，北京：中央編譯出版社，2001年版，第 64 頁。

基礎與人文關懷，即使是對「民國」的浪漫化的想像也部分地指向了某種對理想信念的緬懷——教育理念、文化氛圍、人格風骨等等——顯然不都是歷史的事實，但是提出問題本身卻無不鑒古知今，繼續變革中國、造福民族的意味，這卻不是無的放矢的。這樣的大眾文化包含了某些值得深思的精神訴求，在信仰沉淪、物質至上、唯利是圖的時代，尤其不可爲「治民國史」者所蔑視，在某些時候，其本質上胸懷民族未來的激情恰恰應該成爲學術的內在動力。

當然，社會情懷的擁有並不就是學術本身。學術自有自己的理念和法則，作爲學者，我們思考的不是改變這些法則去遷就大眾的情趣，相反，是更好地尊重和完善法則，讓法則成爲社會情懷的合理的延伸和提煉。民國文學的研究首先是學術，不是轉瞬即逝的社會潮流，與那些似是而非的「民國熱」比較，我們起碼還應該在下面幾個方面意識清晰：

第一，作爲學者而不是媒體人，思想是學者的第一生命，而思想的提煉必須來自於對現實生活的有距離的觀察和判斷。我們要特別強調一種理性的認知，以代替某些煽情式文字書寫。之所以這樣強調，乃是在「學術通俗化、市場化」的今天，學術著作有時混同於媒介時代大量的「抒情讀物」中，如果單純依從大眾閱讀的快感，難免會模糊掉學者的本位，使思想讓位於抒情。

其次，作爲歷史敘述的工作者，我們應該盡力還原歷史的複雜性，以區別於對歷史的想像。作爲大眾文化的精神需求，其實不可能「較眞」，有時候似是而非的故事更能夠調動人們的情緒，但是對於歷史工作者就不同了，它必須對每一個細節展開盡可能的考察、追問，即使充滿矛盾之處，也必須接受仔細的勘探和分析，當然，這樣的刨根問底可能會打破不少的幻夢，瓦解曾經的想像，就是「歷史見證人」的「口述實錄」也必須接受專業的質疑，未經質疑和考證的材料不能成爲我們完全信賴的根據，這樣的「工作」常常枯燥而繁瑣，並不如一般大眾想像的那麼自由和愜意，但是學術的眞相必須在直面這樣的事實之中，只有洞察了所有這一切的矛盾困惑，我們方能獲得更高的事實的頓悟，也只有不間斷的疑問，才能推動我們對「問題」的不斷髮現。正如有學人指出的那樣：「民國自有許多值得我們繼承、借鑒的遺產，如自由之精神，如兼容並包的大學氣度等等，但我們不應不加辨析，只選取光鮮處，一味稱歎；更無意於要在民國諸賢中分個高低上下，使孔子大戰耶

穌，魯迅 PK 胡適，只是覺得我們在關注歷史人物時，首先要研究其思想、事功，而非僅僅作為飯後談資的八卦、段子。」〔註6〕

第三，民國文學的研究最終是為了解釋說明文學本身的問題而不是其他。這裡的「其他」常常就是大眾豐富的需求，或者為了各自的政治道德目標，或者為了心理的釋放，或者就是獵奇與八卦，一切事物都可以成為談資，一切談論的方式都無不可，超越「專業」的任性而談往往更具某種「自由」的魅力。但是，一旦真正進入專業研究，這都是學術的大敵。民國文學研究最終是為了深刻地解釋和說明民國時期的文學何以如此，所有「文學之外」的信息都必須納入到對「文學之內」的認定才有其必要的價值，而且這些信息的真正性也須得我們反覆校勘、多方考辨。在「文學解釋」的方向上，關於「民國」的種種逸聞趣事本身未必都有價值，未必都值得我們津津樂道，只有能夠幫助我們重新進入文學文本的「故事」才具有學術史料的意義。

最後，也是我們必須格外重視的一點，那就是學術研究所包含的社會情懷主要是通過對社會文化環境的緩慢的影響來實現的，它並不等於就是目標單純的政治抨擊，也不同於居高臨下的道德訓誡。就民國文學研究而言，如何我們能夠在學術研究中發掘某些民國文學的發展規律，揭示某些民國作家的精神選擇，闡述某些文學文本的藝術奧妙，本身就對當前的文學生態發生默默的轉移，又經過文學的啟迪通達我們更大的當代精神，誠如斯，學術的價值也就實現了。學術研究有必要與傳統所謂的「現實隱射」嚴格區別開來，雖然我們能夠理解傳統中國的專制主義壓抑下「隱射」思維出現的理由，但是在總體上看，精神活動對社會現實的影響應當是正大光明的，而「隱射」思維卻是偏狹的和陰暗的，文學研究是排除「預設」的對歷史現象的豐富呈現，「影射」卻將思想牽引到一個特定的主觀偏執的方向之上，不僅不能真正抵達真相，而且還可能形成對歷史事實的扭曲和遮蔽，學術擁有更為開闊的目標和境界，而「影射」則常常被個人的私欲所利用。和一切嚴肅的學術研究一樣，民國文學研究是在健康和積極的方向上為中國的當代文化貢獻自己的智慧和力量。

恰恰是「民國熱」之中，我們需要一種「冷」的研究，當然，這「冷」並非冷漠，而是學術的冷靜和理性的清涼。

〔註 6〕 王晴飛：《冷眼「民國熱」》，《文學報》，2012 年 7 月 5 日。

目

次

引　論

一、選題的緣起

　　以「五四」為肇始的新文學一開始就是旨在從思想、道德、倫理、信仰全方位改造中國社會的新文化運動的一部分，有著強烈的「現實」訴求和「現代」訴求。眾所周知，曾以自己的創作有力地顯示新文學實績的魯迅，也坦言其當時的作品是「聽將令的」。考慮到我們當前文學上日益嚴重的商品化、技藝化、遊戲化的傾向，反觀現代文學的這種特性不能不說是一種良性的傳統。從宏觀的角度說現代文學的這種感時憂國、經國濟世的特點是貫穿其始終的，只是隨著社會發展的具體歷史情境時而舒緩、時而峻切，抗戰時期即是它峻切的高峰。

　　抗日戰爭是中國近現代史上的一件大事，在此過程中，中華民族經受了血與火、生與死、存與亡的酷烈考驗，對推進整個國家的現代化進程有重大的意義。「抗戰」是當時整個中華民族面臨的最大現實，而一向關注現實的現代文學，不可能不將抗戰納入到自己的書寫中。正如發生在戰時大後方的文藝運動一樣，它普遍而積極地參與了這一盛事，用自己獨特的方式貢獻了力量。

　　「抗戰」這一現實與文藝作品、文藝運動之間有密切的關係。首先，戰爭改變了中國社會。民國以來逐漸形成的「軍紳」社會在日軍侵華這種外來殘暴地有力壓榨下，原本就動蕩、脆弱、畸形的社會結構，就變得更加支離破碎，從向來經歷的緩慢的「蠕變」形態步入到急劇惡化的狀態，社會在各個方面都發生了兩極分化。所謂「倉廩實而知禮節，衣食足而知榮辱」，戰爭

帶來的社會物質生存條件的空前惡化迅速導致了社會文化生態的激變，剝削、壓迫、貪污、腐敗、麻木、愚昧等達到了駭人聽聞的程度，文化生態的畸形反過來又促使社會的全面崩潰，陷入到惡性循環而不能自拔。其次，社會的變化也改變了作家的生活狀況：

> 戰爭給予新文藝的重要影響之一，是使進步的文藝和落後的農村進一步地接觸了，文藝人和廣大民眾，特別是農民進一步地接觸了。抗戰給新文藝換了一個環境，新文藝的老巢，隨著大都市的失去而失去了，廣大農村與無數小市鎮幾乎成了新文藝的現在唯一的環境。……〔註1〕

> 而一向定居在上海，靠賣稿維持生活的作家們底生活秩序，也就完全破壞了。為著工作，為著生活，他們不能不離開安定的故居。有的隨著抗戰的軍隊，踏上了硝煙炮火籠罩下的前線；有的跟著流亡的難民，踏上了荒涼落後的內地。〔註2〕

從城市到鄉村，從沿海到內地，生活環境的重大變化，使得長期學習、工作、生活在東南沿海城市的作家們在流亡中親眼目睹了更廣闊、更全面的社會現實，這造成了他們在思想、認識、立場上的轉變。

再次，抗戰引起了文學的改變。中國現代文學一向是緊密關注社會現實、參與社會現實的，在「五四」新文化運動中就有最典型的體現。戰爭對中國社會的這種改變，突出了「救亡」的時代需要，然而，最初參與救亡甚至是許多投筆從戎的作家們發現，他們最是「無用」，手不能挑肩不能扛。於是，文人作家們不得不對新情況、新局勢、新問題進行考量和深思：文藝怎樣為「抗戰」（救亡，眼前目標）、「建國」（現代化，最終目標）貢獻力量呢？他們的答案是參與、開展文藝運動，用自己手中的筆，用這種獨特的形式，來喚醒人們抗日救亡的意識、熱忱，來團結全民族、凝聚力量。

文人作家們就是這樣發起和參與大後方的文藝運動的。從以上簡單地梳理中，不難看出，要想全面、充分地研究文藝運動，尤其是要把握它的基本性質，不能不對民國時期中國的社會性質進行考察，否則我們就對抗戰爆發

〔註1〕 周揚：《對舊形式利用在文學上的一個看法》，《周揚文集1》北京：人民文學出版社，1984年，第300頁。

〔註2〕 以群：《關於抗戰文藝活動》，樓適夷主編：《中國抗日戰爭時期大後方文學書系・第一編・文學運動》，重慶：重慶出版社，1989年，第172頁。

前後中國社會的變化以及文人作家身上發生的變化不甚明瞭，而這兩點則深刻地影響了文藝運動的形態與面貌。況且，社會的基本現實是文藝生長的「土壤」，文藝描寫現實、反映現實，也促進著現實的改變。但長期以來對民國時期中國社會的研究，卻不能使人滿意，難以滿足我們在把它與大後方文藝運動聯繫起來考察的需要。

眾所周知，我們民族素來有重視歷史的傳統，歷史不僅僅（甚至不主要）是保存過去的真相，而是為了「鑒往知來」，有較強的指向「當下」的功利傾向，這是一種優劣交加、因時而異的傳統。建國以來，馬列主義成了絕對主流的意識形態，以往的歷史尤其是與馬列直接相關的現代史（包括現代文學史）受到了格外的重視和青睞，以馬克思主義的觀點闡釋歷史在很長一段時間成為唯一的合法存在。需要注意的是，馬克思主義的確是一種深刻犀利的理論，在許多方面它揭示了長期被人掩蓋、弱化或忽略的問題，其價值與成就至今無法繞過。但問題在於，任何理論都不能無所不包、面面俱到，馬克思主義也有它自身的邊界，一旦越過了這個邊界，真理也變成了謬誤——這本身就是馬克思主義。遺憾的是長期以來馬克思主義理論被泛化、普遍化，從而也不免產生僵化和遮蔽。比如，關於中國近現代社會的研究，直到現在公認的定論還是「半殖民地半封建」，儘管已經有學者公開質疑〔註3〕，但似乎公認的「兩半論」早已經典化了。應該說從宏觀的角度上說，「兩半論」確能說明很多問題，但這個理論的兩個「半」的界定一開始便「標準不一和說明對象及含義不同」〔註4〕，而且應用在某些問題上它太大、太模糊了，難以標舉近現代社會的方方面面。所以，本書在考察抗戰時期大後方文學之時，試圖把該文學放在當時特殊社會背景中研究，利用了近幾十年來國內外（出於意識形態的原因是從國外起步的）學界從社會學、歷史學角度對中國近現

〔註3〕　如易傑雄就認為「長期以來，我們一直講，近代中國社會的性質是半封建半殖民地，這是不對的。半殖民地根本不是表徵社會性質的範疇，它是說明一個國家的地位和主權的，與它相對應說明國家地位的辯證範疇應當是半獨立；從鴉片戰爭到新中國成立，從矛盾主要方面決定事物性質的意義上講，中國實際上是半封建社會。如從動態上界定它，與半封建相對應說明社會性質的辯證範疇應當是半資本主義。這就是說，近代中國社會的性質應當是半封建半資本主義。」參見《對近代中國社會性質公認提法的質疑》一文，《當代世界與社會主義》2004年第3期。

〔註4〕　周興樑：《關於近代中國「兩半」社會性質總理論的由來》，《歷史教學》，2005年第2期，第12頁。

代社會的研究成果，嘗試從以地方「軍紳」政權爲重要特徵的近現代「軍紳」社會的角度，把大後方文學放在「軍紳」社會中的黨、軍、官、紳、商、兵、匪、農民、知識分子等複雜角色形態背景中考察，從而揭示「軍紳」社會與戰時大後方文學之間既衝突、又共生的奇特悖謬關係。

二、概念的界定：何謂「軍紳」政權？「軍紳」社會？

下面就對論文涉及的幾個重要概念進行一些說明。

首先，「地方」的用法有兩種。一是指相對於國民黨中央而言，四川、廣西、雲南等地長期由地方軍閥佔據，造成國家形式上的統一和實質上的「割據」狀態，從而形成了地方實力派對於軍事、民政、財政的掌握，不受中央控制，這是橫向上的「地方」。另一種用法是指，就國民黨對其整個中國社會的政權滲透、社會改造而言，它對上層社會的改造程度較深，而對於縣級以下的鄉村社會，其改革由於種種原因不僅未能達到它治理、改造鄉村的目的，反而在運用國家權力強制「拆除」舊有地方精英、權威的過程中，新的下層官僚體系未能有效地替代舊式地方權威的社會整合力，造成了社會上、下層的脫節乃至斷裂，填補其間眞空的是一些原先地方上不受人歡迎的投機人物，如土豪、劣紳、民團甚至是盜匪。〔註5〕於是，相對於盤踞城市的社會上層而言，下層農村社會的「自治」狀態以及意識形態方面的「叢林化」帶有很強的「軍紳」社會的性質。

其次，本書所使用的「軍紳」這個概念實際上是一種比較鬆散的用法，因爲它的具體形態一直處於流變之中。近代的「軍」與「紳」發生直接聯繫是源於晚清朝廷對地方的逐漸失控，如嘉慶元年（1796）的川楚白蓮教起義，便暴露了清王朝軍事及行政控制體系的虛弱。早在咸豐三年（1853），清王朝已經諭令各省普行團練〔註6〕，而較爲成型的地方「紳軍」政權則基本上是隨著「太平天國」運動的逐漸被鎮壓而產生的。晚清「紳士」在與「軍人」的聯合中一開始佔據主導，即所謂「紳軍」政權，後來隨著傳統以科舉爲依附的舊式士紳逐漸解體與演變，以及武力因素在爭權奪利方面重要性的提升，

〔註5〕 參閱〔美〕杜贊奇：《文化、權力與國家：1900～1942 年的華北農村》，南京：江蘇人民出版社，2010 年。

〔註6〕 王先明：《近代紳士——一個封建階層的歷史命運》，天津：天津人民出版社，1997 年，第 93 頁。

逐漸演化爲「軍紳」政權。有學者已經指出中國近代化途中的「前一段路程上的荊棘是 1860～1895 年的紳－軍政權，後一段路程上的荊棘是 1895～1949 年的軍紳政權」〔註7〕。雖然陳志讓以 1895 年作爲兩種政權形態的分界，但實際上其轉變沒有那麼精確，中間的過渡時段應爲 1895～1912 年。

　　從「紳軍」到「軍紳」的轉化可分爲五個階段。第一階段，即 1860～1895 年中「紳軍」政權中二者的結合相對而言是較爲緊密的。第二階段，即 1895～1912 年的過渡階段兩者之間逐漸分離并重新組合。第三階段是 1912～1928 年，這中間軍閥混戰的十多年間，「軍人」領導「紳士」，二者相互依附、相互勾結，結合也相對緊密。但之後「軍」與「紳」之間的關聯便發生了變化，「軍」與「紳」的連接逐漸鬆散，這是由於現代政黨與現代官僚系統的產生。但在當時這些歷史舞臺上的新舊角色，界限並不清晰，它們互相纏繞、互相滲透、互相轉化，經常發生流動。1928～1937 年是第四階段，因爲國民黨的北伐至少從形式上完成國家的統一，以蔣介石爲核心的國民黨集團原本可以形成一個現代「政黨」政權，但由於一些地方軍閥的「割據」，以及前面論及的國家政權對下層社會控制的匱乏等諸方面原因，沒能維持自己作爲現代政黨（他們一向也自詡爲革命政黨）的性質，而是與舊有的「軍紳」社會相妥協、相聯合、相勾結。一方面由濃厚「軍閥」性質的黨、軍及現代官僚體系組成；另一方面主要由替代了（接受傳統儒家教育的）士紳的新紳士（中間充斥著大量劣紳），以及地方豪強、地主、兵匪和以農民爲主體的下層民眾組成。國民黨及蔣介石原本應當是「革命性」政黨，應當承擔著對於此前以北洋軍閥爲首的「軍紳」政權的歷史性反駁，但它在奪取政權過程之中及之後，反而越來越褪去其革命性，在舊的「軍紳」政權基礎之上又形成了新型的「軍紳」政權。1937～1949 年是第五階段。該階段的特點是，在「軍紳」社會內部孕育了自身的「反駁」性力量，即現代政黨——中國共產黨。在共產黨方面，自 1937 年紅軍長征結束後在陝北建立一個自上而下由中國共產黨掌控的「政黨」政權。於是，這一階段形成了地方「軍紳」、中央「軍紳」、「政黨」（中共）三者並立的格局，後者才眞正承擔起對前兩者進行歷史性「反駁」的任務，而把「政黨」政權與「軍紳」政權相區分的主要特徵是意識形態。〔註8〕

〔註7〕　參閱陳志讓《軍紳政權——近代中國的軍閥時期》一書的《自序》，桂林：廣西師範大學出版社，2008 年。

〔註8〕　陳志讓認爲「蔣介石的政權基本上還是軍－紳政權，同時加上一些資產階級

　　再次，「軍」與「紳」的角色組成一直在變化之中。在陳志讓等人的用法中，所謂「軍」不僅指大大小小的「軍閥」（有的不過是營長、連長），也包括依靠武力實際上盤踞一方的地方團防及土匪。所謂「紳」，原本指紳帶，是古代士大夫束於衣外之大帶，後來以此指代傳統社會的一個特權階層——士紳。根據張仲禮的研究，紳士可分爲上、下兩個集團，上層指的是擁有較高學銜及官職的紳士，下層指的是在野的地方紳士，周榮德的研究與此也大體一致。〔註9〕而民國期間的紳士不僅指地方上尚未消失的有傳統功名的紳士，也指那些既受過傳統教育也有近代學堂教育經歷的有一定現代知識的鄉紳，還包括一些後來逐漸增多的被稱爲「營利型經紀人」的劣紳。此外，地主與紳士向來關係緊密，流動頻繁，而近代的商人、官僚也常常由紳士轉變而來〔註10〕，不過這些不能一概而論，只能視具體情況而定。而這種情況在1928年蔣介石中央政府建立以後，又有了新的發展和變化。傳統的「紳士」階層已經逐漸解體，而漸漸在鄉村基層崛起的，佔據了原有「紳士」位置的，是那些所謂的「新紳士」。他們的紳士地位，不來自科舉考試，不來自功名、學問，而是依靠與政府聯合產生的權威。

　　所以，我在這裡使用的「軍紳」概念，更爲一般化、普遍化：所謂「軍」

領袖的支持。1937年的中日戰爭，迫使蔣介石的軍隊爲國家主權而戰，那就是所謂的『犧牲到了最後關頭』。在那次戰爭中指揮系統趨向於統一。除此之外，自籌軍餉的辦法並沒有完全停止，基本上軍紳政權也沒有什麼改變。儘管在外表上跟軍閥時期的軍隊不同，但國民黨各派系的軍隊，甚至蔣介石的軍隊，仍然是軍閥的軍隊」。而張鳴在研究中也認爲蔣介石集團是「中國歷史上最大也是最後的軍閥集團」。前者主要從軍隊、軍事的角度判定，後者主要從集團間的維繫意識角度判定，都有一定的道理，說明國民黨政權作爲從傳統到現代的政權的過渡形態保存了濃厚的「軍紳」烙印，但由此將其性質定爲軍閥集團則沒能抓到區分政黨與軍閥的關鍵點——是否具備有現代政黨綱領的核心意識形態。兩人觀點分別參見陳志讓《軍紳政權——近代中國的軍閥時期》廣西師範大學出版社2008年版，及張鳴《武夫當國——軍閥集團的遊戲規則》陝西人民出版社2008年版。

〔註9〕　參見張仲禮《中國紳士——關於其在19世紀中國社會中作用的研究》（上海社會科學院1991年版），及周榮德《中國社會的階層與流動——一個社區中士紳身份的研究》（學林出版社2000年版）。

〔註10〕　參見王先明《近代紳士——一個封建階層的歷史命運》第五章，天津人民出版社1997年版。其實這種士商的互動在明代由於社會穩定、人口激增但入仕名額有限再加上專制皇權惡化等因素，儒學開始日益向民間社會開拓，已形成士商互動的趨勢。參見余英時《儒家倫理與商人精神》（廣西師大出版社2006年版）一書，及《現代儒學的回顧與展望》（三聯書店2004年版）中的《士商互動與儒學轉向》一文。

指的是在社會轉型時經歷的一個混亂動蕩、惶惑不安的非常態歷史階段，社會中湧現出的一種盲目的、自私的（相對於在引領國家現代化的意識形態指導上）武裝暴力；而所謂「紳」指的是由傳統社會「紳士」階層轉變而來的，在政府與基層民眾（主要是農民）之間，充當中介人角色的群體。「軍」的勢力與「紳」的勢力常常互爲聯合，結成利益同盟，成爲「軍紳」政權；而以「軍」、「紳」的聯合政權爲核心，以「軍」、「紳」兩個階層爲主導的包括政黨、軍閥、官僚、地主、買辦、資本家、金融財閥、知識分子、市民、農民等眾多階層的社會形態，就是「軍紳」社會。

　　「軍紳」社會有兩個最重要的特徵。其一是「軍紳」政權，以「軍（閥）」這種強力、暴力的方式引領國家政權或地方政權，表明了這種社會形態的畸形性（非常態社會）、過渡性（社會轉型期）。在近代中國處於從傳統到現代的社會轉型期，以「軍」爲主導的「軍紳」政權雖然也做出過一些現代化的努力，取得了一定的成績〔註 11〕，但從更高的角度上看，它們自身卻正是整個國家走向「現代」的最大障礙。原因有二：一方面民國「軍紳」政權林立，有蔣介石爲首的中央「軍紳」政權形態，有各種地方軍閥（如新桂系、新滇系、新川系等）引領上的「軍紳」政權，也有存在於基層農村的具有一定獨立或半獨立性質的由地方軍人、強人、惡霸甚至是土匪引領的「軍紳」政權，它們之間互相牽掣、制衡、攻擊、對抗，造成了整個社會的軍閥混戰或緊張局勢，這種分裂對抗的局面不利於現代化建設；另一方面，「軍紳」政權既沒有完成統一，又在思想上及意識形態方面也具有某種過渡性或鬆散性（因爲它們的主要支撐是武裝軍隊和財政稅收），更不能夠找到一種思想體系或意識形態引領國家的現代化進程。其二是社會的城鄉二元分離，有限的現代化成果幾乎都集中在城市，鄉村的改造比較失敗。有限的改革不但加速拆除了連接社會上下層的舊「紳士」階層，而且沒有建立起一種連接城市、鄉村的有效橋梁（這對於一個擁有悠久農業文明及廣大農業人口的社會是極爲重要的）；新式教育體制下培養的智識階級幾乎也都集中在城市，鄉村基本處於被拋棄的狀態；兩者形成了較嚴重的對立：許多城市已經大體開始步入現代文明，而農村基本上還處於農耕文明。這兩個特徵，都與抗戰時期大後方文學中發生的許多現象密切相關。

〔註11〕第二章中對地方「軍紳」政權的現代化建設進行了探討。

三、大後方文學研究簡述

　　一般來說，大後方文學指抗戰時期為國民黨控制管轄的西南地區及一部分西北地區發生的文學。從地域上說，它處於國民黨統治區，相對於解放區文學（也有人稱之為根據地文學、邊區文學）、淪陷區文學、孤島文學而言，一般也被稱之為國統區文學，所以，大後方文學是整個中國抗日戰爭時期文學發生在國民黨統治區的那個部分。於是，關於大後方文學的大量研究，常常包含在整個中國現代文學研究尤其是抗戰文學研究之中，這些研究在地域上超出了國統區的範圍。而另有一種地域性的研究，如「重慶抗戰文學研究」、「桂林抗戰文學研究」等，在地域上又小於大後方、國統區。這兩方面的研究總量很大，此處限於篇幅和筆者的能力，只能對明確標明「大後方」或「國統區」這個具有特定時間、空間概念的文學研究進行簡要的概覽，並在以大後方文學為整體的研究中從研究方法的角度進行概述。

　　「大後方」原本是抗戰時期人們的一個習慣用語，它雖出現的很早，但在新時期以前幾乎沒有明確的「大後方文學」的研究和論述出現，這方面的研究仍舊包含在抗戰文學研究和一般性的文學史研究中。在抗戰期間，就有胡風的《民族戰爭與我們——略論三年來文藝運動的情勢》，歐陽凡海的《抗戰後的中國文藝運動及其現狀》，老舍的《三年來的文藝運動》，羅蓀的《抗戰三年來的創作活動》，鄭伯奇的《略談三年來的抗戰文藝》，葛一虹的《抗戰戲劇的特徵及其三年來之戰鬥成果》，郭沫若的《抗戰以來的文藝思潮》，羅蓀的《抗戰文藝運動鳥瞰》，茅盾的《抗戰期間中國文藝運動的發展》，艾青的《抗戰以來的中國新詩》，以群的《抗戰以來的中國報告文學》，余上沅、何治安的《抗戰四年來的劇本創作》，王平陵的《抗戰四年來的小說》。這些文章多是回顧、評論性的，既對當時的文學有研究、總結的意義，也對文學在當時的繼續發展有展望、引導的意義。抗戰以後也有茅盾的《在反動派壓迫下鬥爭和發展的革命文藝——十年來國統區革命文藝運動報告提綱》、《在反動派壓迫下鬥爭和發展的革命文藝》等文章出現，較為全面地回顧了大後方文學發展的概況。而這方面最初的研究專著應該是藍海（田仲濟）在 1947年由現代出版社刊行的《中國抗戰文藝史》，該書保存了許多史料，對抗戰期間的文藝論爭有相當全面的記述。

　　建國後有關大後方文學的研究體現在幾部文學史中，如王瑤的《中國新文學史稿》，葉丁易的《中國現代文學史略》等，在論及大後方文學的時候，

大體上一是相對簡略，二是評價不高。眞正深入的、有針對性的大後方文學研究是在新時期之後逐漸發展起來的，而新時期以後的大後方文學研究面臨著這樣幾種評斷。

　　一是所謂的「右傾」論，是郭沫若、茅盾、馮雪峰、陽翰笙、邵荃麟等大後方文學的參與者、組織者、領導者運用毛澤東的文藝思想（以《講話》爲代表）和解放區文學的價值標準評判大後方文學時得出的結論，其影響深遠直到 70 年代。二是「開倒車」論，主要是美籍華裔學者夏志清在 60 年代的觀點，其背後有中西的意識形態立場及社會環境的隔膜。三是「凋零」論，主要是香港學者司馬長風的觀點。有學者認爲這些評估和論斷，對抗戰文學——大後方文學的研究造成了很大的影響，使其長期成爲中國現代文學研究中最薄弱的一環。〔註12〕

　　80 年代以來的大後方文學研究正是在破除以上幾種論調的過程中，發展起來的。冠以「大後方」或「國統區」的重要研究專著有：文天行《周恩來與國統區抗戰文藝》（四川省社會科學院出版社 1985 年版），文天行《國統區抗戰文學運動史稿》（四川教育出版社 1988 年版），廖全京《大後方戲劇論稿》（四川教育出版社 1988 年版），蘇光文《大後方文學論稿》（西南師範大學出版社 1994 年版），傅學敏《1937～1945 國家意識形態與國統區戲劇運動》（中國社會科學出版社 2010 年版），還包括《國統區抗戰文學研究叢書》中的文天行《火熱的小說世界》（四川教育出版社 1988 年版），吳野《戰火中的文學沉思》（四川教育出版社 1990 年版），楊中《大後方的通俗文藝》（四川教育出版社 1990 年版），尹鴻祿《大後方散文論稿》（四川教育出版社 1990 年版），蘇光文《抗戰詩歌史稿》（四川教育出版社 1991 年版）等。資料性的方面最重要的是林默涵總主編的《中國抗日戰爭時期大後方文學書系》，該書系有 10 編 20 卷，總共 1200 萬字。其他的還有《國統區抗戰文藝研究論文集》（重慶出版社 1984 年版），文天行《國統區抗戰文藝運動大事記》（四川省社會科學院出版社 1985 年版），周勇《抗戰大後方歌謠彙編》（重慶出版社 2011 年版），以及《國統區抗戰文學研究叢書》中的蘇光文《文學理論史料選》（四川教育出版社 1988 年版），黃俊英《小說研究史料選》（四川教育出版社 1988 年版）等。

〔註12〕參見蘇光文《大後方文學概論》一文，西南民族學院學報（哲學社會科學版），1995 年第 2 期，第 75 頁。

以上研究中較有代表性的是蘇光文的《大後方文學論稿》一書。全書分為評估篇、理論篇、創作篇、交往篇、延伸篇五個部分。作者在寫作該書之前，對抗戰文學、大後方文學有長期的關注和積累，資料上的基礎好，從具體的材料出發，作者駁斥了關於大後方文學的「右傾」論和「凋零」論，肯定了大後方文學的巨大成就。更難能可貴的是，蘇光文在研究中總結出了他對整個大後方文學的理論基點，一是民族解放意識，二是開放現實主義。前者是與「五四」時期的注重個人、個性的「人的解放」相對應，確實能夠體現戰爭年代嚴峻的形勢下文學中體現的群體與集體（國家、民族、社會等）意識，不過作者並未將兩者完全對立起來，大後方文學中也包含著「人的解放」，只是民族解放的意識是主流。作者認為，由於民族解放戰爭成為社會生活的軸心，「民族解放意識，成為一切不願做亡國奴的中國人的凝聚力與向心力的支撐點」；另外，在文化的各個方面，如「文藝觀念、文藝思潮與政治觀念、社會思潮幾乎同步進行，其核心與基調幾乎一致即民族解放意識」。由此，作者認為在大後方文學中，「民族解放意識構成了作家們的主導心理機制」，「民族解放與人民解放構成了文學作品的主題意蘊」，而在審美風格上體現為「雄渾美」與「力的美」。〔註 13〕他所提出的「開放的現實主義」是指中國現代文學到了抗戰文學時期才真正走向成熟和體系化，同時也是大後方文學中幾次重要論爭的焦點。〔註 14〕如此，作者就在這兩個理論基點上對大後方文學的各種文學創作進行了較深入的分析，給予了很高的評價，對此前的「開倒車」論、「凋零」論、「右傾」論分別在不同程度上都有所突破。

不過，大後方文學研究也存在不少的問題。從研究方法上說，有學者認為「階級論、政治化的東西雖然在當今著述的字面上已難覓蹤影，但其深入人們骨髓和血液的生理性的條件反射卻依然潛隱在文章的思想觀念之中，尚未得到根本性的摒除與改觀。事實上，我們更多的是聽到變革的倡導，然而怎樣去變革，卻缺乏明確而有效的指導觀念和方法」。實際上的確是這樣，該學者提出了所謂的文學歷史主義的方法，認為「文學歷史主義不是文學與歷

〔註 13〕參見蘇光文《大後方文學概論》一文，西南民族學院學報（哲學社會科學版），1995 年第 2 期，第 72～73 頁。

〔註 14〕王本朝：《大後方文學研究的深化與體系建構——讀〈大後方文學論稿〉》，《紅岩》，1995 年第 5 期，第 157 頁。

史的簡單相加，而是二者諸多內在聯繫的辯證融合，即文學自身的歷史和歷史整體性下的文學的統一」，他還進一步把它具體化爲三個概念，即文學本位立場、民族文學立場和社會文學立場。〔註 15〕作者想要解決的是一個由來已久的難題，及文學與歷史二者的關係問題，以及與此相關的對文學的研究評價問題。文學既是文學自身，又是一種歷史性的存在物，如何在文學和歷史兩個要素之間把握一個恰當的「度」，使文學眞正成爲歷史中的文學，是研究的關鍵。這一點，意識到其實不難，但難的是具體研究中的操作，他所提出的文學本位立場、民族文學立場、社會文學立場雖有一定啓發，但恐怕在研究中也很難具有有效的可操作性。

　　還有學者從「民國文學史」的闡釋框架出發，認爲「離開了民國的特殊生存環境與文化環境，我們是無法深入解釋中國抗戰文學與大後方文學之特殊意義的」〔註 16〕。這種觀點的意義在於，強調大後方文學與其所在的「大後方」（國統區）這個特定地域的社會、歷史的血肉關係，而國統區在歷史上屬於民國時期，在社會的層面屬於民國社會，它與解放區、淪陷區、孤島等都有著很大的不同。如此一來，我們便不會再從解放區的延安文學的立場出發來判斷大後方文學的「右傾」，也能夠避免海外漢學家從國外的意識形態背景出發片面地認爲大後方文學的「開倒車」，及有抗戰無文學的「凋零」論。不僅如此，還能夠進一步從發掘民國社會、民國史的角度，對大後方文學進行再深入的研究，其思路在於：在文學和社會歷史兩個要素之間，從後者入手，發現一個特殊的（與解放區、淪陷區相比）新的（與以前的半封建半殖民的中國近代社會論斷相比）社會與歷史，再將其與生長於其上的文學結合起來進行考察，或許很有可能會得到不一樣的看法和結論。

　　本書就是從這個思路出發，挖掘民國在社會形態上的「軍紳」政權特徵（這一點在抗戰的大後方表現的更是典型），從「軍紳」社會的角度，關照其中最具時代特徵的部分。「軍紳」社會的兩大特徵：一是「軍紳」政權，「軍紳」政權本身及其意識形態都與大後方的文學現象關係密切；二是社會的城鄉二元分離。從這個角度來看，大後方的各種文學現象中，較爲突出的有兩點。

〔註 15〕參見朱丕智《論抗戰大後方文學研究的觀念與方法》一文，重慶師範大學學報（哲學社會科學版），2009 年第 1 期。

〔註 16〕李怡：《「民國文學史」框架與「大後方文學」》，《重慶師範大學學報（哲學社會科學版）》，2009 年第 1 期，第 19 頁。

其一，是作品中關於當時的「軍紳」社會現狀有了較為集中、全面的描寫。雖然文學向來都有許多描摹社會的作品，但中國近代以來的社會發展模式及新式教育中的問題，使得作家們不但自身大多生活在城市，大多與農村社會的實情有較大隔離，因而儘管戰前的文學中也有許多鄉土小說（如魯迅所謂的僑寓文學），但裏面所反映現實的全面性、深刻性方面都有較大限制。如王魯彥、蹇先艾、臺靜農、徐欽文、許傑、彭家煌等的作品，在隱現的鄉愁中保留了許多農村社會的畫面，但他們的姿態中也有用「五四」的啓蒙意識來批判農村的方面。而對於農村為何淪落至斯的問題，沒有清醒的意識和深刻的瞭解。至於沈從文筆下的故鄉（湘西），更是帶有著濃重的理想性、建構性色彩，與真實的湘西農村有不小的錯位。造成這些現象的原因是多種多樣的，其中一個重要的原因還是作家們距離鄉村愈來愈遠，時間上也愈來愈長，如革命文學中許多涉及鄉村的作品不免帶有概念化、構想性的弊病。然而，抗戰把作家們趕出城市，流亡到內地和農村，有許多作家還回到家鄉，又重新接觸他們已不太熟悉的地方「軍紳」社會，抗戰救亡的緊迫任務與鄉村「軍紳」社會的黑暗、混亂、希望共同交織在一起，給作家以震驚和衝擊，於是對於「軍紳」社會的各個層面有較全面的刻畫。如果從之前的研究角度看，這與大後方現實主義主潮似乎有較大的重合，但從「軍紳」社會的角度，就比現實主義顯得更為具體。而且在戰前新文學的 20 年中，都沒有過如此眾多的作家接觸農村、從上層到下層廣闊的瞭解「軍紳」社會的現實，也沒有過如此廣泛深刻的書寫；在抗戰時期，也只有大後方集中了中央「軍紳」、地方「軍紳」、中共政黨（作為「軍紳」政權的歷史性反駁）、知識分子、基層民眾等「軍紳」社會的各式各樣的層面。

其二，是重新考察發生在大後方的各種文學現象。如西南聯大現代派詩歌這種帶有濃厚學院派色彩的文學在抗戰中發生的變化。即相較抗戰前的學院派與現代派，他們不再將視野局限在一個狹小的空間之內，而是由於抗戰的推動使得他們在閱歷上看到了更廣闊的天地，生活上更貼近普通的人民（尤其是農民）；再加上戰爭的嚴酷性、緊迫性也不允許他們僅僅「咀嚼身邊的小小悲歡」，較為緊密地關注現實，雖則仍然保留著他們知識分子特有的藝術的、生命的、個體的立場。伴隨抗戰而萌生的「七月派」在理論主張及創作實踐上，都有其獨特之處。「七月派」成員在出身及經歷上距離社會下層的民眾較為接近，在知識分子階層中是比較瞭解社會現實（包括農村）的群體，

因而他們的創作和理論主張都與當時嚴酷的現實生活密切相關，與現實的血肉聯繫是他們的一個特色。另一個特點是，「七月派」並不滿足於反映現實，也不簡單的屈從現實，還期待從突入現實中透過現象挖掘其本質，一方面堅持戰鬥，另一方面又堅持著「五四」的啟蒙傳統。

另外就是發生在大後方的文學「大眾化」的現象，為什麼非要大眾化？引發大眾化的最根本原因是什麼？論文把這些方面的考察放到了整個近代中國社會由傳統走向現代的歷史轉型中分析，認為大眾化思潮（廣義上說是整個文化的）就是為了彌補此前已經嚴重二元分裂的中國社會，在它們之間架起一座溝通的橋梁。社會上層與下層、城與鄉之間的分離，不是簡單的「量」上的差距，而是「質」上的隔膜，是現代文明（儘管是初級的畸形的）與農耕文明（也已經惡化衰敗）之間的鴻溝。政治上、學術上、文藝上的大眾化都是為了要搭建這一個橋梁，在這個角度上它們似乎是平等的，不過在那個非常態的歷史時期，政治力量（包括國共雙方）借助自己的突出地位，常常強勢地介入其他領域（如學術、文學等），因而為政治對大眾化的態度（包括國共雙方）也會融入到文學的大眾化實踐之中，但文學也畢竟會保存自身的某些因素。以往的大眾化研究，較重視理論論爭、探討的方面，而對作品關注的相對較少。即使關注作品，也常常還是注意名家名作，對戰時大量出現的不大知名的「大眾化」作品重視不足。其實在面對廣大農村民眾之時，或許正是這些質量不高、藝術水平不足的作品真正能夠被以文盲為主體的農民理解並接受，從而起到喚醒民眾、抗日救亡的作用，承擔了溝通「現代」與「農耕」、精英與大眾的歷史重任。另外，在實際的文學「救亡」活動中間，也與地方「軍紳」社會的各種現象相遇，體現了大後方的大眾化文學思潮比解放區的大眾化有著更為豐富、錯綜的形態。總之，這是一個多層面的複合體、綜合體，交織著文學、啟蒙、救亡、革命等諸多因素。

四、行文的思路及研究方法

（一）行文思路及基本篇章結構

第一章主要接著引論中提出的兩個問題展開。第一節探討了三個問題。其一，抗戰後被戰爭驅趕到內地與農村的文人作家，最大的感觸之一就是，中國社會城鄉（上層與下層）之間的差距如此之大，以至於給他們的心靈以強烈的衝擊與震撼。然而這種差距大到什麼程度？是什麼性質上的差距？就

需要從根源上加以追溯和分析。這種城鄉二元分離與傳統社會的「士大夫」向現代社會智識階級的轉變關係緊密，本章第一節就追溯了這一轉變。分析了新式教育體制的推行所造成的教育成本的提高，以及由此引起的知識者家庭出身的變化。

其次，考察新式教育體制與新式知識分子的城市化問題。教育體制在設立之初，就嚴重的偏向城市，而在傳統教育中，鄉間的書塾相當普遍，分佈也相對均勻。新式教育培養出的人才也幾乎全都滯留在城市，一來是因為現代教育傳授的「一般性知識」使知識者感覺在農村「英雄無用武之地」（其實並非如此，鄉村建設派就堅決否認這一點）；二來是因為新式知識分子在接受西方的知識系統的時候，不同程度地也同時接受它其中的價值判斷，即站在現代工業文明的立場上將農村（農耕文明）視為愚昧、落後、骯髒、淒慘、野蠻、迷信、封閉、沉滯、不便利、效率低下等的代名詞，認為農村是低等的，是應當拋棄的過去，於是對農村普遍的有一種厭棄、鄙視的心理。這些都造成了民國社會嚴重的城市化傾向。

再次，在城市化之餘，新式知識分子相對於「士大夫」而言還有知識化（技術化）的傾向。傳統的「士大夫」不僅在學問上是從事「通人之學」，而且核心的特徵是「志於道」，既重視「道學問」（偏重知識方面）又更強調「尊德性」，又包含著強烈以天下為己任的使命感（信仰形態）。中國的現代教育幾乎是照搬西方的體制模式，從 1904 年起開始照搬日本（日本模仿德國），1924 年之後又轉而照搬美國。在這種教育模式下培養出的知識者，具有濃重的西方色彩（費正清對這一點直言不諱），但對於中國自身的現實卻幾乎「一無所知」（蔣廷黻語）。西方的現代知識系統，主要是承續了歐洲啓蒙運動的成果，最大的特點是「擅理智」、「役自然」，突出的是「效率」，培養的主要是「專門家」、「技術家」，所以啓蒙運動所鼓吹的理性，有著很大的道德倫理、價值信仰上的缺陷，而過多的重視科學知識、技術帶來的效率。這就是中國新式教育培養出的知識分子的知識化傾向。

第二節論述了民國社會的城鄉分離與「軍紳」社會的形成。首先分析「士大夫」解體與城鄉分離的關係。中國傳統的士大夫在社會中扮演的角色，是溝通上層政府與下層百姓、農民，但他們卻在民國社會中逐漸解體。解體的原因，一是由於 1905 年科舉制的廢除，「士大夫」失去了體制上的支撐；另一方面是因為維繫「士大夫」階層的傳統儒家價值規範也被新式知識分子漸

漸拋棄。溝通社會上下層的「士大夫」雖然解體，但與之對應的新式知識分子卻沒有填補他們的責任，日益向城市集中。於是，城鄉逐漸呈現二元分離之勢。其次，分析了中國「軍紳」社會的形成與社會中「紳士」階層的異變。舊式的「紳士」（在野的士大夫）常常是地方自治團體的領袖，是地方事務的實際組織者、領導者，在科舉制廢除後，「紳士」階層就面臨著危機。民國後軍閥的崛起與混戰，致使在動亂年代武裝暴力元素的地位上昇，成為主導的引領者，他們在養兵、財政、稅收方面需要「紳士」的支持與幫助。於是，民國之前的「紳軍」政權在民國後被改換為「軍紳」政權。以「軍紳」政權為主導構成了「軍紳」社會。但需要注意的是，「軍紳」社會中的「紳士」已經不能等同於傳統社會的「紳士」階層，而是逐步向「新紳士」轉化。這個轉化在科舉制廢除、儒家倫理價值體系解體的過程中就一直存在。而以蔣介石為首的國民政府的地方改革（如保甲制、大縣制等）反而加速了這一過程。原因在於蔣介石國民政府試圖在鄉村中推行的現代行政體系改革，不但沒能填補「士大夫」階層留下的空缺，反而因為政府的強力推動，造成地方上原有的文化權力網絡（杜贊奇）的破壞，而填補這些空缺的是地方上崛起的「新紳士」（越來越多的文化水平較低的土豪、劣紳、強人、惡霸等混迹其中）。國民政府（新軍閥）與這些「新紳士」相互聯合、勾結，構成了抗戰前後的新式「軍紳」政權（相對於北洋軍閥時期的「軍紳」政權而言）結構。最後，還分析了蔣介石中央政府自身的「軍紳」政權特性。

　　第二章主要分析地方的「軍紳」政權建設與大後方文藝運動中的文人作家們的生存境遇問題。第一節回顧了新桂系、新滇系、新川系等「軍紳」政權進行的不同程度的地方建設，並對這些建設的某些成果，做出了一定程度的肯定。因為它們作為抗戰的大後方，這些建設積累的物質基礎既支持了抗戰，又給戰時大批內遷的知識分子提供了最基本的生活保障。

　　第二節探討「軍紳」政權的意識形態特徵，及其這種特徵給知識者留下的活動空間、縫隙與平臺。首先，地方軍閥在意識形態上呈現為一種優先保存自身的、實用型、混合型特徵，包含著封建割據、地方主義、愛國主義等多種意願形態。隨著抗戰中發生的新變化，在蔣介石中央政府、知識分子（包括進步文化人、民主人士）、共產黨勢力三方的鬥爭、聯合中間轉換為一種「八面玲瓏」的意識形態策略。地方軍閥的這種策略，也給了文人作家以可乘之機，他們經常團結一方去平衡、對抗另一方的壓制，從而使得文藝運動能夠

持續的開展。其次，地方實力派掌控的報紙雜誌也是在輿論上增強實力的陣地，常因爲靠近民主有利於自身生存而爲進步文藝運動提供生存空間。最後，分析了國民黨中央也缺乏眞正強有力的、旗幟鮮明的意識形態。國民黨並不足夠重視意識形態，因此其意識形態本身較弱，它最重視的是軍隊和金融財政。國民黨中央內部雖然也都聲稱信仰「三民主義」，但在理解上較爲混亂，導致意識形態較爲散亂（這一點與「軍紳」相似而與現代政黨拉開了距離）。另外國民黨沒有長期致力意識形態方面的建設工作，缺乏這方面有經驗、有能力的人才，也沒有建立起來有效的意識形態組織體系。這些都能夠給文人作家在文藝運動中提供大量的可乘之機，有很多漏洞可鑽。

第三節探討中央「軍紳」、地方「軍紳」與政黨（中共）多種政治力量之間的權力制衡與文學的生存空間。由於文人作家與中共進行了聯合，並且國民黨中央與（國民黨）地方軍閥之間，他們的利害衝突、權力制衡則會產生較大的裂痕。還有政府與社會之間，即社會中也有許多地方上有聲望、有影響的愛國、進步紳士也與政府的政策、做法不盡認同。這些多種勢力在力量對抗、制衡中形成的縫隙、裂痕，很有利於高舉「抗戰」、「救亡」、「民主」、「建國」等旗幟的文學運動的開展。通過有效組織、合理利用可以爲文藝宣傳開闢許多可觀的活動空間，而抗戰大後方的知識分子與中國共產黨聯合引領的文學運動，正是敏銳的洞察這些特殊形勢，靈活運用各種手段、策略，推動了廣泛的民眾宣傳。

第三章重點關注大後方文學中「軍紳」社會書寫的潮流。一是在抗戰期間，描寫「軍紳」社會的急劇惡化的圖景；二是在這種惡化過程中，社會中產生的方方面面的分化現象。

第一節通過許多方面展現了「軍紳」社會急劇惡化的圖景。中央政府在戰爭中的行政管理、政策舉措趨於惡化；投機走私、囤積居奇、通貨膨脹愈演愈烈；稅收方面相當混亂，且貪污中飽日趨嚴重，農民負擔急劇加重；徵集壯丁的工作極爲惡劣，甚至被記者稱之爲奴隸買賣；抗戰期間各地頻發災荒，國民政府不但賑災不力，反而因爲利用災荒借機投機，大大加重了災荒的規模與嚴重性；軍隊與特務在經歷了抗戰初期的振奮之後，也以驚人的速度走向腐化，就地征稅、貪污腐化，大有變本加厲之勢；價值標準不僅蕩然無存，甚至有黑白顛倒之勢，悲觀失望、放任自流是普遍的社會心理。

第二節探討，整個「軍紳」社會的急劇惡化之中，方方面面的分化現象，

重點突出了知識者的分化現象。有投降的、墮落的、消沉的、卑劣的、無恥的，也有堅守的、進步的、奮起的、高尚的、神聖的，而參與到大後方文藝運動中的知識分子、文人作家大都是那種選擇堅守、進步、奮起的人。不過，這種分化也不是絕對的，即便在許多選擇進步的知識者身上也有猶疑與徘徊的一面，而在走向麻木、沉淪的知識者也常常有過追求和掙扎。

第四、五章探討發生在大後方「軍紳」社會這塊土壤之上的響應時代號召（抗戰建國）的大後方文學。

第一節探討了抗戰時期發生在西南聯大的現代派詩歌。西南聯大的詩歌創作並沒有脫離抗戰時期中國的社會現實，而仍然是紮根於時代現實之中的。也正是這樣，它在西方的現代藝術技巧、形式與中國社會生活之間找到了一條可以溝通的橋梁，在許多方面完成了對此前中國新詩的超越，為中國新詩的發展開闢了另一條路徑和可能。

第二節對戰時崛起的「七月派」在現實主義向度上的開掘進行了評析。「七月派」的理論有一個特殊的背景——「抗戰建國」，並且試圖在「抗戰」（救亡）、「建國」（現代化）之間找到一條兼顧二者的道路，甚至常常更重視「建國」（現代化）的維度。這是理解「七月派」理論及創作的關鍵。他們的創作確實實踐了其理論，在某種程度上實現了作家、文藝、生活的三位一體，並在這種形式下展開了多方面的開拓，為現實主義文學的豐富增添了內容。

後四節對大後方的文藝「大眾化」現象進行了研究，指出後者是一種為了彌補「軍紳」社會二元鴻溝而發生的文化現象。文藝的大眾化思潮，無論是政治的推動還是其自身的內在驅動，都是整個國家自近代以來所面臨的由傳統到現代的總任務（戰時就體現為「抗戰建國」）在抗戰期間的內在要求。城鄉的二元分離與鄉村社會總體上的農耕文明狀態（結構上是「軍紳」社會，文明上總體還是農業的），使得傳統的血緣、地緣意識，傳統型的民族、國家意識造成了內地人、農村人與（在許多當地看來）外來政府、知識者之間的距離感與陌生感（包含著傳統中的地緣意識及傳統與現代之間難以溝通的隔膜），這些都既不利於抗戰救亡，也不利於建國（現代化）。所以需要找到一種途徑向民眾進行宣傳教育，以傳播這種哪怕是最基本的現代知識、意識、價值觀念。文藝的形象性、生動性、娛樂性，以及能夠跨越文字的優勢，使得它成為面對基層民眾時最有效的宣傳方式。但文藝要真正實現這種宣傳效果，就需要「大眾化」。

　　其次，探討了在國共兩黨在對待文藝救亡宣傳運動上的不同態度。在國民黨而言，總體上是比較矛盾的。一方面它們既有愛國的熱忱也有抗日救亡的需要，但另一方面要真正的發動民眾、喚醒民眾，就會使民眾對「軍紳」政權的結構產生懷疑和對抗。因此，它們對待文藝救亡運動的態度，開始是指引和領導，但到了難以引領的時候〔註17〕，只能不斷地壓制。而共產黨則在「抗戰建國」（中共提出了「抗日民族統一戰線」）的旗幟下與知識分子建立了良好的關係，在文藝救亡宣傳上進行了聯合，而這種聯合又在很多方面體現爲雙方資源的互補，這對雙方而言都是一種必要。在聯合及此後的救亡宣傳過程中，中共較爲成功地將自己的意識形態融入到這個運動之中。

　　再次，應救亡宣傳的需要文藝發生了「工具化」的傾向，相應的作品中出現了量壓到質、普及壓倒提高的特點。還分析了文藝救亡宣傳運動中文藝體現「大眾化」的具體形態。一是要在文字、語言上體現通俗化的特徵；二是充分運用并改良民眾熟悉並喜愛的民族化的藝術形式；三是把文學和其他藝術門類廣泛的結合起來，使其通過表演、說唱等途徑跨越文字的障礙，起到對下層文盲民眾宣傳、教育的目的（泛藝術化）。

　　最後，對「抗戰」、「建國」二者之間的關係進行了簡單的探討；剖析了文藝救亡宣傳運動中的「啓蒙」元素；指出這個文藝救亡運動是文學、啓蒙、救亡、革命等多種元素的綜合體，展現其複雜性、豐富性。

（二）關於研究方法

　　本書試圖把文學作品、現象、潮流放在當時歷史、社會的背景中，在認可兩者血肉聯繫的前提下將它們結合起來考察，重新審視作品、知識分子與文學史。總的來說，受到了知識社會學、歷史唯物主義方法的啓發，嘗試去把握抗戰、大後方文學與地方「軍紳」社會的物質、精神文化的諸多聯繫，並在這種互動關係中再結合文本細讀的方法進行研究。

　　知識社會學是對知識進行社會學考察的一門學科，它研究知識與社會的互動關係，主要是研究社會對知識的影響和作用。「知識社會學」這一概念最早是由德國分析學家舍勒提出的，但作爲一門獨立學科的誕生是由德國哲學家和社會學家卡爾·曼海姆（1893～1947）的名著《意識形態與烏托邦——知識社會學導論》確立的。在知識社會學中，「知識」一詞的含義包括思想、

〔註17〕實質上恐怕是不可能的，因爲要想真正引領民眾，必須使其綱領政策符合民眾的根本利益。

意識形態、法學觀念、倫理觀念、哲學、藝術、科學和技術等觀念。知識社會學主要是研究思想、意識形態與社會群體、文化制度、歷史情境、時代精神、民族文化心理等社會文化之間的聯繫，或者說是研究這些社會文化因素如何影響思想和意識形態的產生和發展。有學者已經提出要將這種方法應用到中國現代文學的研究領域，並認爲：

> 今天的中國現代文化研究，正需要從不同的角度揭示出精神產品背後的複雜社會聯繫。這樣的揭示，將使我們的文化研究不再流於空疏與空洞，而是通過一系列複雜社會文化的挖掘呈現其內部的肌理與脈絡，而這樣的呈現無疑會更加理性，也更加富有實證性，它與過去的一些激情式的、價值判斷式的研究拉開了距離。〔註18〕

之所以考慮歷史唯物主義的方法，是因爲其中有我們所無法迴避的東西。本書受到歷史唯物主義的啓示，不是所謂階級劃分與階級分析，事實上這些恰恰是我要加以反駁的對象，然而它在揭示思想觀念、文化活動及其歷史事件背後的經濟、物質基礎的方面有深刻的洞見，我以爲這是歷史唯物主義的眞精神。以往的研究中在需要體現這種事物背後的物質基礎之時，大多被大刀闊斧的階級分析法佔據了，實際上階級分析法適用的範圍、歷史條件都有一定的條件和限度，而要體現歷史唯物主義的精神其實有多種處理的方法。整個中國現代史的最大癥結就是現代化問題，而要現代化就要求社會物質、生產方式的變革與提升，所謂「牽一髮而動全身」，文化、政治的方面也不免要體現這一點。現代中國的各種「革命」，與此都息息相關。拿文學來說，從「五四」的文學革命到20年代末的革命文學體現著不同的思想層面與社會層面的現代化；而抗戰期間中國社會從物質經濟狀況到文化生態狀況的全面破敗，形成了對那些大多聚集於城市脫離傳統社會經濟基礎，日益遠離社會底層鄉村民眾的知識分子的猛烈衝擊，戰爭造成的逃亡和顛沛流離促成了作家文人們對社會醜惡、腐朽現狀的重新發現。這其中，物質的方面是重要的一環。說到底，只要社會中相當一部分人難以獲得維持自己與家庭的基本物質條件（通俗一點說就是多數老百姓掙扎在破產與死亡的邊緣），這種情況下就會產生革命，或者至少是孕育革命的溫床。即使革命中的暴力、過激、非理性是可以預期的，那麼它也仍然不可避免。所以，抗戰中映入知識分子眼

〔註18〕 李怡：《知識社會學──中國現代文學闡釋的一種思路》，《中華文化論壇》，2006年第4期。

簾的中國社會的人性、物質狀況深刻影響了知識分子的抉擇與大後方文學的
走向。

第一章　現代知識分子與民國「軍紳」社會

　　1937 年日本侵華戰爭全面爆發之後，北平許多大學開始遷校，遷往抗戰的大後方。1938 年，當時已經南遷至長沙的京津三校北大、清華、南開，準備再次南遷，目的地是雲南的昆明。聞一多選擇了最為艱苦的一路，即主要靠步行穿越湘、滇、黔，並最終和同學們一起走完全程。當時有位學生擔心聞先生的身體是否能經受長途跋涉的艱辛，詢問他為何不坐校車另走其他路線時，聞一多嚴肅地說了一段話：

　　　　國難期間，走幾千里路算不了受罪，再者我在十五歲以前，受
　　著古老家庭的束縛，以後在清華讀書，出國留學，回國後一直在各
　　大城市教書，過的是假洋鬼子的生活，和廣大的農村隔絕了。雖然
　　是一個中國人，面對於中國社會及人民生活，知道的很少，真是醉
　　生夢死呀！現在應該認識認識祖國了！〔註1〕

這段話給人印象最為深刻的地方有兩點：一是聞一多對此前「假洋鬼子」式的生活的真誠乃至沉痛的反思態度，炮火連天、國難當頭的時節也確實更能激發知識分子的這種反思。另一個就是聞一多所坦白的這個事實，即作為大學教授，作為當時知識精英階層中的一員，參與了「五四」所開啟的新文學運動並作為「新月派」主將，在理論和創作上都有重大貢獻的聞一多，坦承自己「面對於中國社會及人民生活，知道的很少」。也許我們不禁要有點疑惑：

〔註 1〕　聞黎明、侯菊坤：《聞一多年譜長編》，武漢：湖北人民出版社，1994 年，第
　　　　523 頁。

他所指的「中國社會」到底是什麼樣的社會？他所說的「人民」究竟是怎樣的人民？為何會「知道很少」以至「醉生夢死」呢？

這樣的反思是不是僅僅止於聞一多一人？答案是否定的。郭沫若在回憶「五四」從事新文藝運動的知識者們之時也說過：

> 從事新文藝運動的人，在五四前後，大抵都是青年，對於國內的現實未能有豐富經驗，其中有大部分人是在外國受教育的，更遠遠地離開了本國的現實。就拿我自己來舉例吧，在新文藝運動以來的二十年中，我差不多整個都在國外，自己時時痛感著對於中國現實的隔膜……新文藝的來源地是中國幾個受近代化的程度較深的都市，尤其像上海，那差不多等於外國的延長。住在那些地方的人，和中國偉大的現實生活依然是隔離著的。〔註2〕

郭沫若的這個陳述裏表露出兩層意思：一是作為新文藝主體的人（包括作者和讀者兩方）與「本國的現實」的遠離；另一層是作為新文藝發生地的大都市與「中國偉大的現實生活」的「隔離」〔註3〕。順著郭沫若所提示的五四時期文藝運動青年與國內現實比較隔膜的線索，發現那些長期受西方現代教育的知識者們確實對自己本國的現實相當陌生。費正清回憶他拜訪其曾經的老師蔣廷黻時，蔣聲稱他發現外國的現代教育與中國的實際問題之間差距極大，比如留美歸國的學生被培養成為富有進步思想的美國改革家，杜威實用主義的信徒。可是，「我們對影響我們日常生活的事物一無所知，我們既不知道其原因，也不知道圍繞這些原因的環境。」當地政府的中國教授「熟知紐約和巴黎政府的情況，但他們對於北平、漢口和成都政府的情況卻幾乎全然無知。」〔註4〕並且，歸國的留學生們也很少考慮中國的現實，

> 我們的生活脫離人民是莫大的過失。……我們讀外國的書，熱衷於人民所不感興趣的事。……（我們可能）在課堂上、在上海和北平的報紙上，甚至來到查塔姆議會上侃侃而談，使你們認為我們是聰明的，可是我們無法使我們所講的話為中國農村群眾所理解，

〔註2〕 郭沫若：《「民族形式」商兌》，蔡儀主編：《中國抗日戰爭時期大後方文學書系・第二編・理論論爭第一集》，重慶：重慶出版社，1989年，第289頁。

〔註3〕 聞一多和郭沫若都是在抗戰爆發後說出這些話的，實際上恰恰是因為抗戰前後社會環境與個體生活的劇變，才使他們意識到這個問題，並明白問題的嚴重性、重要性。

〔註4〕 費正清：《費正清對華回憶錄》，北京：知識出版社，1992年，第100頁。

更不用說被擁戴爲農民們的領袖。〔註5〕

這種情況的確是當時接受新式教育的知識者，尤其是那些常年留學在外的知識分子的眞實寫照。具體到文學創作上，這種與「本國現實」的距離自然會造成某些不可避免的缺陷，姚雪垠在對戰前的（新文學）小說創作進行的回顧也證實了這一點：

> 戰爭改變了一般的國民生活，也改變了作爲文化戰士的作家的生活。抗戰前，絕大多數的小說作家是住在上海和北平，幾乎沒有機會和人民接近，更談不到同人民在生活上打成一片。由於這種原因，一般作家既不容易把握住眞正的產業工人，也很少能寫出來活的士兵和農民。中國人口有百分之八十以上是農民，作家們也以地主家庭出身的居多數，但因生活上同大衆隔離，他們往往是從思想觀念出發去寫農民，用想像去補充幼年時代的朦朧記憶，至多也是憑短時間浮光掠影的觀察訪問。因此，往往中國小說家筆下的人物，並不比賽珍珠筆下的人物深刻多少，甚至有些描寫鄉村的作品壓根兒使讀者感不到土氣息，泥滋味。〔註6〕

由以上幾則材料不難看出，他們所提到的「本國的現實」、「本國社會」、「人民」等，絕不僅僅包括知識者們較爲熟悉的深受西方現代文明薰染的城市生活和現實，而是就整個社會而言，廣大的農村和農民才是國家實質上的主體部分。因此，這裡所謂的「本國的現實」、「本國社會」、「人民」等其重心實際上就落在農村和農民上。要想全面瞭解當時中國社會的整體狀況，瞭解中國社會近代以來所經歷的深刻變革，瞭解抗戰時期的農村和農民的支柱地位，瞭解整個國家在走向現代化道路上的最大障礙，必須要能夠對廣大的內地、鄉村、農民有足夠深入的瞭解和認識。但這一點，的確是爲那些在現代新式教育培養出來的知識分子們所普遍欠缺的。

不過他們的這些話能提示我們思考，這種「作家」與「人民」隔離的現象是如何發生的。這個問題之外，還提示了另外一點，就是「戰爭」似乎提供了某種契機，使那些之前與中國社會的現實有相當大距離的知識者們有了發生改變的機會，「戰爭一方面破壞了上海和北平兩個文化中心，一方面也打

〔註5〕 費正清：《費正清對華回憶錄》，北京：知識出版社，1992年，第102頁。
〔註6〕 姚雪垠：《論目前小說底創作》，蔡儀主編：《中國抗日戰爭時期大後方文學書系・第二編・理論論爭第二集》，重慶：重慶出版社，1989年，第1198頁。

破了作家們生活活動的狹隘天地，把他們送到了前線、後方、新生的地帶和落後的窮鄉僻壤。戰爭開展了他們的視野，豐富了他們的生活」〔註7〕。

作家的創作，乃至一個人對整個社會的認識與觀念，都很大程度上來源於他所處時代的現實生活。戰爭使得知識者們的生活產生了劇烈的變動，這種生活上的變遷不可能不在他們的心靈中留下印迹，而這些印迹的積累和串聯，自然而然地會使知識者們的思想、觀念、認識、情感都發生或多或少、或輕或重的變化。生活上、思想上的變動普遍的引起了知識者們對「五四」乃至晚清以來的過往經歷進行反思。他們拋棄了一些（如城市裏舒適便利的生活等），打破了一些（如生活天地的狹隘等），從大城市中（如上海與北平）走出，走到「前線、後方、新生的地帶和落後的窮山僻壤」，在這些更為廣闊的天地中，「開展了他們的視野，豐富了他們的生活」，於是，在反思和揮別過去的時候，自然也會有新的認識和發現。關於這個發現，朱自清在評論戰時詩歌的文章中，提供了一點線索：「一般詩作者所熟悉的，努力的，是在大眾的發現和內地的發現。他們發現大眾的力量的強大，是我們抗戰建國的基礎。他們發現內地的廣博和美麗，增強我們的愛國心和自信心」〔註8〕。的確，「大眾的發現和內地的發現」成了知識者們被戰火驅趕，拋入到如四川、雲南、廣西等地方「軍紳」社會中，並對這種社會的性質、結構、真實面貌進行全面再認識的最重要結果。

發生在大後方「軍紳」社會的文藝現象，基本上都可以被涵蓋在「抗戰（即民族獨立）」與「建國（實質是現代化）」的兩大目標中〔註9〕。而戰爭的特殊形勢也逼迫作家有突出文學宣傳、教育功能的傾向，並引起一些變化。這些變化體現在各個方面：社會權力結構的變化，各種社會階層的分化，知識分子對社會重新認識以及他們的不同抉擇，投入大後方文學運動中的知識者在心態、立場上的重新定位，這種定位是怎樣影響他們對於文學的看法以及這種看法使得大後方文學運動的特性有了什麼樣的改變，改變體現在哪些重要的方面，這些改變有哪些必然性、完成了哪些功績，同時也埋藏了哪些

〔註7〕　姚雪垠：《論目前小説底創作》，蔡儀主編：《中國抗日戰爭時期大後方文學書系・第二編・理論論爭第二集》，重慶：重慶出版社，1989 年，第 1199 頁。

〔註8〕　朱自清：《抗戰與詩》，蔡儀主編：《中國抗日戰爭時期大後方文學書系・第二編・理論論爭第二集》，重慶：重慶出版社，1989 年，第 1102 頁。

〔註9〕　這在論文的第四章會有詳細論述。

問題和缺陷等等。從邏輯思路上說，要考察大後方的文學活動，不能不至少重點考察兩個方面：一是對參與其中的知識者群體進行剖析，他們是文學運動的參與者和領導者，也是文學作品的主要創作群體，他們抗戰前後生活上的變化及由此引起的思想認識（包括關於中國社會實情與文學兩個方面）的改變，對於整個文學運動的面貌將產生決定性的影響。二是要考察大後方文學運動所產生的特定時代（抗戰）及特定社會土壤（即民國的「軍紳」政權型社會），這種社會現實環境，既影響著文人作家，又決定了大後方文學運動的受眾與讀者（即向以農民為主的下層民眾傾斜）的面貌，也決定著在文學運動中相互對抗、爭奪的政治力量的命運。

　　既然發生在大後方的文學思潮有自身的時代性、特殊性，那麼無論對作為思潮參與者的知識者群體，還是對孕育文學思潮的「軍紳」社會這塊土壤的結構、性質與變化的考察，就都是題中應有之義，並且這種考察的重點還落在了以抗戰爆發為分水嶺的前後兩段歷史中，知識分子與中國社會各自所發生的變化上面。對這些變化若沒有詳盡的探討，就不能解釋抗戰時期知識分子的立場、思想及他們創作的文學為什麼會發生如此巨大的改變，就不能對大後方文學的根本性質有全面的認識。簡而言之，雖然看起來它只是解決問題的前奏，但實際上卻是必須闡明的核心問題之一，尤其是要從民國時期的「軍紳」政權型社會的角度探討戰時的大後方文學運動，以及二者之間的關係。因此，儘管表面上看起來大篇幅地論述民國以來的「軍紳」社會結構和與知識分子密切相關的新式教育體制，似乎有些繞了彎子，但對於本書的選題以及切入問題的特殊角度而言，這點遠路卻是完全必要的。因為在我看來，抗戰時期大後方文學中的許多重要特性是一個長期積累的結果，是長期被壓制、掩藏某種嚴重的社會缺陷（包括畸形的「軍紳」政權和城鄉的二元分離）的爆發和反彈。大後方文學運動中的種種特徵、變化只是一個「果」，而它的「因」卻埋藏在此前較為久遠的年代，一值得不到疏導和解決，並逐漸積聚在「非生即死」的大時代裏形成了僵局和死結。

　　下面我們就主要探討戰前的那種知識者與中國的（以廣大農村、農民為主體的）社會現實是如何「遠離」與「隔離」的，並且抗戰又是如何給他們提供了重新認識祖國的契機。不瞭解這一點，或許很難真正深刻的理解、把握發生在抗戰期間作家及作品中的新趨勢、新變動。

第一節　現代教育體制下知識者的城市化與知識化

　　中國的近現代史總體上處於，從傳統的農業社會轉變到現代化社會的過渡階段、轉型期。其間，不僅轉變是被動的、必須的、非如此不足以立足於世界的（內部的主動轉變也是屈服於外部的不得不變的這一客觀形勢），而且轉變的方向，即所謂「現代」，也在很大程度上是被西方的知識體系、文化法則所設定的。考慮到現代社會是最充分放大「知識就是力量（權力）」這句名言的社會類型，那麼現代教育體制（知識生產體系）就是其中最重要的部分之一。不過，西方的知識體系、教育制度有著長期的發展過程（如現代大學體制的淵源可追溯到早在中世紀的博洛尼亞、巴黎的一些學校），如此漫長的過程可以有從容的時間不斷調整教育方式以適應社會的變化。打個比方說就是，西方的教育體制就像西方社會這塊土壤上長出的一棵樹；而在近代中國推行的西方教育體制，與社會這塊土壤是較為脫節的（所有後發現代國家都會經歷這個或短或長的階段），最多只能被看做是從別處移植一棵樹。這樣，一段時間內的水土不服，知識體系、知識來源與其歸宿和對象（即社會）之間的距離，都會造成許多複雜的問題。這些問題也許一時可能被掩蓋，但終究會因問題所引發的實際困難而在某些特定的歷史時期體現或爆發出來。在我看來從某種角度上說，抗戰時期知識分子在文學上、政治上、思想上的所謂的「中國化」選擇，就是這種移植而來（並非生長出來）的知識體系與中國社會的某種程度上的脫節而產生的後果。知識分子在大後方文學運動中發生的引人矚目的新變化，很大程度上就是為了重新調試自身先前所受的教育，以及這種教育中深埋的世界觀、價值觀、文明觀與本國社會現實的巨大反差而做出的。從這個角度看，這種變化儘管有外在的強有力推動（如抗戰），有被動的方面，但內在理路上也是必然的，有其主動的方面。

　　幾乎所有抗戰時期大後方文藝活動的參與者，都是以西方為模板的現代教育體制的產物，這個體制是在 1905 年清廷下詔廢除科舉制度之後逐步確立的。在中國這樣一個幅員廣大、人口眾多、地區差異顯著的後發型現代國家，以自強圖存為目的而進行的對本國知識文化傳承體系的變革和更新，從整體上說是被動的。該過程中會不會發生一些在西方現代民族國家中未曾出現過的狀況？甚至產生與很多非西方的後發現代國家（如近鄰日本）也大不相同的情形？作為現代知識階層一員的作家文人們，他們的思想、情感，他們在

這一變動中所處的地位與認識社會的角度，以及他們所提倡的新文藝的內容與性質，他們所體現於作品中的創作基點與立場，都與中國社會這一知識傳承體系在轉換過程中所呈現的面貌息息相關。所以，簡要回顧一下中國現代教育體制的確立過程，明晰知識者們與傳統的知識分子「士紳（士大夫）」及西方知識分子的差別，是很有必要的。文人作家背後的文化知識體系的變更，很大程度上劃定了新文藝運動的界限，限制了它的成就。知識者的特殊之處就在於，他們能夠以自己所掌握的知識這一特殊資源，來擴展自己認識世界的視域，加深認識事物的深度，但每個知識者個體卻也都不能完全逃離一個特定時代的既定知識積累狀況和文化演變的背景。

近代知識體系的變更，大概從第一次鴉片戰爭這一給古老中華帝國造成實質性困擾〔註 10〕的事件起，就已經漸漸展開了。然而，真正具有重大的轉向意義的象徵性事件卻發生在半個多世紀之後的 1905 年，即清政府廢除延續了一千多年的科舉制。這是一次以官方正統權威身份，在傳統的舊學與西方的新學之間所做出的一次鄭重的抉擇，這個抉擇對中國知識分子由傳統的「士大夫」轉變為接受西學訓練的新式知識階層而言，具有至關重要的作用。陳寅恪曾說過，「二千年來華夏民族所受儒家學說之影響最深最巨者，實在制度法律公私生活之方面」〔註 11〕。須知一套價值體系、思想觀念固然可以體現為國家制度，但一經體制化之後，這制度又會作為載體轉而對價值、觀念的延續、傳播提供有力的支持，而且制度的官方權威也會形成全社會共同的知識、價值向心力。科舉這種文官選拔考試制度之所以能延續千年之久而不中輟，是因為它本身和儒家思想中的核心價值因素相契合（如「有教無類」、「學而優則仕」等），並且與傳統的「士農工商」的四民社會的實際構成相適應（雖則「四民」在科舉制確立之前就已經存在）。當社會的客觀狀況沒有普遍的大改變，並且人們頭腦中長久存在的「因政教而成風俗，因風俗而成心理」（章太炎語）的價值判斷、心理結構、風俗習慣未能產生相當程度的變動之時，強行去除植根於人們主觀心理、社會客觀實情〔註 12〕的一種制度，而代之以另一種在社會與民眾中尚缺乏普遍根基的另一種外來的制度，這其中可能產

〔註10〕如軍事失利、主權損害、不平等條約的締結、經濟貿易上的被動等。

〔註11〕陳寅恪：《馮友蘭〈中國哲學史〉下冊審查報告》，《陳寅恪集・金明館叢稿二集》，北京：三聯書店，2001 年，第 283 頁。

〔註12〕雖然很多時候已經僵化、墮落，但由於人們普遍習慣於此，就會產生較大的依賴性。

生的混亂、彷徨乃至種種難以預見的結局的狀況似乎是不可避免的。〔註 13〕廢除科舉、興辦近代學堂就是這樣由官方權威強制推行的文化知識體系的革新。

一、受新式教育的知識者較高的家庭出身

廢除科舉，興辦近代學堂之後，眾多問題便隨之而來。首先便是新式教育的成本與回報的問題〔註14〕。從成本的方面說。由於舊式私塾以記誦為主要授課方式、教學手段，而且以「四書五經」為核心的科舉考試制度，既為教材劃定了一個相當有限的範圍，也提供了一種不特別依賴書本的學習模式；再者，舊式的教育世世代代均以儒家經典為歸依，因而一本書橫向上說可以供兄弟多人共習，縱向上說可以傳承數代；而念私塾的學費，許多時候可以以實物的形式呈現，比如一條乾肉、一籃雞蛋、一些蔬菜等等；再加上還有許多宗族設立的公益性的書塾等。由於供養私塾方面的費用低廉，且在設立私塾、書院方面，資金多來源於社會或地方，政府官方投入很少，所以一直到清末，私塾在鄉間都極為普遍，大有「鄉間書塾，每省輒盈丁千萬」〔註 15〕之勢。

從回報的方面說，傳統教育雖然投入低廉，但在傳統的社會中卻是相當實用的。蔣夢麟對此有過這樣的評價：

> 中國的傳統教育似乎很偏狹，但是在這種教育的範圍之內也包
> 羅萬象。有如百科全書，這種表面偏狹的教育，事實上恰是廣泛知
> 識的基礎。我對知識的興趣很廣泛，可能就是傳統思想訓練的結果。
> 中國古書包括各方面的知識，例如歷史、哲學、文學、政治經濟、
> 政治制度、軍事、外交等等。事實上絕不偏狹。古書之外，學生們
> 還接受農業、灌溉、天文、數學等實用科學的知識。〔註16〕

〔註13〕 不過，鑒於當時歷經甲午戰爭、戊戌變法、八國聯軍等重大歷史事件，眾多不平等條約，以及裂土分疆的現實，為在「列強環伺」中求得「強國保種」，主動的變革也是大勢所趨、形勢所迫。比如廢科舉、興學堂也是在清末重臣張之洞、劉坤一（穩健派）及袁世凱、端方（激進派）等人的建議下施行的。這也是我們應對歷史持有同情、理解態度的地方。

〔註14〕 在這個問題背後隱藏著接受新式教育的知識階層的「出身」問題。

〔註15〕 《候補內閣中書黃運藩請變通學務、科舉與科學並行、中學與西才分造呈》，《清末籌備立憲檔案史料》下冊，北京：中華書局，1979年，第 982 頁。

〔註16〕 蔣夢麟：《西潮‧新潮》，長沙：嶽麓書社，2000年，第 81 頁。

　　這種特點也是傳統文化的特殊性決定的。傳統的學問講究的是「通人之學」，對學問、知識持有的是「綜合」的態度，而現代的分科理念是對知識不斷地進行細化、「分析」的結果。所以，「傳統教育不僅投資極低，其『應用』亦甚廣，底層讀書人多可留在本地任塾師或從事一些地方事務。而新學制不僅教育成本激增，產出之學生卻多顯得『無用』。」〔註17〕為何新學竟會「無用」呢？正如前面提到過的，新的西式學堂教育相對於廣大的農村社會而言，是一個超前的東西，廣大的農村尚且處於「宗法」、「鄉土」的階段，而現代知識體系、教育模式適用的對象是現代的西方資本主義工商業社會，所以只有在某些薰染了歐風美雨的大城市或者通商口岸，才能找到合適的用武之地。在鄉民們看來，「鄉村小學的教材完全說些城裏的東西，不合農村的需要」〔註18〕。社會學家費孝通也在研究中指出，「一個鄉間出來的大學生學得了一些新知識，卻找不到一座橋可以把這套知識應用到鄉間去；如果這座橋不能夠造就，現代的教育，從鄉土社會論，是懸空了的，不切實際的」〔註19〕。

　　另一個重要問題是，由於新式學堂所需的巨大投入使得中下層收入家庭的子女受教育的機會逐漸降低。黃炎培在《中國教育史要》中認為，科舉制的優點在於使「貴族教育移到平民教育身上」〔註20〕，科舉既廢，教育本應該更加平民化，不過為「科舉時代所料想不到」的是，興學校的結果反使得新式學堂「轉不免帶有貴族教育的意味」，這主要是由於較高的「學費的徵取更足使中等以下社會人家無力送他的子女就學」。〔註21〕所以，「新學制的教育成本就遠高於科舉體制下以民間為主的讀書系統，可能遠超出當時中國社會習慣的負荷」〔註22〕。

〔註17〕 羅志田：《科舉制廢除在鄉村中的社會後果》，《中國社會科學》，2006 年第 1
　　　　 期，第 198 頁。
〔註18〕 毛澤東：《湖南農民運動考察報告》，《毛澤東選集》第 1 卷，北京：人民出版
　　　　 社，1991 年，第 39～40 頁。
〔註19〕 費孝通：《鄉土重建》，上海：上海書店出版社，1948 年，第 72 頁。
〔註20〕 這方面頗為符合儒家的「有教無類」的思想，只是「平等」的程度也並非特
　　　　 別高，物質條件因素等實際困難也不同程度的存在，「貴族教育的平民化」在
　　　　 現實中是相對的，但制度所體現的精神確是如此。
〔註21〕 參見黃炎培《中國教育史要》序言第 6 頁，總第 144 頁，商務印書館 1939 年
　　　　 萬有文庫本。
〔註22〕 羅志田：《科舉制廢除在鄉村中的社會後果》，《中國社會科學》2006 年第 1
　　　　 期，第 192 頁。

也就是說，教育成本的提高也造成了受教育者家庭出身方面的變化。關於新式教育中學生家庭出身方面的變化，還有許多材料可供參考。如蔣夢麟在總結「五四」學生運動之所以力量浩大，取得成功的原因時，就認爲一個很重要的原因是，「這些學生多半是當時統治階級的子女，學生的反抗運動，也可以說等於子女對於父母的反抗」〔註23〕。聞一多在回想當年的清華大學之時，談到對清華學生的幾點印象，其中一點就是奢華，「誰說清華學生不浪費？廚房、售品所不用講，每星期還非看電影不可。貴冑公子，這一點安逸不能不講。清華底生活看著尋常，其實比一般中等社會人都高」〔註24〕。這種生活儘管不是學生中人人都能享有，但應該是較爲普遍的，可見當時的大學生大多來自社會中等以上的家庭。或許這也正是爲什麼聞一多在帶領學生從長沙長途跋涉到昆明的途中會對學生們這樣說——你們是天之驕子，應當看一看老百姓的生活——的原因。還有，即便是從事新文藝運動的「作家們也以地主家庭出身的居多數」〔註25〕。

二、新式知識階層的「城市化」

受新式教育的知識者們的城市化，首先是由於現代學堂的設置較爲嚴重的集中於城市。中國傳統的鄉土社會是城鄉一體化的社會，這是與傳統社會的農業文明性質相一致的。傳統社會以農業爲根本，廣大的鄉村自然成爲社會的根基，社會的「所有文化，多半是從鄉村中而來的，又爲鄉村而設，法制、禮俗、工商業莫不如是」〔註26〕，即便在城市中，也在文化和價值認同上不把城市裏較爲發達的商業、貿易視爲社會的根本，在這一點上，是與西方現代化的都市有著根本的不同。社會的城鄉一體，再加上前述舊式私塾教育的一些特點，造成了舊式科舉制教育下，私塾的分佈相對均勻。通常在城鎮設立的官學、書院，數量及容量上都相當有限，大約僅占童生士子的 10%，所以絕大多數士子散居鄉間，或就讀於私塾，或閉門自修，只是在科舉考試

〔註23〕 蔣夢麟：《西潮‧新潮》，嶽麓書社，2000 年，第 136 頁。

〔註24〕 聞一多：《美國化的清華》，《聞一多全集 2》，武漢：湖北人民出版社，1993 年，第 341 頁。

〔註25〕 姚雪垠《論目前小說底創作》，《中國抗日戰爭時期大後方文學書系‧第二編‧理論論爭第二集》，重慶：重慶出版社，1989 年，第 1198 頁。

〔註26〕 葉南客：《論現代人的轉型動力與轉型機制》，《社會科學研究》1995 年第 2 期，第 48 頁。

時彙集應試。〔註 27〕眾多的社學、族學、村學、義學等在鄉間的設立，使得鄉村中受教育的適齡兒童（男性）的比例較高。在 19 世紀 80 年代，清代社會男性的識字率爲 30%～45%〔註 28〕。

　　根據潘光旦、費孝通對清代 195 位貢生、舉人、進士的分析研究表明，有 52.5%來自城鎮，而 41.46%來自農村，另有 6.43%來自中間的小市鎮。且在山東、安徽、山西、河南等北方四省，出自農村的比例要高於城市。結果表明，即便是需要經過長期文字訓練的傳統舊式教育，仍有半數學生來自農村。〔註 29〕這個研究統計的對象是中上層紳士，或許在中下層紳士中來自農村的比例會更高。此外，還有一個關於舊式科舉制教育的很有意義的指標，那就是紳士中「新進者」與「繼進者」的比例。所謂「繼進者」是指該紳士的父輩或祖輩也具有紳士地位，餘下的便稱爲「新進者」。據張仲禮對 5473 個紳士的研究表明，在整個 19 世紀有 35%的紳士屬於「新進者」，這是個相當高的比率。而且張仲禮還認爲如果考慮到那些研究材料（主要是地方志）的編纂者很可能表現出自然而然的偏見，即收錄出身紳士家庭的繼進者要多於新進者〔註 30〕，實際中的新進者比例可能還要高於研究得出的數字。〔註 31〕這個數字和潘光旦、費孝通等人的研究結果很是接近：城市中新進者占 32%，農村中爲 36%，並且這項統計中，中舉人數的城鄉比例也大體相當。〔註 32〕這些研究都表明，在傳統的中國社會，

　　　　有才能和學問的人不是像西方國家那樣集中在大城市。按照索
　　羅金的理論，在西方，除非一個人變爲城裏人，否則他將永無出頭
　　之日。但在中國，傳統是「葉落歸根」。這似乎有助於保持農村人口
　　的較高質量。跳了龍門的人並不忘記他們的故鄉，至少當老了的時

〔註 27〕蘇雲峰《張之洞與湖北教育改革》，臺北：文海出版社，1976 年，第 408 頁。
〔註 28〕E.S.Rawski 在《清代中國的教育與民間文學》中做出的統計，轉引自金觀濤、劉青峰《開放中的變遷》，香港中文大學出版社 1993 年版，第 155 頁。
〔註 29〕費孝通：《鄉土重建》，《費孝通文集》第四卷，北京：群言出版社，1999 年，第 356 頁。
〔註 30〕考慮到當時紳士在農村中及地方上的卓然地位，這種偏見是極有可能，並且是不自覺的，在傳統的文化氛圍中，也有一定的合理性。
〔註 31〕張仲禮：《中國紳士——關於其在 19 世紀中國社會中作用的研究》，上海：上海社會科學院出版社，1991 年，第 234～235 頁。
〔註 32〕費孝通：《鄉土重建》，《費孝通文集》第四卷，北京：群言出版社，1999 年，第 356 頁。

候，他們會回來，並盡最大努力，利用在外面得到的特權和好處爲家鄉謀利。因此，地方上出了一個傑出人物，就會有更多的人出頭，因爲他會幫助其他人起步。過去，有能力的人不會永遠離開他們的「草根」。結果不僅是知識分子享受了農村生活，而且也鼓勵了同一地方的其他人。〔註33〕

然而，中國移植的西方新式教育則完全不是如此。出於種種原因，「我國自改革教育制度以來，偏重城市，漠視鄉村，致使鄉村學校寥若晨星」〔註34〕，幾乎一邊倒的側重城市。京師大學堂、北洋大學堂、山西大學堂、各級師範學堂、各種專門學堂、實業學堂，以及民國後陸續設立的高等學校，也無不集中於城市，尤其是京、津、滬、廣、沿海城市及內地部分省城。中等學校也大都設立於各府、廳、州的所在地，連小學堂也大多設在州縣所在地。鄉村學校僅占全國學校總數的 10%，連主要以鄉村爲服務對象的農業學校，也有將近 80%建立在城區。〔註35〕

其次，是新式知識者的就業。由於新式教育傳授的是一套現代的源於西方的，總體上與西方的資本主義工商業社會相配套的知識系統，這些知識的應用與服務對象並不是指向農業社會中的鄉村，於是：

中國的大學不是爲在農村工作的人準備的。他在大學裏學到的是從外國輸入的一般性知識。……大學生在大學所受到的訓練，通常不能使他們找到一種作爲過渡手段的橋梁，以便把他們的知識應用於家鄉。沒有這種橋梁，現代知識只能是無效地懸在空中。結果是農村不斷地派出它的孩子。而又不斷地喪失了金錢和人才。〔註36〕

這裡涉及的是這樣一個問題，即新式的學堂教育及其所傳授的「一般性知識」，對於一個傳統的、後發現代國家而言，具有太大的超前性。社會的教育體制可以經過一二十年的努力，便產生較爲系統的更新與替換〔註37〕，但

〔註33〕費孝通：《農村社區中的社會腐蝕》，《中國紳士》，北京：中國社會科學出版社，2006 年，第 92 頁。
〔註34〕吳相湘：《晏陽初傳》，長沙：嶽麓書社，2001 年，第 59 頁。
〔註35〕陶行知：《師範教育之新趨勢》，《陶行知全集》第 1 卷，長沙：湖南教育出版社，1986 年，第 167 頁。
〔註36〕費孝通：《農村社區中的社會腐蝕》，《中國紳士》，北京：中國社會科學出版社，2006 年，第 94 頁。
〔註37〕主要集中於城市的新式教育系統也爲這樣的快速更新提供了較大便利。

整個社會的發展與變動只能呈現為一種緩慢的蠕變狀態，期間還充斥著眾多的混亂，這就自然造成受新式教育的知識者在內地、農村大有「英雄無用武之地」的感覺。不過，在傳統社會、教育體制中，鄉村提供了眾多可吸納「讀書人」的崗位。如地方社區地位很高的紳士，自治團體、宗族的領袖，備受尊敬的鄉間書塾的教師等。更為嚴重的核心問題或許是，新式教育體制背後更大的新知識、新文化、新價值的確立，否定了傳統內部許多事物的合法性，造成鄉村中的那種客觀上的對新知識者的可容納量也在不斷降低——也就是說，在許多方面鄉村是西化的知識標準、價值判斷相批判、排斥、鄙視的對象。

不過，從另一個不同的角度看，也不能說新知識者們所擁有的知識與技能，在農村就真的找不到發揮的地方，甚至從一個國家全面步入現代化進程而言，中國這樣一個擁有廣大鄉村的國家，如果其基層不發生某種程度的「現代」變動，那麼現代化的真正實行似乎是很難想像的事情。如此一來，反而落後的農村則恰恰最需要這些現代知識、技能滋養的地方。所以，問題的關鍵或許還是費孝通所說的，要找到一個合適的「橋梁」（作為手段）的問題。其實，民國時期也有許多知識分子試圖用不同的「橋梁」的方式建設農村，如梁漱溟領導的鄉村建設學院，晏陽初領導的「平民教育總會」，黃炎培為代表的「中華職業教育社」，陶行知創辦的地方師範學院，熊佛西進行的農民戲劇實驗等，都是從不同方面進行改革的嘗試，也不同程度地取得了一些成績。但整體而論，這些嘗試在當時卻仍然是小眾的，不是普遍而廣泛的現象，新式教育培養的知識者在就業走向上仍然主要是城市中的現代行政、教育、交通、金融、工商業等領域。然而，在中國現代化城市本就數量不多，且其發展規模和現代化程度上也十分有限〔註38〕的情況下，許多找不到工作的邊緣知識者，寧願在城裏失業、閒逛，或靠朋友的救濟消磨時光，也不願回到農村的事實背後，似乎還有更根本、更深層的原因。

接受新式教育訓練的知識者們對農村、農民普遍有一種輕視、甚至是厭棄的心態。如毛澤東在 20 年代的農村考察中，就發現湖南新式學校中的「小學教師對農民的態度非常之不好，不但不是農民的幫助者，反而變成了農民所討厭的人」〔註39〕。1927 年《東方雜誌》（農民狀況調查號）的一篇文章

〔註38〕 如企業的數量、政府的規模、現代化的程度等。費正清曾形容當時中國的現代化，是很薄的一層。
〔註39〕 毛澤東：《湖南農民運動考察報告》，《毛澤東選集》第 1 卷，北京：人民出版

中，也提到了這樣的現象，「一般有知識的人，能作領袖的人，都厭惡農村生活，都拋棄農村生活到城市裏去」〔註40〕。而直到1940年代費孝通還發覺，對於已經受到過幾年教育的年輕人來說，重新回到農村種田是一種家庭恥辱。〔註41〕看來不僅新智識階級輕視農村，就連農民自己也嚮往城市。其實傳統社會裏，城鄉之間也不是沒有差別，城裏人面對鄉下人也會有優越心理，但是近代以後的這種現象被大大加強了，甚至可以說這些現象是新教育體制下才普遍出現的「新現象」。章太炎作為中國最後一批士大夫中的代表對此有敏銳的觀察，他在一次演說中講道，「自教育界發起智識階級名稱之後，隱然有城市鄉村之分」，而且「城市自居於智識階級地位，輕視鄉村」〔註42〕。「智識階級」的稱謂顯然指的是新教育制度下訓練出的知識者，「城市自居於智識階級地位」之後，便可以「輕視鄉村」，既點出了新知識者的城市化，又交代了智識階級輕視鄉村的現實，並說明這是自教育界發起智識階級名稱之後的現象。

在傳統社會中，居核心地位的儒家價值規範裏，有強烈的民本意識。如「民為邦本，本固邦寧」、「天視自我民視，天聽自我民聽」、「民為貴，社稷次之，君為輕」等觀念，為歷代士大夫們傳習，這些作為儒家「道統」中的一部分，即使代表「政統」的統治者也要甘伏於其下，雖貴為皇帝也要從小接受儒家教育。這裡的「民」，應當說是「四民」即士農工商，雖說四者中「士」為四民重心居於首位，但主體的部分卻是農民，國家的財政稅收以及關於國民生計的生產等均建立在廣大的農村經濟之上，所以農民的生活程度雖不高，但聲譽卻頗佳。士大夫們一方面能認識到鄉村、農民為國家之根本，另一方面由於農村的生產方式符合儒家的「天人合一」、「重義輕利」的價值取向，因而對農民也較為重視。另外，中國一向有熱愛大自然的傳統，鄉間的山水田園之樂也常為在朝為官的士大夫們所欽羨；農家的「日出而作，日落而息」、小橋流水的自然風光也常為歷代詩人們稱頌；即使進城為官的士大

社，1991年，第40頁。

〔註40〕楊開道：《我國農村生活衰落的煙癮和解決的方法》，《東方雜誌》，第24卷第16期，第5～6頁。

〔註41〕費孝通：《農村社區中的社會腐蝕》，《中國紳士》，北京：中國社會科學出版社，2006年，第95頁。

〔註42〕章太炎：《在長沙晨光學校演說》（1925年10月），轉引自湯志鈞《章太炎年譜長編》下冊，中華書局，1979年，第823頁。

夫，也往往在候缺、丁憂、告老、告病之時回到鄉村，在鄉居生活中找尋清閒、悠然與寧靜。可見，傳統社會中農村與農民的形象是溫馨的、亮色調的。並且，令人驚異的是這種情形並非爲中國所獨有。

在德國的現代化進程中的浪漫主義思潮與隨後的國家主義思潮中，對鄉村社會、農民、「民性」的提升與頌揚幾乎隨處可見。如費希特熱切的肯定德國文化的價值、風習、制度等便富含在鄉村社會——有機的農業社會、禮俗社會。而來賀也強調德國的文化精神，體現在人民的基礎之中，即「俗民、語言、風習與聚落」。〔註43〕美國的傑佛遜在他的「弗吉尼亞」筆記中也曾認爲除了木匠、泥水匠和鐵匠之外，所有的美國人都應該是農夫，而前者的功能只是爲了支持農夫。〔註44〕俄國的斯拉夫主義者們更是如此。他們認爲俄羅斯體制的理想是農村公社，俄羅斯生命的靈魂在於鄉間，鄉民是俄羅斯的化身。〔註45〕應該注意到中外這些對鄉村、農民的讚頌之間也有很大的不同，前者是在傳統社會之內在傳統的價值認同上對鄉村、農民的由衷的欣賞，而後者是歐洲後發現代國家（相對於英法而言）的啓蒙先驅面對工業侵襲浪潮之下的防禦性、應激性反應。但這些例子至少也說明，即使在歐洲中世紀的傳統社會中，鄉村與農民的形象相對於城市並非處於多麼卑下的地位。〔註46〕體現在智識階級身上的這種變化有深刻的社會文化轉型、知識體系更替、價值判斷標準轉移的原因。

余英時認爲在 19 世紀末和 20 世紀初，中國知識分子在精神上已爲西方文化所震懾，開始對於自己的文化傳統失去信心。他舉的例子恰恰是被我們當下稱之爲「國學大師」的章太炎、劉師培、梁啓超等人。余英時認爲他們所標榜的「國粹」恰恰是那些中國文化史上與西方現代價值相符合的成分，所謂「國粹史學」要發掘並保存中國固有文化的精華，其實只是表面，實質上卻挖掉了中國文化的內核，而代之以西方的價值〔註47〕。因爲「國粹派」

〔註43〕〔美〕艾愷：《世界範圍內的反現代化思潮》，貴陽：貴州人民出版社，1999年，第34～35頁。

〔註44〕〔美〕艾愷：《世界範圍內的反現代化思潮》，貴陽：貴州人民出版社，1999年，第38頁。

〔註45〕〔美〕艾愷：《世界範圍內的反現代化思潮》，貴陽：貴州人民出版社，1999年，第66頁。

〔註46〕同樣處於後發的現代化進程之中，同樣在受到源發的現代的衝擊之時，德、俄的思想先驅們注重從鄉村、農民、風俗中發掘真正的民族精神，而中國的新式智識階級卻普遍的輕視、厭棄鄉村，這中間的反差是值得深思的。

〔註47〕余英時：《中國知識分子的邊緣化》，《中國知識分子論》，鄭州：河南人民出

以西方的價值標尺來鑒別國粹已經隱現出對傳統文化內在立根之本的懷疑。由於價值認同上發生了一定程度的轉移，一些中國知識分子開始以主動的姿態在文化上自甘邊緣，西學逐漸佔據知識、思想的中心，而「五四」便是這種文化邊緣化現象的進一步發展。「國粹派」尚且要以西學關照中學，從古典中發現新義，在「五四」之後則逐漸開始反對以中國經典附會西方現代思想，而是直接徑取西方的新觀念，傳統經典已被拒斥在中心地帶之外。這就產生了雙重的邊緣化，即中國文化本身從中心退居邊緣，而知識分子也主動撤出中國文化的中心地帶。〔註 48〕「五四」之後，新教育體制漸趨成熟，在新一代的知識者中對傳統典籍漸漸陌生的也越來越多〔註 49〕。於是，新知識者對傳統文化真正有深刻的瞭解與同情者就更是鳳毛麟角，並在學術圈中也較為邊緣不被人們看重（如錢穆、熊十力、蒙文通等人）；對傳統文化研究較深的少數上層知識分子，如胡適、聞一多等，他們所抱有的態度已經由敬畏、理解轉化為「打鬼」和「從內部攻破」；而那些對傳統文化較少研究的中下層知識者們，像中小學教員、學生、青年作家、新聞工作者等更是在文化上已經無後路可據守，只能盲目地向前趨新。故此，新式知識者中間對西方知識、文化、價值觀的認同總體上越來越強。以至費正清在抗戰時期訪問西南聯大的時候，曾對聯大的教授發出這樣的感慨，「這些在美國受訓練的知識分子，無論思考、言談、讀書都和我們一致，他們是美國在中國看得見、摸得著的一部分利益……他們是中國曾受西方學術培訓的精華分子，因此，是美國教育影響的活的代理人」〔註 50〕。

費孝通也在他的學生中發生這樣的現象，「在現代大學裏，學生學到了西方科學和技術，而且也習慣了新的生活方式和思想體系，這是完全不同於鄉下的。這種變化足以使他覺得自己與過去不一樣了。……那些和西方文化打交道的人已經改變了他們的生活和思想方式，是不能再生活在農村裏了」〔註 51〕。但實際上，在半殖民地的中國，

版社，1997 年，第 170 頁。

〔註 48〕余英時：《中國知識分子的邊緣化》，《中國知識分子論》，鄭州：河南人民出版社，1997 年，第 171 頁。

〔註 49〕不僅包括實際的讀經者變少，也包括即便讀經但心理上卻並不真正理解和認同。

〔註 50〕〔美〕費正清：《中國之行》，北京：新華出版社，1988 年，第 31～34 頁。

〔註 51〕費孝通：《農村社區中的社會腐蝕》，《中國紳士》，北京：中國社會科學出版社，2006 年，第 93～97 頁。

　　西方文明的本質——工業主義還沒有眞正地引入。現在引進的
是這種文明的比較表面的一些因素，如追求物質的舒適和享受。但
是中國還沒有這些感官享受的物質基礎。沒有這種基礎就產生了一
種生活在表面的西方文化中的人，這些人既沒有西方的，也沒有東
方的傳統基礎。這些人是中國悲劇的受害者和引導者。〔註52〕

　　「五四」新文化運動流風所及的正是那些接受過新式教育的小知識分
子、小市民，發起運動的上層知識階層的反傳統〔註53〕、反禮教，頌揚科學、
民主的態度極大地影響了新文化運動的「西向」性質。而之所以新文化運動
能取得較大的影響，也是因爲十多年的新式教育爲自身培養了受眾，在很大
程度上說，新文化運動倡導者的主張正是新式青年們想說而說不出的話，樹
立了他們渴慕已久但無力建構的「新偶像」、「新價值」。正所謂「一個巴掌拍
不響」，如不是有這麼多新文化、新文藝運動的聽眾、觀眾的響應與參與，這
個運動將很難獲得成功。試想，如果陳獨秀、胡適他們的言論若提前 20 年，
只怕情形會完全不同。〔註54〕在那個西學東漸的時代，中國的知識分子在瞭
解西方上也需要一個較長的過程，如陳、胡等人便是處在這個過程之中，由
於時代的局限他們對西方的理解還不能眞正成熟。上層知識分子如陳、胡尚
且如此，中下層的新式知識階級就更處於「不中不西」的狀態，正如費孝通
所言，「這些人既沒有西方的，也沒有東方的傳統基礎」〔註55〕。甚至，在某
些學者看來，一直到現在，中國知識分子的整體狀態仍是如此，「這 100 年來，
中國知識分子一方面自動撤退到中國文化的邊緣，另一方面又始終徘徊在西
方文化的邊緣，好像大海上迷失了的一葉孤舟，兩邊都靠不上岸」〔註56〕。

〔註52〕費孝通：《農村社區中的社會腐蝕》，《中國紳士》，北京：中國社會科學出版
　　　　社，2006 年，第 97 頁。
〔註53〕對比一下德國、俄國現代化過程中的啟蒙先驅們面對英法的現代衝擊，著力從
　　　　鄉村、民俗中挖掘眞正的民族精神的做法，可知「五四」反傳統的程度之深，
　　　　的確是較爲罕見的。德國、俄國的啟蒙先驅是文化民族主義者，而在中國新文
　　　　化啟蒙運動中，文化民族主義者則寥若晨星。當然現實的國情也確有不同。
〔註54〕陳、胡二人對此是有自覺認識的，他們在爲 20 年代「科玄論戰」文集《科學
　　　　與人生觀》的序言中曾明確地表過態，用他們的話說便是：適之等若在三十
　　　　年前提倡白話文，只需章行嚴一篇文章便駁得煙消灰滅。
〔註55〕費孝通：《農村社區中的社會腐蝕》，《中國紳士》，北京：中國社會科學出版
　　　　社，2006 年，第 97 頁。
〔註56〕余英時：《中國知識分子的邊緣化》，《中國知識分子論》，鄭州：河南人民出
　　　　版社 1997 年版，第 173 頁。

　　知識界的這種狀況使得他們在接受西學的時候，心態和情緒上有一種浪漫的「輕信」的傾向，學理上缺乏加以深入、鑒別、批判的能力。如 20 年代的「科玄論戰」中，雖然從思想上說代表「玄學」的張君勱等人較科學派更為深刻〔註57〕，但在當時的西化知識體系中，「玄學鬼」終於落敗。於是，經由「五四」中國傳統文化無論在知識上，還是在價值上都在「歐風美雨」中向邊緣處飄搖。

　　　　中國傳統文化，與任何其他的文化一樣，自己構成一個「精神的意義世界」（Universe of meaning）。在這意義世界裏面，儒家的基本價值觀和宇宙觀，一方面供給我們日常行為和判斷的道德準繩，同時也構成一組指標系統，不但替我們相對於世界其他的國家和社群做文化自我定位，而且也使我們對宇宙和人生有一個全面的解釋，從而在這架構內，認識生命的方向和意義。因此，當支撐這「意義世界」的基本價值觀和宇宙觀解紐時，文化認同取向和終極意義取向也會因此錯亂而失效，造成精神上的空虛失落與情緒上的彷徨無主。……因此，五四的知識分子，是面對著雙重的危機：一方面是政治秩序的危機；另一方面是「取向秩序」的危機。在這雙重危機的壓力之下，他們急切地追求新的價值觀和宇宙觀，一言以蔽之，新的信仰。〔註58〕

　　余英時認為，中國價值系統發生全面的變動是在「五四」時代，之前經歷了較長時期的醞釀自 19 世紀末以來，許多人早已在思想上或實際生活中衝擊著名教綱常的堤防，而「五四」則使得原本「大逆不道」的反抗名教綱常的行為合法化了，因而中國人的價值觀念已經徹底變了。〔註59〕

　　於是，知識者們迫切向西方尋求新偶像、新信仰，但跳入到西學知識系統的海洋中，一時間難以遍覽其全貌，饑不擇食、盲目輕信的現象常常發生，這也就是為何五四前後幾乎所有的西方思想、主義都有知識者信奉、鼓吹的原因。如自 19 世紀末一直被中國知識分子接受並長期佔據主流地位的進化論

〔註57〕參見李澤厚《記中國現代三次學術論戰》，出自《中國現代思想史論》，東方出版社，1987 年。
〔註58〕張灝：《重訪五四：論五四思想的兩歧性》，《幽暗意識與民主傳統》，北京：新星出版社，2006 年，第 209 頁。
〔註59〕余英時：《中國現代價值觀念的變遷》，《現代儒學的回顧與展望》，北京：三聯書店，2004 年，第 103～117 頁。

與進步史觀中，就隱藏著這樣的傾向：

> 社會達爾文主義開始衝擊非西方世界時，它代表了啓蒙理性陰暗的一面；或者說它是啓蒙理性的怪胎兒，因爲它正是在啓蒙文明的名義下，把人類劃分爲「先進」與「落後」的種族，並爲帝國主義掠奪提供名正言順的理由。

> 進化論歷史一直是優越種族進步的紀錄。按照這樣的標準，停滯、落後的種族可以說是沒有歷史，沒有民族。

> 社會達爾文主義的話語圈不僅使某些民族成爲帝國主義強權國家，也要求開展一項以維持殖民地的非民族地位爲目的的文化工程。〔註60〕

從歐洲人的觀點來看，進化論種族主義使用「物競天擇」、「適者生存」等詞句，雖「極樂觀，但道德上卻極含混」，可以用來爲最極端的掠奪與殖民統治辯護。

另外，科學在中國近現代以來的地位直線上昇，「五四」以後竟成了無人敢於懷疑的新權威，這一點胡適曾自信的宣稱過。於是，原本作爲一門類知識的（自然）科學，卻發展成爲一種世界觀，並且又演變成一種稱之爲「科學主義」的價值觀。在 20 世紀上半葉的「數十年中，被稱之爲『科學主義』的東西，即那種把所有的現實都一概置於自然秩序之中並視爲可通過科學方法而知曉的觀點的勝利在最有發言權、最活躍的那部分知識分子中間已經根深蒂固。在中國，科學主義是『歷史終結』症狀的獨特表現」〔註 61〕。所謂「歷史的終結」，指的是與本民族過往傳統、歷史的決裂。然而，是否科學眞的能夠從原初的「手段」升格到「目的」的高度，是否可以眞的替代宗教信仰、取代一切崇敬神聖觀念的地步呢？李約瑟認爲：

> 看不到人生的悲劇性的一面，不認識神聖觀念在世界上的作用，不知道人類爲保持正義而進行的鬥爭，那就是我所說的受了科學麻醉劑的毒害，在今天，其危害性就要比前原子時代更加嚴重得多了」，而「『慈悲，憐憫，和平，仁愛』的神聖觀念將永遠長存。

〔註60〕〔美〕杜贊奇：《從民族國家拯救歷史——民族主義話語與中國現代史研究》，南京：江蘇人民出版社，2009 年，第 20～22 頁。

〔註61〕〔美〕杜贊奇：《從民族國家拯救歷史——民族主義話語與中國現代史研究》，南京：江蘇人民出版社，2009 年，第 86 頁。

> 只有堅持這些觀念才能挽救科學；否則，濫用科學必將導致全人類
> 的徹底毀滅。〔註62〕

再者，韋伯所描述的現代社會的合理化（包括經濟生產的工業化和社會組織
管理方面的官僚化）造成了人由群體向個體的轉變，功利觀念的增強與個人
私利的計算是現代社會的普遍特徵，

> 現代化導致了個人主義之興，其意味不但個人是惟一重要的社
> 會單位，也是僅有的法理單位。……這些個人間惟一的關連充其量
> 是通過彼此物質上的私利產生關係。游離的個人，不受任何民德、
> 風習與社會價值的指引，只憑藉了自我利益而行動……也就是說，
> 在兩個領域中，技術的效率性成了終極的價值。〔註63〕

於是，在這些文明與野蠻共生、精華與糟粕同體的知識、觀念、價值面
前，經過「不中不西」的中國新智識階級的盲目而粗糙的吸收之後，再加上
西方現代文明本質上是工業文明、商業文明，因而也是城市化的產物。城市
是其組織大規模生產、流通於消費的場所，如此，城市也被鼓吹成人類價值
能夠獲得充分展現、發揮的地方，這些觀念的侵蝕再加上城市提供的「物質
的舒適和個人自由都是會『上癮』的」〔註64〕，致使中國的新式智識階級極
易產生這樣的心理：即把城市與農村進行二分和對立，前者代表光明、進步，
後者則是愚昧、落後；前者是明日努力的方向，後者是應當拋棄的過去；前
者代表的是衛生、舒適、便利、文明，後者則代表骯髒、淒慘、不便、野蠻；
前者是科學、自由、開放的，而後者是迷信、束縛、封閉的……也許正是這
些在知識判斷和價值判斷上的對現代都市的認同，反之對農村的拒斥心理，
導致了民國時期絕大多數知識分子愈演愈烈的城市化傾向。

三、西化教育中的知識化傾向

晚清的新政改革許多方面都效法日本，教育制度也是一樣，「廢科舉的
詔書是日本戰勝帝俄所促成的。代替科舉的是抄襲自日本的一套新教育制

〔註62〕〔英〕李約瑟：《四海之內：東方和西方的對話》，北京：三聯書店，1987年，
　　　　第170～173頁。
〔註63〕〔美〕艾愷：《世界範圍內的反現代化思潮——論文化守成主義》，貴陽：貴
　　　　州人民出版社，1999年，第41頁。
〔註64〕〔美〕艾愷：《世界範圍內的反現代化思潮——論文化守成主義》，貴陽：貴
　　　　州人民出版社1999年版，第234頁。

度」〔註65〕。不過，當西方尤其是美國的情形漸漸爲國人所熟知的時候，人們發現日本值得效法的東西還是從歐美學習得來的，因而就調整了方向，徑直向現代化「源頭」的歐美學習效法。這種情形到以蔣介石爲首的國民政府成立之後，就更是如此，且所謂西化，其實具體地說就是美國化。效法的對象從日本到美國的轉變，在教育體制的制定上表現地最爲明顯。1902 年到 1904 年頒佈的「壬寅－癸卯學制」以及 1912～1913 年頒行的「壬子－癸丑學制」都是以日本近代教育體制爲模板而創建的〔註66〕，而 1922 年的「壬戌學制」吸收了「五四」新文化運動的某些理念。另外，

> 美國式的自由主義、民主主義教育，多層次多系統多渠道的辦學體制，對實際應用的注重，一批歸國留美學生（如胡適、陶行知、郭秉文、蔣夢麟、張伯苓等）的社會影響與就職重要行政崗位，加上杜威、孟祿、推士、麥柯爾等美國教育家來華講學後產生的轟動性效應，使中國教育界經過明辨擇善，把教育改革的參照重心由日本轉向美國。〔註67〕

自此，中國的新教育體制開始全面的美國化。前述的費正清就在他的回憶中提到，當時中國大學中的眾多受美國教育的知識分子在思考、言談、教書上都與美國學者幾乎完全一致〔註68〕；他們是中國曾受西方學術培訓的精華分子，是美國教育影響的活的代理人；甚至可以直截了當地說，中國的文科教育就是美國利益之所在。〔註69〕常年在清華任教的聞一多，也感慨清華實際上是「美國化的清華」：

> 清華太美國化了！……據我個人觀察清華所代表的一點美國化所得來的結果是：籠統地講，物質主義；零碎地數，經濟，實驗，平庸，膚淺，虛榮，浮躁，奢華──物質的昌盛，個人的發達……
>
> 清華學生眞浮淺極了！那裡談得上學問？那裡談得上知

〔註65〕蔣夢麟：《西潮・新潮》，長沙：嶽麓書社，2000 年，第 68 頁。

〔註66〕《中國教育史》一書（黃仁賢編著，福建教育出版社 2003 年版）以及李華興《論中國教育史的分期》一文（《上海師範大學學報》1997 年第 1 期）。

〔註67〕李華興：《論民國教育史的分期》，《上海師範大學學報》，1997 年第 1 期，第 130 頁。

〔註68〕事實上也不可能完全一致的，他們仍然有著中國的一面，或許對於費正清這樣的西方人而言可能不那麼「顯性」。

〔註69〕〔美〕費正清：《中國之行》，北京：新華出版社，1988 年，第 31、34、86 頁。

識？……講新也新得不徹底；講舊也舊得不徹透。〔註70〕

聞一多回憶的是戰前清華大學的情形，而到抗戰期間清華和北大、南開組成西南聯大之後，仍然不改其「美國化」的特色。何兆武談到他抗戰時期在西南聯大受教育的情景，坦承：

> 總的說來，我們這一輩受到的教育承接的是西方的傳統，而不是中國的傳統。

> 到了大學，理科不用說了，百分之百都是美國教本，法科也是，比如法律學、經濟學、政治學，統統都是西方（主要是美國）的教本，至於文科，那要看學什麼專業，比如中國史，只能用中文的，可是要學世界史，包括古代史、中古史、近代史，就都是美國的本子了。再如，學中國古典哲學的得有很好的古文基礎，可是學西方哲學的，比如康德、黑格爾的，只要能看英文本就行了。

> 我在西南聯大的時候，教科書幾乎全是美國的，理科的不用說，文科也多是西方（美國）教本。比如政治學是 Garner 的《政治科學與政府》，經濟學用 Fairchild 的《經濟學概論》，到了專業課的時候，除非是學中國古代文史的，其餘都是美國教本。〔註71〕

何兆武出生於 20 年代初（1921 年），和大多數戰時大後方文學運動中的青年知識分子同齡，他的教育經歷、知識背景在那代人中間是有較大代表性的。除西南聯大（實際上是北大、清華、南開三校）之外，其他學校的情況也比較類似。如司徒雷登在回憶錄中，提到了當時的東南大學的情況：「東南大學是第一所現代國立高等學府，在當時也自然是最好的大學。他搜集了大約五十來名歸國留學生，每個人都有突出的專長。他是按美國的模式來推進教育事業的」〔註72〕。再有，抗戰時期的英國觀察家班威廉·克蘭爾，在對中國大學生活做了一番考察之後，也留下了這樣的文字：

> 一九二七年以後十年之中，在國民黨領導之下，中國的文化教育也有相當的改革。在公立的文教機關學校裏，都是把整套的西洋

〔註70〕聞一多：《美國化的清華》，《聞一多全集 2》，武漢：湖北人民出版社，1993年，第 339～341 頁。

〔註71〕何兆武口述，文倩撰寫：《上學記》，北京：三聯書店，2006 年，第 26～27、211 頁。

〔註72〕〔美〕司徒雷登：《在華五十年——司徒雷登回憶錄》，北京：北京出版社，1982 年，第 96 頁。

文化從歐洲和美國搬了過來。這是直接承接著一九一一年流產的革命的文教工作。所有知識分子都在學習易卜生和蕭伯納、凱恩斯，李普門和國際聯盟文件；詹姆斯和弗洛依特；哈爾但和赫胥黎，愛丁頓和琴史，懷得海和羅素。幾千年來古老的哲學和文化，幾乎全被拋棄了，青年們對於政府的因循苟且的政策，都感到焦灼不寧。〔註73〕

由此可見，當時因為國家整個教育制度的美國化程度是比較高的。學術界裏，各門類知識研究，在理工科方面幾乎全是西方的知識（科學技術），在人文社會科學方面，縱然對象有傳統的國學，但其研究的方法、路向基本還是遵循西學的思維方式、學術規範，如胡適提倡的一套實驗主義的科學方法。以至於，郭沫若在回顧、反省「五四」以來的新文藝時，認為新文藝雖然未能切實把握時代精神、反映現實生活、較為歐化，但比起其他的門類竟然還是較為「中國化」的，因為：

> 其它多半還是直接使用舶來品，竟連《中國社會史》之類還在使用東洋貨。就拿自然科學來講吧，高級一點的學校都還在使用外國教本，且以使用外國教本為榮，各項部門的術語學名都還沒有譯定，或者也竟直接使用東洋貨。和這些比較起來，文藝不能不說較勝一籌的。〔註74〕

從以上材料中，我們不難看出從教育制度到學術領域的較為普遍的西化狀況，尤其是「美國化」的色彩之濃。

但西方的現代化有這樣的特點，即它的核心概念是「擅理智（Rationalization）」和「役自然（world mastery）」（即對環境的控制）。「擅理智」的意義最接近於「科學的」及「合理可用」，指的是一個過程，在其間，一個結構或過程變項運用最有效的手段達到經驗性的目標；「役自然」是指對自然的征服和控制。艾愷認為無論「擅理智」還是「役自然」都是「手段」，現代化唯一的價值標準就是「效率」。〔註75〕艾愷的這個關於現代化

〔註73〕〔英〕班威廉·克蘭爾：《新西行漫記》，北京：新華出版社，1988年，第376頁。

〔註74〕郭沫若：《「民族形式」商兌》，蔡儀主編：《中國抗日戰爭時期大後方文學書系·第二編·理論論爭第一集》，重慶：重慶出版社，1989年，第280頁。

〔註75〕〔美〕艾愷：《世界範圍內的反現代化思潮——論文化守成主義》，貴陽：貴州人民出版社，1999年，第6頁。

的描述，雖然不是最全面地概括現代化的方方面面，甚至恰恰是犧牲掉了「現代化」所謂的「豐富」，但卻極為準確地強調了現代化相較傳統而言，最主要的特徵與「性格」。西方的現代知識體系既產生於這個「擅理智」、「役自然」的現代社會，又同時反過來構建了這個社會，它們相輔相成，知識體系的各個部分都是現代資本主義社會的產物。儘管在其間也有許多以「反現代」的面貌出現的拒斥、批判、反思，但它們之所以令人矚目，有時只是因為它們是一種「異質性」的聲音，有著與眾不同的「別樣面目」而已。不管這種反思、批判多麼的嚴密精巧、深刻有力，但實際的結果是：它不但沒能阻止現代化這個巨大而堅硬的車輪的前行，並且也不曾改變現代化自身的「擅理智」、「役自然」的根本特性，以及這種特性在資本主義生產方式中迸發出的「侵略性」。

因而，現代知識體系的主體以及知識本身的不斷生產，根底上從屬於現代社會的資本主義生產方式，後者強大的效率和驚人的能量正是知識體系自身的功勞——最充分地詮釋了「知識就是力量（權力）」這句話。西方啟蒙運動中高揚的「理性」，是現代知識體系的關鍵基石，然而也正是這個理性本身隱藏了巨大的隱患，這也是反現代性的思想者們所批判的重點。啟蒙理性的預設很大程度決定了它自身的「性格」。比如關於「進步」的設定，一般知識分子就把日益有效地運用理性，以控制自然環境、文化環境視之為「進步」，這是一種以牛頓經典物理學為模型的世界觀；而關於「普遍真理」的預設則認為無論何時、何地，（抽象的）人性是基本相同的，具體的落實點就是，全部人類唯一真正普遍共有的價值觀都是純功利性——食物、住居、物欲的滿足、財富與權力。〔註76〕

但無論如何，西方文化從整體上說仍是一種發育較為成熟的高級文化，它自身對於道德、價值的失落有一種補償機制，所以它不僅有文藝復興、啟蒙運動，還有宗教改革。宗教改革之後的新教倫理道德觀念，不但在資本主義發展初期提供了強大的精神助力〔註77〕，而且也在很大程度上維持了整個價值、信仰、道德體系的延續性（哪怕是相對的，卻仍然不容小覷），一定程度上彌補了埋藏在啟蒙理性及功利性道德觀中的缺陷與不足。

〔註76〕〔美〕艾愷《世界範圍內的反現代化思潮——論文化守成主義》，貴州人民出版社1999年版，第9～10頁。

〔註77〕主要是加爾文教派的倫理價值標準，這一點韋伯在其《新教倫理與資本主義精神》中有詳細的闡述。

在中國傳統的知識體系中，向來就有「尊德性」與「道問學」之爭，但這常常只是一物的兩面，爭的是之間何者爲側重點的問題，並不是將其對立然後取其一的問題。傳統文化的精神特點就在於道德、學問一體，體用不二，所謂格物、致知、正心、誠意、修身皆是一個過程中的不同階段（或曰「工夫」），首先要注意的就是二者一體的共生關係。其次，道德與學問一體並非就意味著二者並重。事實上，從歷史的整體上看，「中國文化精神的指向，主要是在成就道德而不在成就知識，因此，中國知識分子的成就，也是在行爲而不在知識」〔註78〕。也就是說，側重點是在道德、行爲而不在知識。余英時也注意到在中國的政治傳統中一向彌漫著「反智論」的傾向，該傾向可分爲兩個部分：一是對「智性」本身的懷疑和憎恨，認爲「智性」以及由智性而來的知識、學問對人生皆有害無益；另一方面便是對代表著「智性」的知識分子的輕鄙乃至敵視。〔註79〕這一傾向在道家、法家思想中均有較爲明顯的體現，儒家雖然有主智的傾向，但比「智」更重要的還有「德」與「行」，由此可以看出這種不把「智性」當做正面價值或者最高價值的傾向，是中國文化不同流脈的共同性格。

新教育體制的確立，西方的知識文化體系的引進，使得傳統「士大夫」所依附的科舉制蕩然無存，以科舉考試作爲凝聚力的儒家經典如《四書》、《五經》中的倫理道德、價值系統也漸漸遭受破壞（這個過程是緩慢而痛苦的）。因爲在傳統社會中它們都是作爲聖人之言而具有「道」的神聖性，但經過以「五四」新文化運動爲代表的新式知識分子的持續批判，對之的懷疑、打倒、唾棄漸漸成爲新智識階級的主流。簡言之即是，人們之前認爲它們是正確的、神聖的，如今卻不再這麼認同了。所以在智識階級中雖然還有部分人信守著儒家的價值倫理，但那是出於以下幾種可能：一者是儒家倫理做爲延續中國近兩千年的價值標準，早已以「因政教而成風俗，因風俗而成心理」的方式浸入到人們日常生活、行爲習慣的方方面面，就其本性而言，它的變

〔註78〕徐復觀：《中國知識分子的歷史性格及其歷史的命運》，黃克劍、林少敏編：《徐復觀集》，群言出版社 1993 年版，第 141 頁。

〔註79〕但余英時並不認爲中國的政治傳統是以反智爲其主要的特色。相反地，至少從表面上看，中國的傳統政治，在和其他文化相形之下，還可以說是比較尊重智性的。尤其是隋、唐科舉制度建立之後，政治上用人遵守一定的知識標準。參見余英時《反智論與中國政治傳統》一文，《文史傳統與文化重建》三聯書店 2004 年版。第 150～152 頁。

革速度不但遠遠落後於社會體制的轉換，也大大落後於知識體系的更新，這也許是歷史的惰性、慣性所致。二者，也有許多人是有意識地信守這些價值準則、道德觀念，但很大程度上已經具有個人性或私人性的意味，這些人經過思考、分析仍然盡可以做出這樣的選擇，但是作為一個全社會普遍共守的那個價值標準，已經消散解體了。第一種情形雖說可能在任何人身上都會有體現，但主要還是體現在新智識階級以外的廣大國民中，第二種情形主要體現在新智識階級中的部分人身上，但已構不成主流。知識分子的所謂「大傳統」在舊倫理、舊價值、舊道德的態度上已經轉向了，民間的「小傳統」再怎麼遲緩也已經漸漸地處於變動之中。正如蔣夢麟所說：

> 如果要使某一改革對國家統一與團結切實有效，這種改革必須直接使這些古老的區域單位在家庭制度上、行業上和傳統上發生某種程度的變化，反過來說，這些單位係共同的語言、文化和生活理想所維繫，那麼任何經由共同語言所產生的文化和理想的變化，也勢必影響這些社會集團的生活，並且進而影響國家的生活。

> 外國商品開始影響中國行業時，中國就開始變化了，維繫中國社會的三條繩索之一因而鬆散。這是受現代影響的最初改變，這種改變人們是不大知道的。以後現代思想經由書籍、報紙和學校制度等輸入中國，又鬆散了傳統這一條繩索。最後留下來的一條繩索——家庭的聯繫，也終於不得不隨其他兩條繩索一起鬆散。〔註80〕

但問題是，新文化雖破除了傳統的價值、倫理，但從西方現代文明的引進中，只是在知識的方面取得了一定限度的成功，在價值系統方面則遇到了困難。從西方引進的科學不足以承擔倫理、價值的重任，而基督教的信仰、價值體系在中國卻從未能生根，這就造成了中國人面對空前的一方面知識爆炸（對於新式知識者而言），一方面價值混亂。於是，知識分子的知識化不可避免。康德的三大批判其主旨就在彌合「純粹理性（即知性，認識功能，主要體現在知識、科學上）」與「實踐理性（即意志，主要體現在倫理、自由的領域）」之間的鴻溝，兩者的二分從古希臘以來就是西方思維的突出特徵。現代以來知識的能量借助技術、生產方式而急速膨脹，但倫理、意志、信仰的力量卻日漸式微，所以近現代的知識分子處於這樣的文化氛圍之中，原本就

〔註80〕蔣夢麟：《西潮・新潮》，長沙：嶽麓書社，2000年，第169～170頁。

有「知識化」的傾向，再加上自身原有價值系統被擊碎、混亂，而外來價值又不能像知識的移植那樣簡單、順暢，這就更加深了「知識化」的程度。

第二節 城鄉二元分離與社會的漸趨「軍紳」化

一、「士大夫」解體與傳統社會結構破壞引起的城鄉分離

中國傳統是「四民」社會，士大夫是四民之首，享有崇高的社會地位，是全社會的榜樣。他們不僅是傳統價值、倫理、道德的承擔者、維護者（偏重於「道統」），而且是政府組織、管理實際事務的參與者與實踐者（偏重於「政統」），即「道統」與「政統」在士大夫身上是一體的。傳統的教育模式，讀書的花費較低，科舉考試中的「有教無類」的平民精神，再加上科舉考試不限定考試次數、年齡上限的特點，至少在理論上給多數讀書人以不絕如縷的上昇性變動的希望。而且歷朝歷代延續並由「紳士」承載的「道統」的神聖性，使得大多數時候科舉考試的實際組織，在整體上還是相對公平、清廉的，這從紳士中「新進者」所佔的頗高比例即可看出。〔註 81〕而蔣夢麟也有這樣的觀察，「清末時，政府各部門無不百弊叢生。唯有科舉制度頗能保持獨立，不為外力所染。科舉功名之所以受人器重，大概就是這個緣故」〔註 82〕。

於是，社會中有雄心的上進者（在較大程度上）不論出身是否高貴或富有，大都有向社會上層流動的機會〔註 83〕。這就為社會上有才幹、有能力、有雄心的人們提供了一條合法的進階途徑，既保持了整個社會的安定，又因為不斷吸收社會優秀分子的加入而保持「士大夫」階層的較高素質。「士大夫」們在朝為「大夫」，作為政府的一員，成為朝廷中的管理者，在野則為「縉紳」成為地方事業的組織者、領導者，他們在皇帝與民眾之間起到一種中介性的上令下達、下情上達的通上下的功能。費孝通在研究傳統中國的權力結構時，就描述了這種通上下功能的存在：

〔註 81〕 來自張仲禮、費孝通、潘光旦等人的統計，分別參見張仲禮《中國紳士——關於其在 19 世紀中國社會中作用的研究》，上海社會科學院出版社 1991 年版，第 234～235 頁；《鄉土重建》，《費孝通文集》第四卷，群言出版社 1999 年版，第 356 頁。

〔註 82〕 蔣夢麟《西潮·新潮》，長沙：嶽麓書社，2000 年，第 61 頁。

〔註 83〕 至於事實上能否實現、有多少人會實現或許是另外一回事，因為制度內只要有合法的機會，就會激起前赴後繼的希望。

（1）在傳統的中國權力結構中，有著兩個不同的層次：頂端是中央政府；底部是地方自治單位，其領袖是紳士階級。（2）這裡有著對於中央政府權威事實上的限制。地方上的事情是由社區的紳士所管轄的，是中央當局難於干涉的。（3）雖然在法律上只有一條從上向下的貫徹帝國命令的軌道，但是在實際生活中，中間有政府的皂隸和地方上選擇的「鄉約」或者相同類型功能的人物，通過這種中介，不合理的命令可以打回去。這種由下而上的影響，在中國正式的政治制度的討論中，通常是不予承認的。然而，它實際上是有效的。（4）從下而上的影響的機制，是紳士通過他們當官的親戚和參加過相同考試的臺上臺下的朋友們施加的非正式壓力發生的。藉此，影響有時甚至可以到達皇帝本人那裡。（5）所謂自治組織的興起是來自於社區的實際需要。這種群體的權力不是來自中央帝國，而是來自地方民眾本身。當中央只是有限度地征稅和招兵時，人們會感到「天高皇帝遠」。但是，中央和地方當局之間有必要保持一些交往，這就意味著地方紳士總是在地方性組織中佔有戰略性和主導的作用。〔註84〕

傳統中國的小政府模式，沒有足夠的人力物力，也局限於當時社會的技術手段（沒有現代化的交通、信息、管理等），使得政府不可能直接與爲數龐大的農村中的家家戶戶進行接觸，政府的命令通常是下達到各個地方的自治單位中，這些自治單位的領袖就是由鄉村受過良好教育的紳士擔當。他們組織和領導地方上的公共事務，這包括灌溉、修橋、鋪路、調解糾紛、中介擔保、安排公共娛樂、主持宗教活動等，即便是地方向朝廷上交稅糧，也是先行集中再由地方紳士運往縣城代爲繳納。傳統中國便包括：

> 千千萬萬的這種單位，由幾千年來累積下來的共同的語言，共同的文化和共同的生活理想疏鬆地聯繫在一起。這些或大或小的單位是以家庭、行業和傳統爲基礎而形成的。個人由這些共同的關係與各自治團體發生聯繫，因此團體內各分子的關係比對廣大的社會更爲親切。他們對地方問題比對國家大事瞭解較深。〔註85〕

這種社會的內部有高度的自足性、自治性，費孝通甚至認爲在這樣的社

〔註84〕費孝通：《鄉村中國的基本權力結構》，《中國紳士》，北京：中國社會科學出版社，2006年，第52頁。

〔註85〕蔣夢麟《西潮・新潮》，長沙：嶽麓書社，2000年，第169頁。

會裏「無效率」非但不是個貶義詞，甚至無效率的、寫詩的官員的存在反而可能是老百姓的一種福氣。〔註86〕因此，傳統中國若拿現代的民族國家的標準來衡量，嚴格地說就不能算是一個「國家」，因爲「西方近代的『國』的觀念，主要是政治性的，是政治力量集中的表現，所以由『國』所發出的力量是堅硬強烈的」〔註87〕。這種堅硬而強烈的力量來自政治結構上的高度理智化，以及理智化的現代官僚體系的高效率所產生的，主要表現爲先進的軍事技術與經濟上的侵略性、擴張性。

　　傳統中國所謂的「國」，不是政治意義上的；也不是民族意義上的，它包括了多種多樣的不同民族；它在性質上主要體現在社會性、文化性的意義上面。就社會性而言，傳統中國是由以血緣、業緣、地緣等（主要是血緣）紐帶關係聯結起來的家庭、宗族以及建立在家庭制度、共同的倫理觀念之上的自治團體組成的。與個人打交道的總是各種團體，安土重遷的守土意識也使得他們大多只和這些地方團體發生隸屬關係，因此很難形成一個囊括所有個體、團體的一個抽象的國家觀念，有的只是一個模糊、朦朧的象徵性的皇帝（朝廷）。就文化而言，所謂「夷夏之辨」主要就是指文化而言，春秋時期就有所謂「諸夏而夷狄者則夷狄之，夷狄而諸夏者則諸夏之」，即只要接受同樣的文化就能結成同一個大的民族。所以直至今天，所謂的漢族其實已經不知融合了多少民族的血液了，而現在的漢族則依舊可以和許多尚未被完全同化的諸多民族交相雜處，形成一個大的華夏民族。在這種社會裏，沒有現代的國家觀念，故人們只知有家而不知有國，只知有團體而不知有（西方現代意義上的）民族〔註88〕。現代社會裏把這些具象化爲有形的領土和精確的人口數字等，也只停留在接受新式教育的數量有限的群體中〔註89〕，仍舊爲與新式教育隔離的廣大民眾所陌生〔註90〕。社會追求的是安和，朝廷的任務是保民、安民，令其安居樂業，維持安定和諧的社會秩序，而不是追求西方近代

〔註86〕費孝通：《鄉村中國的基本權力結構》，《中國紳士》，北京：中國社會科學出版社，2006年，第53頁。

〔註87〕徐復觀：《中國人對於國家問題的心態》，《徐復觀文集第一卷‧文化與人生》，武漢：湖北人民出版社，2009年，第168頁。

〔註88〕民族和國家原本都是凌駕於眾多團體、家族之上的抽象觀念，爲傳統社會中的人們所未有。

〔註89〕如在20年代末期受過新式教育的人約有1000萬，參見《北洋軍閥時期中國社會之變遷》第213頁，張靜如、劉志強主編，中國人民大學出版社1992年版。

〔註90〕戰時大後方文藝運動要傳播的就是這樣的觀念，承擔的就是這樣的任務。

式的進步〔註 91〕；由於人們沒有現代（西方）意義上的國家、民族觀念，缺乏以國家、民族為單位的整體團結，就不能形成對外的堅硬強烈的力量，故常受異族欺凌（雷海宗稱之為「無兵」的文化）。

不過這樣的社會，也有內部無法解決的許多問題，如文化上「多子多福」的觀念使得整個國家的人口難以控制，在生產力有限的傳統社會人口的激增常引發難以控制的局面。黃仁宇從技術管理的角度提出了一種對其內部周期性混亂擴大以至重複性改朝換代的解釋：

> 我們必須瞭解到，古代的皇帝無從知悉所統治的老百姓的數目，不清楚實際稅收，也無從掌握軍隊的確切人數。統計數字不過是粗略的估算，其準確度有多高，官員也不會太當真。……為維持中央集權統治，另一個解決之道是創造出一個完美的理想模式，將之標準化，再令各階層從而效法即是。如果產生實務上的困難，忠心耿耿及足智多謀的官吏必須絞盡腦汁，設法加以解決。如果解決不了，個人的犧牲在所難免。無可不免的是，理想和現實之間一定有落差。但在古代，中國在世界上有無需競爭的地位，即使理想和現實有出入，也無關緊要。如果人人默不吭聲，缺陷就會縮到最小。只有在失調擴大到無法管理的規模時，才有必要進行改朝換代，歷史的曲線重新再走一次。〔註92〕

由以上分析我們可以看出，如此廣土眾民的一個龐大的（非帝國主義）的帝國社會，無論上層的政府還是下層的家族、自治單位，都是靠一個擁有同一價值、信仰、道德、倫理背景的士大夫群體的「黏合」而聚攏在一起的；如此龐大的規模和舊時代極有限的生產力與技術手段之間存在的組織、管理上的困難，全依賴地方團體、單位的高度自治加以解決，而這種解決的不徹底以及困難的累積，最終會以王朝更迭的形式重新洗牌。所以，士大夫的存在是維繫傳統社會的關鍵性群體，是為數龐大而鬆散的眾多自治單位與高高在上的朝廷與少數貴族結成「國家」聯盟的黏結劑與領導者。他們是社會的重心，佔據中心的地位，既在文化上不斷傳承和實施教化，用共同的文化作為「朝廷子民」身份的確認，維持傳統的不綴；又在實際的管理領導事務中解

〔註91〕 故對外亦無擴張、侵略之企圖，用李約瑟的話說便是：一個非帝國主義的（規模上的）大帝國。不過，也正是這一點被西方進步史觀貶斥為沒有歷史（如黑格爾）。

〔註92〕 〔美〕黃仁宇：《黃仁宇回憶錄》，北京：三聯書店，2001 年，第 8 頁。

決疑難，力求社會的安定和諧；還常常用文化上的「道統」與皇帝的「政統」上的實際權力進行制衡；上級與下級紳士之間的流動，民間與士大夫群體之間的較頻繁的流動，以及社會賦予士大夫在社會中較高的合法性地位，提供了上下層相對通暢的機會與渠道〔註 93〕。儘管它的內部也有許多矛盾和結構性難題，自身無力解決：對外則常受異族欺凌，對內則會產生周期性的天下大亂。因而歷史性的看似乎是「壞的時候多，好的時候少」，但畢竟這種結構形態維持了傳統社會及中華文明的代代延續，這已經是一個重大的功績和奇迹了。〔註 94〕

　　不過，晚清時期由於國家面臨的諸多實際困境，在「求變圖存」的意圖下廢除科舉考試制度，實施新式教育制度，雖是逼不得已但在結構上硬性的拆除了「士大夫」所佔有的合法體制性地位，造成了「士」的解體。在社會管理和經濟依靠上，失去了傳統社會賦予的優越性地位；在文化與價值形態上，儒家「經典」地位的失去，原本形成「士大夫」群體的兩根支柱，都隨著科舉考試的廢除而漸趨消失。在以西方結構為原型的新式國家制度內，「士」的合法地位已不存在，引發了紳士階層自生自滅式的蠕變性解體過程。之後，原本由「士」所佔據的社會位置，承擔的責任與功能，似乎在現代國家體制內被兩個群體所填補：一是現代國家行政組織方面的官僚體系；二是文化、知識、社會「良心」上的新式知識分子。〔註 95〕但這兩個群體與原先的士大夫群體都有本質的不同。現代官僚體系是啟蒙的合理性、功利主義原則、簿記式經營在國家行政管理中的體現，該體系中充斥的是現代知識武裝起來的技術性官僚，他們在運作中不遵循傳統的價值道德規範，並且認為這也不應該是他們所應當擔負的。衡量他們的最重要標準或曰「新道德」是效率及從效率中迸發出的能量，這一點與士大夫的社會功能、原則全然不同。作為文化承擔者的中國新式知識分子遵循西方的社會模式被訓練成各個知識門類的技術家、專門家〔註 96〕，「學問」與「德性」分離。後者在價值、倫理、信仰上的體現在西方很大程度上由宗教擔負，但在中國卻無與此相對

〔註 93〕這自然是「治世」的社會常態才能形成的，皇朝末世及「亂世」的非常態情形則失去了先決條件。

〔註 94〕這一點常被外國學者所難以理解，對於他們而言文明及帝國的衰亡是常態，連黑格爾都不禁感慨中國是一切情形的例外。

〔註 95〕兩者常有交叉，技術官僚也常常是知識分子中的一部分。

〔註 96〕至少是以此為目標，實際上的實現由於中國強大而久遠的士大夫文化的影響，會經歷一個過渡的階段。

應的群體，而宗教的橫向移植卻不會像制度、知識體系的橫移那樣（相對的）順暢，於是，中國的知識階層由於先天的不足，似乎比西方的知識分子群體有程度更深的「知識化」傾向。只是這種傾向在民國那個與強大的士大夫文化距離尚近的時代，被其中的「尊德性」、「道學問」一體化的流風餘韻所掩蓋，表現為一個溫和的過渡期，一些知識者還表現出較濃厚的「士大夫」心態〔註97〕。

然而，由於傳統文化的核心價值無法促使整個民族、國家產生出同樣堅硬、猛烈的強力，以抗衡帝國主義在軍事、經濟上的侵略暴力，所以實際上的生存需要就會導致「新文化」的倡導者持續不斷的反傳統，以期實現與西方國家同樣的富國強兵的局面。於是，傳統的價值、信仰作為全社會共同信奉的標準一旦被打破，就會以一種彌散的、個人化色彩的、私人性的、自生自滅式的形態處於蠕變之中，並漸趨削弱和衰敗。〔註98〕

造成城鄉分離的另一個原因是社會轉型，從效率、生產力低下的農業社會轉變成生產力發達、高效的工商業社會。農業社會中，農村是主要的生產基地，城市雖然也有部分的生產行為但不佔據主體地位，城市主要是一個交換、流通及文化活動的場所，且農業社會的生產和商品交換是以各取所需為主要特徵，而不是資本主義社會中的對最大利潤的貪婪追求及資本的無限積累本性；前者的規模大體上維持在一定的限度，而後者則是不斷增長與擴大：生產－消費－再生產－再消費－擴大再生產－擴大再消費；前者無礙城鄉的一體化，且以廣大的農村為根基，而後者地不斷擴張性需要勞動、資本與市場的高度集中，所以是以城市化為其必要特徵。以工業、商業貿易的繁榮及資本、利潤的最大限度增長為追求，且把這個稱之為「文明」與「進步」，不符合這個「新道德」標準的理所應當就成為落後、停滯、愚昧與野蠻。

一方面是國家現代化所需求的城市化（也包括新式教育體系的城市化），另一方面是士大夫的解體、傳統價值體系的崩潰，兩方面都造成傳統的那種社會上昇性變動的斷絕。而新式的經由學堂教育，進入城市學習、工作、生活以至終老的上昇性變動模式漸漸擴大，被越來越多的人所接受。但這兩種上昇性變動之間有兩個重要區別：第一，傳統的社會上昇性變動中，

〔註97〕如發出「吾曹不出如蒼生何」的梁漱溟，就是較為典型的代表。
〔註98〕這其間也有種種雜亂無章和兩極分化：有的兼取固有道德與西式的自由民主尚能獨善其身者；也有以固守傳統道德的小眾群體；有信仰馬克思主義學說的做派革命者；也有無所不用其極的亂世投機者……

平民經由科舉考試上昇爲紳士，但大多數紳士經由各種途徑回到鄉村〔註99〕，維持教化，管理地方事務等，所以這種上昇性變動，在城鄉之間是雙向循環的。但後者的上昇性流動者一經入城，新式教育無論在知識、思想還是生活方式都是和現代都市（以及都市體現的工商業文明）相配套，與鄉村之間不但距離較大而且還在價值上忽視、輕鄙鄉村。結果，許多學生僅僅上了幾年學，就感到回鄉後連個說話的人都找不到，連自己的父母家人都感到隔膜和疏遠。於是，農村不斷派出它的孩子，而又不斷地喪失金錢和人才。〔註100〕也就是說，這種上昇性社會流動有嚴重地指向城市的單向性，其實，現代文明的內在要求就是要把盡可能多的人口變成城裏人，盡可能地消滅鄉下人。〔註101〕

　　第二點區別就是科舉考試制度有著「貴族教育移到平民教育身上」〔註102〕的精神，地方上的書塾與城鎮的書院數量既多，分佈也相對均勻，投資則較少。所以「紳士」中的新進者比例較高（超過總體的三分之一），出身鄉鎮的紳士也與城市的紳士基本持平，因而形成了全社會統一的向心力、凝聚力。而新式教育在投入一項上，便將大多數中下等人家的子女拒之門外，造成讀書人日益減少，平均識字率在新學制實施後不升反降，且貧寒之家的子女失學日益嚴重。〔註103〕也就是說，新式智識階級的出身相對之前來說，越來越有貴族化的傾向，至少是家庭出身的門檻擡高了。〔註104〕

　　於是，新智識階級的城市化很大程度上造成了城鄉的隔離。以往由中下層紳士充當的鄉村領袖，而新智識階級在城市化之後，這類人在鄉村顯得十分缺乏，楊開道在《東方雜誌》（1927年）的一篇文章中給出了原因。他開篇就說，「我國的農村生活，衰落已達極點」，主要原因之一便是「農民太無知識」，而農村「沒有領袖人才」，「農民自身沒有能力去教育他們自己和他們的子女，政府又對於農村教育毫不注意」，那些接受新式教育的「一般有知識的

〔註99〕　如在朝的中上級紳士候缺、丁憂、告老、告病，或中下級紳士本就在鄉村擔任地方宗教、自治單位領袖。

〔註100〕　費孝通：《農村中的社會腐蝕》，《中國紳士》，北京：中國社會科學出版社，2006年，第93～94頁。

〔註101〕　這一點第一節已有過論述。

〔註102〕　參見黃炎培《中國教育史要》序言第6頁，商務印書館1939年萬有文庫本。

〔註103〕　羅志田：《科舉制廢除在鄉村中的社會後果》，《中國社會科學》，2006年第1期，第196～197頁。

〔註104〕　這在第一章第一節有詳細的論述。

人，能作領袖的人，都厭棄農村生活，都拋棄農村生活到城市裏去。農村社
會費了金錢來教育他們的優秀分子，本想他們來做農村社會的領袖，來做農
村社會的改造者。但是他們放棄了他們的責任跑了，剩下一班沒有知識的農
民，叫他們怎麼樣能改善他們的生活？」〔註105〕李大釗早在 1919 年也發現了
這個現象，他在文章中這樣寫道：

> 一般知識階級的青年，跑在都市上，求得一知半解，就專想在
> 都市上活動，卻不願回到田園；專想在官僚中討生活，卻不願再去
> 工作。久而久之，青年常在都市中混的，都成了鬼蜮；農村中絕不
> 見知識階級的足跡，也就成了地獄。把那清新雅潔的田園生活，都
> 埋沒在黑暗的地獄裏面，這不是我們這些怠惰青年的責任，那個的
> 責任？〔註106〕

在很多地方，農村的凋敝使得舊式的鄉紳、大戶也紛紛離村，移居城市
（這也加速了「新紳士」對其的替代過程），這就更是加深了城鄉隔離的程度。
有些是因爲鄉間盜匪猖獗，出於安全的考慮才移居到治安較好的城市。如蔣
夢麟回憶他故鄉浙江蔣村，大約早在 1894 年到 1898 年間鄉村的盜匪活動已
經十分頻繁，一開始是盜匪的「借糧」，後來發展成搶劫，而且搶劫的風潮還
蔓延到附近各個村莊，鄉間微薄的官兵武力根本無法阻止，蔣夢麟父親在無
可奈何之下舉家搬遷到上海。〔註107〕到了 20 年代末，梁漱溟在考察了江蘇崑
山、河北定縣、山西太原等地後，仍然發現鄉間匪患嚴重，「有錢的人，多半
不在村裏了。這些年內亂的結果，到處兵災匪患，鄉間無法安居，稍微有錢
的人，都避到城市都邑，或者租界」〔註108〕。河南也出現了類似的情況，「南
陽縣也存在高度的外住地主所有制，因爲許多富裕的地主、高利貸者、富商，
甚至政府官員，爲了躲避土匪而遷到了集鎮裏面」〔註109〕。

還有一個意想不到的結果是：民國政府，尤其是蔣介石在 1928 年之後推

〔註105〕楊開道：《我國農村生活衰落的原因和解救的方法》，《東方雜誌》，第 24 卷
16 號，第 5～6 頁。

〔註106〕李大釗：《青年與農村》，《李大釗全集》第 2 卷，北京：人民出版社，2006
年，第 305～306 頁。

〔註107〕蔣夢麟：《西潮·新潮》，長沙：嶽麓書社，2000 年，第 44～45 頁。

〔註108〕梁漱溟：《北遊所見記略（1929 年）》，《梁漱溟全集》第 4 卷，濟南：山東人
民出版社，1991 年，第 896 頁。

〔註109〕〔美〕張信：《二十世紀初期中國社會之演變──國家與河南地方精英 1900
～1937》，北京：中華書局，2004 年，第 37 頁。

行的政府現代行政體系的建立，不但未能使鄉村開始走到現代化的正軌，反而加劇了鄉村局面的惡化；促使原來留在農村的舊式教育的優秀分子，在當地居民中享有聲譽、威望的舊式鄉紳（傳統的儒家價值規範在他們身上尚且有較多的存留）也紛紛退出農村，進一步加劇了城鄉的分離。眾多的研究都表明了這一點。如費孝通在研究民國鄉村的權力結構時，發現30年代政府推行的保甲制，在實際操作中竟出現了這樣的情形：

> 保甲體系有著一定的缺點，它不適應一個民主的代表體系。……保甲體系中的一律原則，實際上是為了行政的方便，特別是招募的方便而制定出來的，而地方自治的原則已經被削弱了。一個社區通常被分為幾個甲，同時，幾個不相干的單位可能會組成一個保，結果是一塌糊塗。事實上，現在存在的是兩個重疊的體系：一個是保甲，是從上面推行下來的；另一個是自然的地方組織，現在已經變得非法了，兩者發生了衝突。

> 導致衝突發生的第一個嚴重問題是選擇保甲的頭兒——保長。保甲是一種執行上面命令的行政體系，但同時，它是指導地方公共事務的合法組織。在傳統體系下，這雙重功能的執行是由三個不同的群體所承擔的：政府的僕人；「鄉約」或地方代表和中介；地方紳士的頭面水物。現在這三種角色統集於保長一人，並且由他們去執行假定總是被人民所接受的中央政府的命令。但是實際困難立刻表現在新體系的後果上。首先，社區內那些有特權的人通常不願意接受保長這個職位。作為地方紳士，如果他們希望與官場保持平等的地位，就不會接受體系中這樣一個地位，使他們地位低下，不能與官府談判，而只能接受上面那些人的命令。事實上，作為中介而言，保長的作用只等同於那種「鄉約」。而保長和「鄉約」實際上是完全不一樣的。「鄉約」是沒有權的，而保長在法律上是同一層次的地方頭目，他有權保存公款和處理地方事務。困難在於調解的功能和行政的功能混淆了。一個有活動能力的保長是很有可能和地方紳士發生衝突的，並且在這種衝突中，保長將不再起政府和地方利益之間的橋梁作用了。為了自己的利益和權力，一個當地紳士的領袖接受了保長的位子，情況將會變得更糟糕，因為他不能再反對任何來自上面的命令了。因此，地方社區已經變為政治體系中的死胡

同。現在，人民沒有渠道表示他們對於中央當局的反對意見。當局
勢變得不可忍受時，唯一的出路便是造反。

　　因此，保甲體系不僅破壞了傳統的社區組織，而且也阻礙了提
高人民的生活。它已經摧毀了傳統政治體系的安全閥。保甲的新結
構也不能有效地取代傳統的自治組織工作。實行保甲體系唯一的後
果是舊體系被簡單地宣佈為不合法的，它不再公開地起作用。這種
後果造成了基本行政機構的僵局、無效率，甚至是破壞。〔註110〕

於是，地方自治團體的破壞，使得原來的自治單位的領袖，即地方紳士們的
合法性地位喪失，使得他們在鄉村難以獲得如舊有體系中展現自己能力的空
間，很多被迫退出鄉村，移居城市。梁漱溟也發現有能力的人，甚至是好人
也都不在鄉村裏了：

　　再則有能力的人亦不在鄉間了，因為鄉村內養不住他，他亦不
甘心埋沒在沙漠一般的鄉村，早出來了。最後可以說好人亦不住鄉
村裏了。鄉村裏何以連好人都沒有了？似乎不近理。須知好人有兩
種：一種是積極的好人；一種是消極的好人。大概安分守己，勤儉
度日，所謂消極的好人，在鄉村當然是有的；但我們需要者，在積
極的好人，那恐怕已不在鄉間了。〔註111〕。

杜贊奇在研究民國華北農村之時，也注意到舊式農村社會中存在著：

　　多種組織體系以及塑造權力運作的各種規範構成，它包括在宗
族、市場等方面形成的等級組織或巢狀組織類型。……還包括非正
式的人際關係網，如血緣關係、庇護人與被庇護人、傳教者與信徒
等關係。這些組織既可以是封閉的，也可以是開放的；既可以是單
一目的的，也可以是功能複雜的，總之，其包容十分廣泛。〔註112〕

　　杜贊奇將其稱之為權力的文化網絡，其中「文化」一詞是指「紮根於這
些組織中、為組織成員所認同的象徵和規範（symbols and norms）。這些規範
包括宗教信仰、內心愛憎、親親仇仇等，它們由文化網絡中的制度與網結交

〔註110〕費孝通：《鄉村中國的基本權力結構》，《中國紳士》，北京：中國社會科學出
　　　　版社，2006 年，第 54～56 頁。
〔註111〕梁漱溟：《梁漱溟全集》第 4 卷，濟南：山東人民出版社，1991 年，第 896
　　　　頁。
〔註112〕〔美〕杜贊奇：《文化權力與國家》，南京：江蘇人民出版社，2010 年，第 1
　　　　～2 頁。

織維繫在一起」〔註 113〕。然而，隨著國民政府現代行政體系的推行，舊有的文化網絡的權威消散了，但政府卻無力眞正在農村擴大其政治基礎，再加上軍閥戰爭頻繁而巨大的開支，稅收急劇增多，

> 到了二、三十年代，由於國家和軍閥對鄉村的勒索加劇，那種保護人類型的村莊領袖紛紛「引退」，村政權落入另一類型的人物之手，儘管這類人有著不同的社會來源，但他們大多希望從政治和村公職中撈到物質利益。村公職不再是炫耀領導才華和贏得公眾尊敬的場所而爲人追求，相反，村公職被視爲同衙役胥吏、包稅人、贏利型經紀一樣，充任公職是爲了追求實利，甚至不惜犧牲村莊利益。
> 〔註 114〕

於是，地方上原來能在傳統的文化權利網絡中獲得認可與權威的鄉紳們不得不面臨三個抉擇：要麼違背地方的習俗及過去的傳統，與新的國家政權合作；要麼退出，甘願作爲地方事務的局外人被閒置；要麼到城市中尋求另外的生存方式與機遇。

以上的分析顯示了農村中掌握知識、學問（無論新式的還是舊式的）的人才嚴重流向城市的現象，這種單向流動造成了農村在知識上的凋敝、荒蕪，但這並不是說農村生活中不需要文化知識。現代的教育體制進入農村的程度很小，且現代知識體系與農村的農業傳統、生活方式還需要建立一種特殊的橋梁才能互相認同（這在民國的多數地方並不成功），一時間，農村的教育處於無人問津的狀態，於是農村只能從傳統舊式教育中，尋求這一需要的滿足，形成了這樣的局面：一方面城市裏的新式學校紛紛設立，學校與學生的數量不斷上昇，似乎一派欣欣向榮之象；另一方面，農村的舊式私塾教育並沒有因科舉的取締而消失，仍舊較爲普遍的存在著，有些地方的情形是私塾數量一度減少後來卻又反彈、回升。雖然，最低級的小學也漸漸地往農村擴散，但直到 20 年代末，還有人這樣感慨，「忽忽十六年大家也不好算沒有努力，辦小學的成績也不好算完全失敗，不過離開普及的程度卻是離得很遠很遠。並且一到鄉僻，私塾要比小學多；有時私塾的成績還可以在小學之上」〔註 115〕。湖南的情形亦是如此：「鄉村小學校的教材，完全說些城裏的

〔註 113〕〔美〕杜贊奇：《文化權力與國家》前言，南京：江蘇人民出版社，2010 年，第 5 頁。

〔註 114〕〔美〕杜贊奇：《文化權力與國家》，南京：江蘇人民出版社，2010 年，第 128 頁。

〔註 115〕俞子夷：《一筆教育上的舊賬》，董運驤、施毓英編：《俞子夷教育論著選》，

東西，不合農村的需要。小學教師對待農民的態度又非常之不好，不但不是農民的幫助者，反而成了農民所討厭的人。故農民寧歡迎私塾（他們叫『漢學』），不歡迎學校（他們叫『洋學』），寧歡迎私塾老師，不歡迎小學教員。」〔註116〕可見，無論在知識上還是感情上農民都更親近私塾，他們對私塾和學校的稱謂「漢學」與「洋學」，其中的「漢」、「洋」二字很能代表他們的心態，有時還會在心理上帶有「漢學」是站在自己方面，而「洋學」非但和自己利益不一致且有破壞、侵蝕、衝擊「漢學」之嫌，因而遭到村民的有意識抵制，以至有人不禁感歎「頑固守舊的鄉民，信仰私塾的力量要比小學來得大」〔註117〕。

新學堂受抵制的原因多種多樣，它執行的西式作息制度不合農村的生活習慣也是原因之一。在我國古代即便是國君也要「使民以時」，即要尊重農業生產上的自然規律，但新教育體制是近代工商業社會的產物，其作息制度不考慮農業社會的時間節律。再者，新式教育在農民看來投入高、回報低，而有些舊式私塾卻為適應新局面做了相當靈活的調整，加入了算學、畫圖等科，儘管有些不新不舊，但卻被許多人所歡迎。〔註118〕直到1933年，在江西南昌、新建等26個縣的調查統計中顯示，26縣的私塾總量為6670所，學生人數101813人，平均每縣私塾257所，學生3916人，在鄉村中的多種類教育機構中占絕對多數。〔註119〕1935年，華北冀魯豫三省351縣共有私塾16827所，塾師16853名，學生257950人，平均每縣私塾48所，塾師48人，學生735人。〔註120〕金陵大學農業經濟系的調查結果顯示，直到抗戰前，我國農村教育中屬於舊式的占65.1%，屬於新式的僅占29.7%，屬於改良私塾的新舊式學校占5.2%。〔註121〕由此不難看出，農村的舊式教育勢力之大，幾乎在鄉村中構成了一個與城市新式教育相對峙的半獨立王國，許多地方的私塾遲到建國前還大量存在。這種情況的出現，有力地說明了民國時期城鄉

北京：人民教育出版社，1991年，第230頁。
〔註116〕毛澤東：《毛澤東選集》，北京：人民出版社，1991年，第40頁。
〔註117〕俞子夷：《一筆教育上的舊賬》，董運驤、施毓英編：《俞子夷教育論著選》，北京：人民教育出版社，1991年，第230頁。
〔註118〕《論我國學校不發達之原因》，《申報》1909年5月24日，第1張第3版。
〔註119〕民國教育部：《各省市實施義務教育辦法選輯：初輯》，1937年，第262頁。
〔註120〕《民國二十四學年至二十五學年全國私塾概括表》（1937年6月1日），轉引自中國第二歷史檔案館編：《中華民國史檔案資料彙編》，南京：江蘇古籍出版社，1994年，第683頁。
〔註121〕喬啟明：《中國農村社會經濟學》，北京：商務印書館，1946年，第292頁。

二元分離狀況的普遍性、嚴重性。

二、「紳士」的異變與社會的「軍紳」化

以上論述的情況均使得傳統鄉村中維持風紀、秩序的,被鄉民普遍接受的領袖與權威角色的逐漸消失。當舊有的聯通上下、城鄉一體的士大夫階層解體以後,民國政權沒有建立起有效的現代體制以填補士大夫留下的社會功能上的空缺(下一節有詳細論述)。於是城鄉間產生了程度非常高的兩極隔離:二者現代化發展的方向不同,遵循的模式不同;城市不是鄉村發展的助力,反而甚至是毒瘤;城市有限的現代化積累,也是鄉村的衰敗換來的畸形結果——資金、人才源源不斷地集中於城市,農村則源源不斷地惡化;發展的速度不同,差距越來越大。於是乎:

> 近代中國歷史可以分為兩大部分,即城市史與鄉村史。在現代化進程中,城市與鄉村不僅在現代化起步的時間上相差甚大,而且現代化的動力和啟動領域也完全不同。事實上,近代中國鄉村結構性變遷直到 20 世紀初年,才在廢除科舉和實行地方自治的兩大歷史事件中揭開了序幕,更為重要的是,對於農村而言,現代化進程所導致的直接後果是,鄉村開始被工業化、城市化的現代化浪潮的快速發展拋在城市發展之後,傳統時代原本城鄉一體化的文化、社會結構發展模式被打破了。〔註122〕

費孝通在《鄉土中國》裏的分析認為,在社會變遷的較為劇烈的新舊交替之際,不免有一個惶惑、無所適從的時期,民眾的心理上會普遍的產生緊張、惶惑與不安,此時一些人應時而生,提出辦法,有能力組織新的試驗,能獲得別人的信任。這類人可以支配跟從他的群眾,發生了一種權力,由於它是時勢造成的,故名曰時勢權力。這種權力最不發達的是在安定的社會中,在初民社會及戰爭中表現地最為明顯,在社會變遷激烈的現代社會和落後國家急於現代化的過程中,這種權力的擡頭也非常明顯。〔註123〕中國近代以來的「紳軍」與「軍紳」政權的形成,與大時代變動中隨社會不斷發生的新局

〔註122〕王先明、常書紅:《傳統與現代的交錯、糾葛與重構——20 世紀前期中國鄉村權力體制的歷史變遷》,《近代中國研究集刊》(2)《近代中國的鄉村社會》,上海古籍出版社 2005 年版,第 45~46 頁。
〔註123〕費孝通:《鄉土中國》,北京:人民出版社,2008 年,第 97~98 頁。

面應運而生的時勢權力密切相關。〔註124〕如晚清要鎮壓洪秀全領導的太平天國運動造成了需要地方武裝興起的時勢，清政府才會下詔書組織地方團體，曾國藩的湘軍、李鴻章的淮軍才得以應勢而起，逐漸形成地方上的「紳軍」政權。不過，那時候還是紳士領導軍隊，紳士的素質較高，威望尚且隆重，因而軍隊的紀律較好，指揮與管理系統統一，糧餉裝備均由行政長官負責，軍隊並不介入地方民政事務。清廷的推翻、民國的建立，國家、社會則由「紳軍」步入了「軍紳」的時代。「在 1912 年以後，軍人勢力壯大，中國的行政機構從上到下，變成了軍人領導紳士的政權。北京的總統、總理及國務院、國會受軍人操縱，各地方的縣長、鄉長也受軍人的操縱。這種政權我們叫做軍紳政權」〔註125〕。

到了民國時期的「軍紳」政權，雖然混亂秩序的維持需要軍事武裝強人的出現，如袁世凱當政，但社會上層的秩序也只維持了不長的時期（地方上的大小軍閥仍舊存在，團練、盜匪等仍未受到有效控制），隨著袁世凱的稱帝造成了新的混亂，其病逝也導致權力上的真空，於是上層的統一局面在實質上也已解體，名義上的北洋政府不但無法節制地方大小軍閥，而且也無法調和北洋內部的諸多派系，軍權、財政上都是如此。這種情形即使在蔣介石的國民政府完成全國（形式上）統一之時亦是如此，且貫穿民國政府的始終，它真正的壽終正寢之日在於建國後的共產主義運動。

民國「軍紳」社會的形成，如果從社會的實際演變的角度來看，與紳士階層的解體有重大關聯。紳士階層在傳統社會中的重要作用前面已有過許多論述，這裡如果從現代職業的角度看，傳統社會中的紳士集官僚、地主、幕

〔註124〕這些時勢權力產生之初都具有一定的合理性，是畸形的社會動蕩的產物，但近現代的這種時勢權力的演變則常常使其成為社會進一步現代化的巨大障礙。清朝的曾國藩、李鴻章的湘淮軍的崛起，尚且具有濃厚的應鎮壓國內農民起義的需要而獲得時勢權力，雖然洪秀全按照毛澤東的說法也是代表著向西方尋求真理的一波浪潮，因而也脫不開現代化的因素。清末的袁氏新軍則更是在帝國主義軍事壓力下為救國強兵而發動的自強運動中的一環，此後演變為北洋軍閥。國民黨是對北洋軍閥政府的一次歷史性反駁，時勢賦予了它以合法性，但在獲得外部合法性（即西方各國的承認）的過程中，內部的實質合法性卻迅速削弱，不但沒能改變整個社會的「軍紳」性質，自身也由一個革命性政黨退化為半軍紳化的政黨團體，人民曾賦予這個政府的同意權力迅速橫暴化，在抗戰中達到了它的極致，盡失民心之後導致了其滅亡。

〔註125〕陳志讓：《軍紳政權——近代中國的軍閥時期》，桂林：廣西師範大學出版社，2008 年，緒論第 5 頁。

僚（如師爺、參軍、記室等）、教師、地方自治單位領袖〔註126〕等多重身份爲一體，所以當紳士階層解體之後，他們所騰出的是社會中的一個巨大的空場，由於紳士是社會的重心與領袖，所以這些空場幾乎都是社會中的要害部門。在現代社會中，官僚與幕僚的職能主要對應現代行政體系中的各級官僚及公務員；地主部分的轉化爲農業資本家和商人；教師逐漸轉變爲各式知識分子；而地方自治單位領袖的身份較爲特別，在西方現代社會中沒有嚴格對應的職能群體。因爲西方的現代民族國家的形成，依賴於現代國家主義觀念的產生。

　　在現代化之前的歷史時期，個人對其鄉土、地方傳承、既存地域性權威力量等的依賴早已存在，且非常普遍。遲至 18 世紀以前，整個世界，一般人所要效忠的對象都不是國家，而是各種不同的政治組織、社會權威和意理性結社，如氏族、家庭、教會、城邦、封建領主、及其他集團——這些集團嚴格地說常常不是政治性的；直到 18 世紀末，那種認爲個人必須直接效忠民族國家的國家主義，才漸成爲塑造個人公私生活的公認情愫。〔註127〕傳統社會的諸種有較大自足性的群體，常常建立在共同的禮俗基礎上，如風俗習慣、倫理道德、宗教信仰等，而現代的民族國家則是要摧毀這些禮俗單位，代之以抽象的法理。在這個現代法理（據稱是具有普世性的）社會中，民眾被還原爲個體（相對於原來的禮俗單位而言），以赤裸裸的個體身份面對一個共同的國家，國家內的群體也多是服膺這些法理規則的現代結社。造成這種情形的決定性力量便是資本主義的生產方式。〔註128〕但中國傳統社會中農村的數量眾多，分佈廣大，遠超任何一個西方國家所曾經有過的禮俗性團體的規模。她是被迫發生改變的，再加上受過現代教育的知識者與鄉村原有的知識群體都大多集中於城市，農村處於被知識階層遺棄的狀態中，沒有接受必要的現代指導，只能處於任由國內外現代化商品衝擊的自然侵蝕下，無意識地處於

〔註126〕如地方宗族領袖、地方法律事務調解人、地方公共建設等事務組織者、地方自治單位安全上的保護人、政府稅收的實際執行者等。

〔註127〕〔美〕艾愷《世界範圍內的反現代化思潮——論文化守成主義》，貴陽：貴州人民出版社，1991 年，第 18 頁。

〔註128〕它需要能夠且僅能夠擁有出賣自身勞動力的自由（實際上絕非自由）的個體的人從事生產和消費；國家的角色對內以普遍的抽象法理維持整個國家機器的高速運轉，據稱這才是文明、進步；對外則是在國際市場的消費能力落後於生產能力時必然引發生產停滯、經濟鏈條崩潰，爲轉移危機，以國家的名義集中其高效率的、強大的有軍事技術爲後盾的經濟擴張。此時，赤裸裸的個體只要具有勞動者的意義，堅硬強力的國家具有保證消費市場的意義。

被動、茫然無措的蠕變狀態，很有霍布斯筆下的自然狀態的味道，即文化生態上狼與狼的世界。其實，不僅僅是地方自治單位處於這樣的過渡狀態，前述的紳士身份在由舊式到新式的轉變中，也都是處於過渡的狀態〔註129〕。

清王朝滅亡之後產生的軍閥割據現象，從整個中國歷史來看，也不是偶然的。如秦末、隋末、元末等時期也都出現過軍閥割據、爭雄對峙的局面，因為在亂世歲月那些和平年代的法則都已經失去了效力，對抗和消弭赤裸裸的暴力常常只能用更加強大的暴力手段方能奏效，因而從一個王朝崩潰到另一個王朝建立，中間常有個以暴止暴的過程。然而，民國的軍閥混戰卻和之前的情形有所不同。之前的軍閥混戰，相對而言只是一個較為純粹的武力、謀略的競逐，因為社會的性質總體上沒有發生改變，社會中從上層到下層人們的思想、意識、價值認同等都沒有明顯的變化，甚至典章制度、朝廷機構也只是慢慢地在與新形勢的相互調試中，逐步的演變，所以對於廣大民眾而言，似乎江山只是改換了姓氏而已，待改朝換代的過程一旦塵埃落定，老百姓又可以找回之前的生活，社會也可以從亂世重回到治世。而民國時期的情形要複雜的多。根本的不同在於，從清朝到民國的轉變已經不再是朝代的更迭，此前的老路已經不可能繼續重複，在西方列強環伺、商品入侵的局面下，強大的外力已使得自身有亡國之憂（日本的全面侵華便是帝國主義侵略的高潮），在內部社會也已經發生了不可阻擋的結構性變化，它必須承擔起使國家邁向「現代」這樣一個艱巨的使命。具體一點說，其複雜性在於，它在走向現代的過程中，既不能再使用傳統儒家的一套理論體系，又不能完全照搬現代西方的思想體系、制度體系〔註130〕。因而，它不僅需要強大的暴力手段以暴止暴，更需要在思想、價值上找到一套獨特的理論體系、意識形態（不像在過去，提供了秩序基本就能獲得民心），在實際中推行至民眾，完成根本上的社會轉型。前者的實現依賴軍事力量的角逐是有可能實現的。而後者則要求必須有一個自下而上的過程，完成民眾的觀念更新、意識更新、知識更新，還包括與民眾密切相關的基層社會的全面改革（如土地改革等），如此才能實

〔註129〕過渡中發生了分化：有些恰恰是過渡的不徹底，承接舊有的積極性餘緒與西方的積極因子而呈現正面；有的則利用知識上的便利與傳統規則的熟悉走向可恥的墮落。

〔註130〕開始在技術上會有困難，後來克服技術困難之後許多方面實現了照搬，最初會展現一定的效果，但最終由於不適應客觀情勢及人們頭腦中的觀念、心理，而陷入糟糕與混亂的泥潭。

現社會的真正轉型。僅完成上層革命，不觸動這個龐大的社會基層部分，是難以完成其歷史使命的。

簡而言之，統一只是第一步，現代化的更高（外在與內在的）要求是第二步，完成前者依靠一定的軍事武力、機權詐變就可以完成，而後者則要完成整個國家的文化系統（「道」的層面）、政治體制、生產方式、社會組織結構等方方面面的革新；前者需要的是物質的強力，而後者則更需要精神方面的智慧、思想與知識。顯然，後者的難度實際上更高。歷史還證明了，如果在現代化上沒有建樹，其實第一步的成果也只會是暫時的。

與傳統紳士同時解體的還有維繫紳士作為社會中一個實體階層的價值標準。所以，民國以後佔據傳統紳士社會位置的所謂「新紳士」，由於道義的約束日減，其素質下降很快。一位山西的鄉間紳士就留下了這樣的觀察，「民國之紳士多係鑽營奔競之紳士，非是劣衿、土棍，即為敗商、村蠹。而夠紳士之資格者，各縣皆寥寥無幾」〔註131〕。這些紳士不再像傳統自治單位領袖那樣，站在地方上抵制上層的一些不合理行為，對地方起到了一定的保護作用。促成這種情形的大概有這樣幾方面原因：他們是事務的實際領導者，無論在民眾間還是與地方官（地位上平起平坐）的交道中都是有實權和影響力的；他們所處的時代有著一套關於是非曲直、對錯黑白的明確的價值判斷標準，而長期的儒學薰陶也使得他們較為信奉這個標準，並且在現實利益上這也是他們紳士地位得來的必要條件；這套標準所蘊含的「道統」權威（包括是非黑白的價值判斷標準），高於皇帝所代表的「政統」，所以當地方紳士抵制他們所認為的政府不合理行為之時，在某種程度上說他們是站在真理的一方握有道義上的正義權威。換句話說，他們是站在政府之外有權對行政命令做出判斷、質疑並提出挑戰的，不像政府官員只具有執行權。但對於民國以後的「新紳士」來說，統一的傳統價值判斷標準逐漸散落、飄零，而真正現代的法理性判斷標準又沒有實實在在的建立起來，即所謂「舊者已去而新者未生」，沒有普遍的原則可供遵守故不可避免的產生混亂，越混亂就越是沒有切實可行的準則，只剩下最後一條：人人都只顧各自利益，進行力與力地角逐。

對新紳士而言，沒有道統的權威、道義的支持作為後盾，也大多沒有贏得當地民眾的信任，只能尋找新的權威力量作為自己的合法性來源，而這個

〔註131〕劉大鵬：《退想齋日記》，太原：山西人民出版社，1990年，第336頁。

後盾沒有別的，只有國民黨政權的各級政府機構。於是，他們就不大可能對政府的政策進行質疑和抵制（像傳統「紳士」那樣），只剩下服從，而作爲他們服從政府法令、從事實際收捐納稅事務的回報，他們能夠在政府的合法性行爲中添加一些非法的操作，以充實個人利益。早在 1919 年，李大釗就發現，「中國農村的黑暗，算是達於極點。那些贓官、污吏、惡紳、劣董，專靠差役、土棍作他們的爪牙，去魚肉那些老百姓」〔註 132〕。而杜贊奇的研究中則用內卷化〔註 133〕這一概念，說明國家政權內卷化的特徵在於「國家機構不是靠提高舊有或新增（此處指人際或其他行政資源）機構的效益，而是靠複製或擴大舊有的國家與社會關係——如中國舊有的營利型經紀體制——來擴大其行政職能」，而其內卷化表現最充分的財政方面，「國家財政每增加一分，都伴隨著非正式機構收入的增加，而國家對這些機構缺乏控制力。換句話說，內卷化的國家政權無能力建立有效的官僚機構從而取締非正式機構的貪污中飽——後者正是國家政權對鄉村社會增加榨取的必然結果」。〔註 134〕

同時，鄉紳的來源也發生了較大的變化，傳統紳士幾乎全是由讀書人組成，而所謂的新紳士中讀書人的比例明顯下降（無論其接受新式教育還是舊式教育），尤其在鄉村中的中下層紳士讀書人就更少。被橫向移植到中國的西方知識體系，本來就有「道德眞空」的知識化危機，而眾多缺乏知識的人混入到鄉

〔註 132〕李大釗：《青年與農村》，《李大釗全集》第 2 卷，北京：人民出版社，2006年，第 305 頁。

〔註 133〕「內卷化」（incolution），原是人類學家吉爾茨（Chifford Geertz）用於研究農業社會的一個概念，指一種社會或文化模式在某一發展階段達到一種確定的形式後，便停滯不前或無法轉化爲另一種高級模式的現象。後來，被美國漢學家杜贊奇借用到國家政權研究的領域。「國家政權的內卷化是指國家機構不是靠提高舊有或新增（此處指人際或其他行政資源）機構的效益，而是靠複製或擴大舊有的國家與社會的關係——如中國舊有的營利型經紀體制——來擴大其行政職能」。也就是說，在國家政權的內卷化過程中，「政權的正式機構與非正式機構同步增長。儘管正式的國家政權可以依靠非正式機構來推行自己的政策，但它無法控制這些機構」。這種政權的內卷化現象在財政上有最典型的體現，「國家財政每增加一分，都伴隨著非正式機構收入的增加，而國家對這些機構缺乏控制力。換句話說，內卷化的國家政權無能力建立有效的官僚機構從而取締非正式機構的貪污中飽——後者正是國家政權對鄉村社會增加榨取的必然結果。」參見杜贊奇《文化、權力與國家～1900～1941 年的華北農村》一書的第 53～55 頁，江蘇人民出版社 2010 年版。

〔註 134〕〔美〕杜贊奇：《文化權力與國家》，南京：江蘇人民出版社，2010 年，第 54～55 頁。

紳的位置上，就使得原本道義的約束力進一步下降，容易出現「土豪劣紳」。於是，「劣紳」及其相伴而生的用語「土豪」、「土棍」、「地棍」、「土劣」等日漸普及，從一個傳統的上層獨夫專制、下層放任自流的社會，轉變成自上到下層層軍（閥）（劣）紳構成的「千萬無賴之尤」的混治局面。〔註135〕

　　價值系統的崩潰、鄉紳中讀書人比例的下降，都造成了鄉紳中暴力、武力因素的增多，地方上的土豪、無賴、惡霸、地棍、強人、保安團等，再加上駐紮或流竄的官兵、民間的秘密會社組織（哥老會、青幫、紅幫、紅槍會等）、打家劫舍綁票勒索的土匪等，構成了民國時期較爲普遍的形形色色的地方「軍紳」社會。

　　國民政府之前的北洋政府，並沒有著力在基層農村擴大自己的政治基礎。而要建立一個眞正意義上的現代國家，除了能夠控制地方政權並達到維持社會秩序、掌握地方資源以外，還需要盡量擴展自己的政治基礎，並因此使其管轄的全體民眾能同國家目標一致。國民政府雖然曾竭力嘗試擴大其政治基礎，但實際上卻只限於地方精英而不包括基層民眾。〔註136〕而且，國民政府爲在地方擴大政治基礎的一系列措施，正如孔飛力指出的，一旦先前的地方控制體系爲現代變革所廢棄，那麼國民政府的唯一選擇——除面對清王朝時期在小農社會所發生的同類問題外——就是要麼使政府至基層社會官僚化，要麼用一種新的方法將地方精英納入其政治體系。〔註137〕國民政府曾試著推行基層的官僚化，如其試圖推行的保甲制可視爲這方面的努力。但最終結果顯示，國民政府缺乏這種徹底摧毀、改造原有地方權力結構的政府能力，它不能眞正建立一套行之有效的基層組織以替代傳統的整個權力文化網絡，它只能極大的侵蝕地方權威的基礎，〔註138〕侵蝕但無力清除，剩下的選擇就只有：和剩餘的地方勢力妥協、聯合。

　　費孝通的研究顯示，保甲制度的實施有極大的負面效果。保甲制的初衷原本是要拆掉地方自治組織，使國家行政命令執行的更爲徹底、更有效率，

〔註135〕羅志田：《科舉制廢除在鄉村中的社會後果》，《中國社會科學》，2006 年第 1
　　　　　期，第 204 頁。

〔註136〕〔美〕張信：《二十世紀初期中國社會之演變——國家與河南地方精英 1900
　　　　　～1937》，北京：中華書局，2004 年，第 299 頁。

〔註137〕〔美〕張信：《二十世紀初期中國社會之演變——國家與河南地方精英 1900
　　　　　～1937》，北京：中華書局，2004 年，第 197～198 頁。

〔註138〕〔美〕杜贊奇：《文化權力與國家》，南京：江蘇人民出版社，2010 年，第 207
　　　　　頁。

保甲長的權威與下層民眾無關，僅僅來源於政府的授命，對政府負責，因而缺乏傳統紳士的那種對地方民眾的保護作用。它的唯一後果就是，舊體系被簡單的宣佈爲不合法，失去了公開的效力，實現了一個權力更加集中的行政當局。不過，這種所謂的高效只是表面的、形式上的，因爲當實際工作中產生困難、僵局之時，命令未必就能得到貫徹。如保、甲的實際劃分中，常常一個原有自治社區被劃分爲幾個甲，而幾個不相干的單位可能會組成一個保，結果一塌糊塗。它不僅破壞了傳統的社區組織，而且未形成新的、有效的基層組織，從而出現兩個體系的重疊：一個是自上而下推行的混亂的保甲，另一個是自然形成的地方組織，然而已變得非法，最終的後果是阻礙了人民生活的提高。〔註 139〕

所以，保甲制自身的缺陷以及具體推行過程中的種種弊病，使得它不可能眞正剷除原有的自治體系，但由於它否定了傳統體系的權威，因而將原有的自治體系打散。原有體系中那些保護人類型的領袖與顧慮自身名譽的正直的好人紛紛「退位」，這些「好人」騰出的空缺和「官位」常常被無賴、地痞覬覦。前面論述過，政府強行推行的保甲制並不能保證政令的高效率實施，當面臨僵局的時候，由於地方上的「好人」在保甲制中沒有溝通上下的靈活性、彈性而紛紛退出，政府的稅收、納捐便會陷入困境。於是政府爲完成上級指定的攤派任務，常常與那些有辦法完成該任務的地方人士進行合作，而這些人常常就是那些地方上的無賴、地痞、強人。他們把攤派和徵收稅款看做是榨取錢財的大好時機，在 30 年代的華北，自願充當村長的往往是那些沒有固定職業的大煙鬼或賭徒，即「土豪」或「無賴」。〔註 140〕這人在民眾中，沒有傳統的文化權力網絡中被民眾認可的所謂「有面子」、「有威望」等權威，故而只能與政府官員、衙門惡役相勾結。這些貪求名利的地方「政客」視村莊和農民是營利的對象，視國家的納捐征稅爲營利的機會與手段，因而，從基層民眾的角度上說，國民政府的道義上的權威不是被加強而是被削弱了。

之所以惡霸、地痞、土豪等願意登上那些正直的「好人」不願擔任的職務，是與民國時期的稅收制度密切相關的。

民國的大部分時期，由於國家政權不能有效地深入基層，直接和民眾打

〔註 139〕費孝通：《中國紳士》，北京：中國社會科學出版社，2006 年，第 54～56 頁。
〔註 140〕〔美〕杜贊奇：《文化權力與國家》，南京：江蘇人民出版社，2010 年，第 128 ～140 頁。

交道，所以只能把征稅額自上而下的逐級攤派下去，到縣級以下便常常採用招標的方式將其承包給那些「有辦法」完成既定指標的人，這些中標者又會將徵收市場上某種商品的稅收權轉包給中層包稅人，後者由轉包或雇傭集市甚至農村的商業中人代其徵收商稅，於是形成「層層包稅」性質的稅收體系。只要下面的包稅人能夠繳納上級政府下達的指標，至於這些稅收是如何被徵取以及征稅過程中的中飽私囊、貪污舞弊，政府既無力過問又不能過問。因為許多縣政府在招標之時，已將拍賣權的 10%截留，再者所謂的招標其實也是徒具形式，大多包稅人都是地方上的土劣、惡霸，他們一方面用暴力威脅其競爭者，一方面賄賂政府官員，相互勾結、沆瀣一氣，因之一旦「過問」會連地方政府人員一併牽連出來。這種「層層包稅」制的最惡劣後果是：最大限度地加重了納稅人的負擔！因為以國家名義下達的「合法」稅收就已經較為沉重了，而被各政府及各級包稅人附加在「合法」稅收上的「非法」稅收，更是對民眾進行層層壓榨，為了截獲包稅餘額（包稅人的私利），包稅人總是千方百計地榨取民眾。〔註 141〕也就是說，民眾實際承受的賦稅負擔不只是由正式的稅單決定的，而最終是由實際征稅中的抽稅方式和管理方法。實際的抽稅方式是一場鬧劇。〔註 142〕

需要補充的是，從傳統紳士到土豪劣紳之間也還有另外一種過渡情形，即利用時勢權力登上鄉村領袖的地位，比如他們能夠帶領地方民團抗擊土匪等。但他們在國家有增無減的賦稅壓力下，有的能夠抵抗這種壓力（如豫西南地區），但總的來說為數不多，多數情況是他們難以像傳統紳士那樣代表農民向政府討價還價，於是後者的情形就使得他們一度得到民眾承認的合法性也漸漸變質。

但是，以上的研究無意給人造成這樣的印象，即晚清的地方治理（自治）的實際情形是較為理想的，事實上遠不是這樣。晚清時期已經處於皇朝末世的習慣性衰退之中，再加上鴉片戰爭以後外有戰爭、賠款及不平等條約造成的西方經濟的入侵，內有太平天國等農民起義的動盪，地方農村社會已經在破壞之中了。比如，有研究者已經發現在「1905 至 1917 年期間地主租棧的地租收入激增」，並且，「地方上層人物能夠把王朝最後十年因增加稅收而產生

〔註141〕 〔美〕杜贊奇：《文化權力與國家》，南京：江蘇人民出版社，2010 年，第 197
　　　　 ～198 頁。
〔註142〕 〔美〕易勞逸：《毀滅的種子——戰爭與革命中的國民黨中國（1937～1949）》，
　　　　 江蘇人民出版社，2009 年版，第 47～49 頁。

的負擔轉嫁給佃農。」〔註143〕所以這個社會基層結構變化的過程早在晚清已
經啓動了。不過，那時候由於傳統價值體系的規範力還具有較大的約束力，
所以，面對清政府日益增長的稅收，地方上的精英（大多是「生員」、「監生」
等小名流）還會領導抗稅運動，如「在十九世紀四十年代和五十年代爆發了
大規模的抗稅運動，特別在長江中下游更是如此。爲首的分子通常是地方的
小名流——「生員」、「監生」等由功名的人。抗稅的形式是多種多樣的：從
打官司，到集體請願，到暴民的暴力行爲，無所不有。騷動有時導致公開造
反，甚至佔據行政城市。」〔註144〕而這些地方精英常常是充當身兼「保護性」
經紀人和「營利性」經紀人兩種角色，只是由於原來的地方紳士大多是經受
儒家思想訓練的讀書人出身，而且儒家價值規範在全社會中還沒有遭受較大
的破壞，所以所謂「營利性」總是被控制在一定程度的範圍之內。但民國以
後，隨著地方紳士的構成發生變化，而傳統社會普遍的價值規範的解體，造
成了原來的「保護性」漸趨消失，而「營利性」大大地凸現出來。

　　這種情形在國民黨的中央軍中，亦有類似的現象，根本原因可能只是這
樣：眞正現代的軍隊只能產生於現代的國家之中。中國軍隊的創造，可以說
是比時代早一步，軍隊與社會之間缺乏聯繫，就像漂浮於其上的異質物，這
其中就埋下了危險的種子：資歷較深的高階將領佔據一個地區太久，就會想
透過個人關係和軍隊的資金建立與該省的關係，這就是軍閥的來源。而國民
政府的軍政部沒有能力處理所有的人事公文，也不可能提供後勤支持，安排
所有的運輸事宜，所以必須容忍各地方軍隊有不正規的舉動。另外，軍隊的
管理方式也很是奇特：即缺乏軍隊的地方，軍政部往往會給當地的高階將領
大筆整數的金錢，讓他們自行解決問題，而資金的使用誠實與否，其間的分
際十分模糊，有時差異不過是程度上而已。〔註145〕

　　而在地方軍閥的軍隊（即國民黨的雜牌軍）中，許多地方也是如此，最
典型的就是四川。四川戰前經歷了十多年軍閥混戰的防區時代，雖說1935年
劉湘統一了四川並擔任省政府主席，但由於各派系的部隊仍未能消除，所以，
表面的統一無改其實質的分離。防區時代各軍閥所駐紮的防區，便是其軍餉、

〔註143〕〔美〕費正清主編：《劍橋中國晚清史》下，北京：中國社會科學出版社，1985
　　　　年，第22頁。
〔註144〕〔美〕費正清主編：《劍橋中國晚清史》上，北京：中國社會科學出版社，1985
　　　　年，第138頁。
〔註145〕〔美〕黃仁宇：《黃仁宇回憶錄》，北京：三聯書店，2001年，第17～19頁。

軍費的籌措地，各地方軍閥所徵收之捐稅、田賦等不但與政府無關，甚至在各軍閥內部也有許多小軍閥各自為政、稅收獨立、混亂不堪。

> 且大防區套小防區，層層剝削。軍長是全防區的主持人，分駐各縣的師長、旅長，便成為小防區的主持人。除軍長在全區籌撥款項外，師長、旅長又可以用一些花樣翻新的題目，如以修馬路、辦市政等美名，在附加之上再附加，藉以自肥。這種明目張膽的貪污，做軍長的是睜一隻眼睛，閉一隻眼睛，只要不妨礙他的收入。只要死心塌地的擁護他，對人民的死活，是無動於衷的。〔註 146〕

再以鄧錫侯部為例分析之。20 年代後半期，二十八軍軍長鄧錫侯所屬的師長李家鈺、羅澤洲、陳鼎勳、黃隱以及旅長陳離、楊秀春等都在自己的駐防區內各行其是，並私自招兵買馬、擴充實力，部隊中的人事、財政、指揮權都相當獨立，稅收不上交軍部。隨著他們兵員增多、實力增強，有些師長還擁有了各種司令頭銜，如李家鈺、黃隱分別當上「四川邊防軍總司令」、「全川江防軍總司令」。從此，儼然形成了一支獨立於鄧錫侯之外的部隊，鄧也只能要求部下在形式上予以服從，而各部在重大問題上由於需要團結對外、共謀生存，故也不願公開脫離鄧錫侯。鄧曾無奈地表示：「別個坐轎子的，是硬要叫擡轎子的擡起來，我這個坐轎子的是擡轎子的硬要擡我走。」這種情況在1935 年劉湘統一全川之後仍復如此。1937 年，鄧錫侯領軍出川抗戰，一二五師官兵揚言「不發清欠餉不出發」，鄧在訓話時說：「各師的軍費獨立，都是由各自在駐防區域籌餉，稅款並沒有上交分文，軍部經費比師更窮，大家是知道的。」〔註 147〕可見防區時代的四川人民所承受的也是來自地方軍紳的多層次剝削、壓榨。以田賦為例，四川軍閥的濫徵田賦已經達到了匪夷所思的地步：

> 劉湘還把一年一徵的田賦，改為半年一徵，成為一年兩徵。有的軍閥所佔的防區，商貿不甚發達，皆賴田賦作為主要收入，竟至一年三徵，四徵直至七徵，八徵，有的縣竟是每月一徵。尤其突出的是田賦預徵，到一九三五年為止，二十軍楊森預徵到一九八九年，

〔註 146〕陳書農：《四川軍閥混戰與防區制》，《四川文史資料選輯第 43 輯》，成都：四川人民出版社，1995 年，第 195 頁。

〔註 147〕何翔迥、奉伯常、陳仕俊、付英道：《我們所知道的鄧錫侯》，《成都文史資料選輯第 5 輯》，中國人民政治協商會議四川省成都市委員會文史資料研究委員會，1983 年，第 29、36 頁。

二十四軍劉文輝預徵到一九八五年，二十八軍鄧錫侯預徵到一九九
一年，二十九軍田頌堯預徵到一九八七年。二十一軍劉湘防區商貿
較旺，稅源不少，但田賦亦已徵到一九七五年，達四十年之多。有
的地方還徵得更多，如二十九軍防區內的安縣在一九二五年至一九
三四年的九年半中，共徵了八十八年田賦，把二○一二年的田賦也
預徵了。軍閥劉存厚的川陝邊防軍，竟預徵達到一百年以上，幾乎
等於一代農民納了三代人的「公糧」。使廣大農村，民窮財盡，農民
衣不蔽體，食不果腹，一年辛勤所得，被軍閥一掠而空。〔註148〕

其實，民國社會中的「軍」與「紳」的聯合、勾結是一種必然的結果，
也是兩者各自擁有的「資源」的內在需要。軍閥擁有的是堅硬的武裝強力，
依靠軍事控制獲得權威，而「新紳士」則握有通往地方基層民眾的渠道，能
夠提供民政上的管理組織，更重要的是有榨取財源上的法門。前者需要後者
的幫助以獲取軍餉、軍費，後者需要前者的權威做靠山，在籌措糧餉的過程
中獲取私利以自肥。儘管這些新紳士中，也有許多素質較高，傾向民主、進
步的開明紳士，甚至有些人還憑藉堅定的信念、卓絕的意志做出了很大的成
績（如四川的盧作孚等），但從民國時期的總體上來看，「新紳士（政客）」群
體的素質和風氣是每況愈下的。

新紳士與各類「政客」扮演的是傳統士大夫的官員、幕僚、地方領袖等
角色，他們的變質有某些必然的原因。陶希聖在分析當時社會的階級狀況之
時，曾指出近百年中國的經濟、政治狀況都對士大夫階層有消極的影響，士
大夫逐漸分化為兩類：一是依附於帝國主義及軍閥而成為官僚資本家及政
客；另一則是混入農工群眾及流氓社會中間，無門第可言，無身份可據。其
原因在經濟的方面說：鄉村經濟的破壞，舊式士大夫的生活來源漸趨惡化，
門第不能長久維持，其子孫容易淪為地痞流氓，有些較富有的官紳轉變為商
業資本家或買辦階級；資本主義經濟帶來的激烈的自由競爭中，沒有士大夫
依靠門第維持生存的餘地，其社會地位淪落與商工業者等量齊觀，故商工業
者憑藉其經濟地位，反侵佔了士大夫的原有社會地位，把持行政、武斷鄉曲；
民族資本的不振使士大夫不能被大量吸收進新的生產組織中，故產生全體集
中於政治地位爭奪的局面。政治方面的情形有：帝王制度崩壞，士大夫只能

〔註148〕蕭宇柱：《劉湘的財政搜刮》，《重慶文史資料選輯第22輯》，中國人民政治協
　　　　商會議四川省重慶市委員會文史資料研究委員會，1984年，第38～39頁。

轉而依附各軍事集團，形成近年來政客造亂的局面；軍閥的成敗無常，更增加了士大夫的投機性；割據的局面需要的多非「治世之能臣」，且軍閥常援用私人，故優秀的士大夫反而難有出路；新教育體製造就的知識分子數量較之前為多，相對於緩慢的社會發展帶來的對知識者的吸納量而言有較大剩餘。〔註149〕

　　陳獨秀從另一個角度分析了這些新的士的階級，尤其是政客議員「只能為惡不能為善，乃是必然無可逃免的事實」的原因。他認為，由於西方文化的輸入，舊的士大夫階級已然日漸衰退，而新的士的階級已經代而興之，他所指的士的階級就是受教育的知識階級，這裡面便包括民國以來的議員政客們。並且新的士的階級也有分化殊途，壞的方面有附屬軍閥的議員、政客，好的方面在於承接舊式士大夫的戊戌變法、自強運動。之後還有辛亥革命、「五四」以來的國民運動，幾乎都是士的階級獨佔的舞臺，並且將來的國民運動中，儘管商人、工人、農民可能漸漸變為革命的主要動力，但知識階級（新的士的階級）中的革命分子，在聯繫各階級方面的作用仍有重要地位。前者與軍閥政府合作，形成了軍紳政權，而後者的歷史任務則最終將以前者為革命對象，掃除國家現代化的最頑固障礙。陳獨秀還指出一個現象，就是民國以來「職業政客」大量滋生的狀況。他認為西方各國的政客大都有相當的事業基礎，隸屬於各個政黨，每個政黨總代表資產階級某部分團體的意見和利益，有固定的後援和穩定的政治主張；而中國的所有政團，則既沒有各自的職業以保障生活上的可靠來源，也沒有階級的後盾，所以大都是一些非階級化的無業游民單純為自己個人利害關係湊攏起來的組織，以議員為職業自然不得不視職業為謀利的工具。陳獨秀的結論是指出了這種現象背後的本質原因：全國各級議會的議員種種失德敗行橫暴墮落無人格的行為，並不是議員們本身的罪惡，乃是強效歐美的議會制度而不合中國社會狀況的罪惡。〔註150〕

　　蔣夢麟同樣發覺，民初的議員政客對國家利益的觀念相當模糊，對國家大事不可能有整套的指導原則或政策，除了地方利益和私人利益外，既無組織又無領導。且這些議員政客的身份來歷都極不可靠。如國會議員中，一些

〔註149〕陶希聖：《中國社會之史的分析》，瀋陽：遼寧教育出版社，1998 年，第 38 ～39 頁。

〔註150〕參見陳獨秀《中國之大患──職業兵與職業議員》一文第 18 頁，任建樹遍《陳 獨秀著作選編 3》，上海人民出版社 1993 年。

是賄選而來的，辜鴻銘就曾有過被一位哥倫比亞大學畢業的陳博士出八百大洋收買其選票的經歷。〔註151〕另有一些被選入議院的政客，則是在都市中當過幾天流氓或者做過幾天強盜，練習了許多詭詐手段，積下了許多罪惡的金錢的人物，到鄉間騙取農村父老的選票而成爲議員的。〔註152〕

新教育培養出的智識階級只有一部分被社會的正規渠道接受，而大量無法通過正當方式融入城市生活的人，卻也不願再回到農村，正所謂「都市上塞滿了青年，卻沒有青年活動的道路。農村中很有青年活動的餘地，並且有青年活動的需要。卻不見有青年的蹤影」〔註153〕。而且，這些青年也正如費孝通所言，他們在現代大學裏受過幾年教育，學到了西方科學與技術，而且也習慣了新的生活方式與思想體系，也就是說他們已經大大地改變了生存、觀念、思維的方式，是不願意再回到爲他們所厭棄的落後的農村了。但可惜的是，他們接觸到的西方文化畢竟十分有限，不像許多上層知識分子長期在西方求學，對西方文化還尚且有較爲深入的接觸及全面深刻的理解，他們所接觸到的在中國城市裏引進的西方文明只是「比較表面的一些因素，如追求物質的舒適與享受」。但在現代化薄弱的中國還沒有這些感官享受依賴的雄厚的物質基礎，所以他們中的相當一部分便生活在表面的西方文化之中，既無西方的，有沒有東方的傳統的基礎。他們受了表面化的西方文明的毒害，變成了一種新型的人，無論在農村還是城市都躲避勞動，而更寧願爭奪政治權力，結果淪爲政治和軍事機器的工具。而民國以來的幾十年中，軍隊和黨組織（國民黨）中便大量吸收了這種人。〔註154〕

結果，這些缺乏信仰、操守、道德淪喪的大大小小的、上層下層的（新）紳士政客們上依附政府、軍閥，下勾結官員、地方勢力，以謀求一己私利之心參與政治、玩弄陰謀、機權詐變，有時煽動軍閥之間的爭鬥以漁利，在民國軍閥混戰的幾十年中，起到了非常惡劣的影響。如四川防區時代的情形：

> 一般政客，則完全依附於各個軍閥，縱橫捭闔，東奔西馳，

〔註151〕蔣夢麟：《西潮‧新潮》，長沙：嶽麓書社，2000 年，第 141～142 頁。
〔註152〕李大釗：《青年與農村》，《李大釗全集》第 2 卷，北京：人民出版社，2006年，第 306 頁。
〔註153〕李大釗：《青年與農村》，《李大釗全集》第 2 卷，北京：人民出版社，2006年，第 307 頁。
〔註154〕費孝通：《農村社區中的社會腐蝕》，費孝通：《中國紳士》，北京：中國社會科學出版社，2006 年，第 93～97 頁。

　　無非在促成四川內戰翻雲覆雨，唯恐天下不亂，成了政客們的專
業。因為內戰可以變更防區，擴張轄境，政客們可以借論功行賞，
有了討價還價的機會。爭取個廳長、專員、縣長或稅收官吏、橫征
暴斂，發財致富。這樣就造成整個四川陷入長期混亂，人民災難深
重。〔註155〕

可見，這些佔據傳統士大夫階層社會位置的，屬於紳士變異形態的政客、劣
紳、土豪、奸商、金融家等形成了一種新型的社會勢力，他們與各地方的大
小軍閥（包括駐紮在各地的中央軍）、國民黨中央政府內部各種派系勢力相勾
結，組成了一張從中央到地方層層織構而成的各級「軍紳」政權，它們與被
壓迫的廣大民眾及新紳士階級中傾向民主、開明、進步、革命的（其中一部
分就肩負著推翻軍紳政權以走向「現代」的使命）另一個部分，共同組成了
斑駁複雜、光怪陸離的「軍紳」社會。不難看出，由傳統士大夫演變而來的
知識分子在其中扮演了相當重要的角色，他們不是民國「軍紳」社會形成的
旁觀者，而是參與者和「劇中人」。雖則在那個歷史年代，對其中的每一個個
體而言，大約都是無意識的。

　　還可以看出的是，這樣的「軍紳」政權、「軍紳」社會，並不是一個穩定
的、常態的、能夠完成國家的現代化的結構模式，它的內部必定會產生新的
力量以完成對這種社會形態的歷史反駁，抗戰時期發生在大後方的波瀾壯闊
的文學運動，總體上說就是這種歷史反駁的一個組成部分。

　　大後方文學運動的發生有兩個重大的背景需要瞭解，否則我們很難解釋
為什麼抗戰的爆發會使得眾多知識分子的思想、觀念、立場，甚至是情感的
方式發生了如此重大的轉變，而文學上的諸多轉向就是前者的一種體現。這
兩個背景是：一方面，包含整個作家群體的知識分子階層在抗戰爆發前後的
存在形態、生活方式到底發生了怎樣的變化；另一方面，大後方文學運動中
有著強烈的「抗戰（救亡）」、「建國（現代化）」的訴求，這裡不僅有對外的
方面（抗擊帝國主義），也有對內的方面（擺脫舊社會的羈絆與枷鎖）。民國
社會作為土壤與戰前文學的面貌、戰後文學運動的生長都息息相關，而它到
底是怎樣的一種結構，這種「軍紳」形態怎樣在體制上阻礙了國家的現代化
（而這正是現代文學最重要的追求）。本章的以上論述，就是針對這兩個重大

―――――――――

〔註155〕陳書農：《四川軍閥混戰與防區制》，《四川文史資料選輯第43輯》，成都：四
　　　　川人民出版社，1995年，第186頁。

背景所做的初步論析，下一章有進一步闡述。

三、蔣介石中央政府的「軍紳」特性

不過，在使用「軍紳」政權、「軍紳」社會的這些概念展開探討之前，需要先對蔣介石中央政府的「軍紳」性質進行某些分析和澄清。因為，中國共產黨的政黨性質和新桂系、新滇系、新川系的「軍閥」性質學界已基本沒有爭議，而關於蔣介石是否能被看做「軍閥」尚存疑慮。

首先，來看看眾多研究者對蔣介石領導的國民黨政府的看法。

先看兩位曾追隨蔣介石國民黨多年，並在國民黨軍隊長期服役後來又從事學術研究的學者的觀點。徐復觀認為：

> 從政治方而看，國民黨逐漸完成了國家需要的統一；但在努力統一的過程中，卻又不斷地發生分裂。在這種分裂中，有的是來自軍閥割據的野心，有的是來自政客的縱橫故技，也有的是來自藉口於民主，把統一認為不是出自國家的理想，而是滿足個人的支配欲。

〔註156〕

黃仁宇則在「多年以後，經過不斷的閱讀和反省，才瞭解到，國民黨對統治的心態，具體呈現了中國傳統的政治手腕。」〔註157〕這兩位對國民黨的黨員、軍官，對國民黨熟悉的程度自然非常人可比，他們都認為，國民黨在政治上有傳統性、軍閥割據性。外國的學者也做出了這樣的論斷，「其實，國民黨政權在推行其政策、計劃，在改變根深蒂固的中國社會的政治習俗方面，很少表現出有何統治能力。它的存在幾乎完全依賴於軍隊。事實上，它只有政治和軍事的組織機構，而缺乏社會基礎」〔註158〕。易勞逸主要從政黨結構上分析了國民黨對軍隊的依賴，再加上「根深蒂固的中國社會的政治習俗」的因素，的確有軍閥的傾向。

再來看看抗戰時期，與國民黨有很多交往，且都廣泛遊歷了中國社會的觀察家們對國民黨的看法：

> 一個不大的政治團體獨攬了政府權力，指望用工業化來擴大他

〔註156〕徐復觀：《在非常變局下中國知識分子的悲劇命運》，《中國知識分子精神》，上海：華東師範大學出版社，2004年，第8頁。
〔註157〕〔美〕黃仁宇：《黃仁宇回憶錄》，北京：三聯書店，2001年，第8頁。
〔註158〕〔美〕易勞逸：《毀滅的種子——戰爭與革命中的國民黨中國（1937~1949）》原序，南京：江蘇人民出版社，2009年，第2頁。

們的權力，而其政治思想是保守倒退的，不是力求跟上時代的步伐。舉例來説，很顯然，工業化將使農業更加凋敝，而農業是中國經濟的主體。可是，我沒有找到任何一位政治領袖，有解決土地問題的方案，只不過是讓目前的制度自流下去。……他們既拿不出主張，剩下的辦法就只能靠暴力來維持這個局面。〔註159〕

國民黨（雖然他本來似乎還帶有一點革命性）實際上已經和資本主義，買辦，半外資的銀行，金融財團，租界，等等，融爲一體了。〔註160〕

這個政府坐在一張四隻腳的凳子上，那四隻腳是：軍隊，官僚，城市裏的大商人和鄉村裏的貴族。〔註161〕

從觀察家的分析中，不難發現國民黨推動的現代化「工業化」，造成了「農業更加凋敝」的後果；而原本一個革命性的政黨已經和「資本主義，買辦，半外資的銀行，金融財團，租界」想妥協、相聯合了，它的權威的支撐在於「軍隊，官僚，城市裏的大商人和鄉村裏的貴族」。有意思的是，曾對中國進行了很多研究的日本人在抗戰時期的《日本時報》上也説：蔣介石的權力依靠銀行界的財力以及大地主、一般的資產階級和官僚野心家的支持」〔註162〕。

而在國民黨內部，胡漢民也曾經有過激烈的批評：

最近胡漢民發表關於國民覺的問題之談話，他認爲：近頃「外交之喪權辱國，政治現象之日趨惡劣，國亡無日」，不能「歸咎於黨治」，「蓋五年以來，所屬行不改且有加無已者，實爲民國以來相承一貫的所謂軍閥之治，而未嘗有所渭黨治」。試問國民黨據政五年，還仍舊是軍閥之治，它竟能容忍所謂「以軍權而於一切之故，形成以軍馭政，以政握黨之現象。」……胡漢民並且公然承認以下的事變：「自十七年後，各省北洋武力雖被打破，而人民仍被武力所統治

〔註159〕〔美〕費正清：我發現了左派，張鳴、吳靜妍主編《外國人眼中的中國》第5卷，《中國國民黨人、抗戰》，長春：吉林攝影出版社，2000年，第417～418頁。

〔註160〕〔英〕李約瑟：《四海之内：東方和西方的對話》，北京：三聯書店，1987年，第141頁。

〔註161〕〔美〕白修德、賈安娜：《中國的驚雷》，北京：新華出版社，1988年，第45頁。

〔註162〕〔美〕岡瑟·斯坦：《紅色中國的挑戰》，上海：上海譯文出版社，1999年，第410頁。

> 則如故，二十年來所造成軍閥政治之環境仍如故，即自袁世凱以來相承一貫之所謂軍閥統治，亦遂繼續如故。」黨員「沉醉於『有槍斯有權』之謬說，甘心爲軍人之附屬品」。〔註163〕

由以上材料不難看出，整個國民黨政權與眞正的現代政府之間距離很遠。在政治的觀念意識上，還十分傳統化；在政府的政治基礎上，僅依賴少數幾類人的支持，缺乏民眾的支持和認同；在政府權威上，軍隊的支撐是其主要的來源。

再來看看國民黨的軍隊的特徵。先看黃仁宇的回憶：

> 在國民黨的軍隊中，個人交情是很重要的。身爲下級軍官的我，常在司令部進進出出，因爲憑著推薦信函，我得以拜訪將軍，被他們接見。基本上說，軍政部並沒有能力處理所有的人事公文，也不可能提供後勤支持，安排所有的運輸事宜，因此必須容忍我們不按正規的舉動。

> 高階軍官的内在向心力，是由一個非常小的團體間親如手足的關係凝聚而成的，那就是黃埔軍校早期的教官和學生，成都中央軍校不過是其延伸。

> 中國軍隊的創造，可以說比時代早一步。軍隊和社會缺乏聯繫，就像異物飄浮其上。其間的危險之處在於，資深高階將領佔據同一地區太久，就會想透過個人關係和軍隊的資金建立與該省的關係，這就是軍閥的起源。

> 國民黨管理軍隊的方式是，在缺乏軍隊的地區，軍政部會給當地的高階將領大筆整數的金錢，讓他們自行解決問題。因此，資金運用的誠實與否，其間分際就很模糊，有時差異不過是程度上而已。

> 中國的軍隊需要現代工業的支持，但事實上在我們背後的，只有村落單位的龐大集結。我們的上層組織，無論是民間或軍方，有許多漏洞和罅隙，必須以私人關係及非常手段去填補。……任何外國觀察家都可以說，我們貪污無能。我們愈想遮掩，情況就越糟。我們似乎明知故犯，惡習難改，種種惡行包括攀親拉故、浪費物資、侵佔資金、亂搞關係及明目張膽的偏心。更糟的是，我們還全盤接

〔註163〕　陳獨秀：《能救中國？怎樣救中國？》，任建樹主編：《陳獨秀著作選編5》，上海：上海人民出版社，2010年，第41頁。

受，認爲這是必要的罪行。〔註164〕

應該說，黃仁宇的敘述比較全面地展現了國民黨軍隊中的很多情況。如在軍中的人際關係上，仍然呈現出傳統的血緣、業緣、學緣、地緣等特徵，這一點上和地方軍閥是極爲相像的；軍隊的管理上面，也沒有現代軍隊的嚴格、高效的特點；軍隊背後沒有工業化的支撐，只有數量龐大的農耕村落；軍隊中貪污腐敗，包括「攀親拉故、浪費物資、侵佔資金、亂搞關係及明目張膽的偏心」等等相當混亂。這一切大概都可以歸結爲這樣的一個原因，那就是「中國軍隊的創造，可以說比時代早一步。軍隊和社會缺乏聯繫，就像異物飄浮其上」，而這恰恰正是民國「軍閥的起源」。

　　研究「軍紳」政權的權威學者陳志讓，對蔣介石的軍隊也有深入的考察，在研究了國民黨軍隊在指揮系統、財政供應、糧餉來源、捐稅籌集等各個方面的情況後，其結論是：

> 蔣介石的政權基本上還是軍紳政權，同時加上一些資產階級領袖的支持。1937 年的中日戰爭，迫使蔣介石的軍隊爲國家主權而戰，那就是所謂的「犧牲到了最後關頭」。在那次戰爭中指揮系統趨向於統一。除此之外，自籌軍餉的辦法並沒有完全停止，基本上軍紳政權也沒有怎樣改變。

> 儘管在表面上跟軍閥時期的軍隊不同，但國民黨各派系的軍隊，甚至蔣介石的軍隊，仍然是軍閥的軍隊。〔註165〕

最後，由於，蔣介石的思想、意識、觀念、性格是如此重大地影響了整個政府的性質，因而有必要再來看看蔣介石本人的情況。先來看中外學者們的研究：

> 由於蔣是這樣支配著政權，在決定國民黨統治的性質方面，他的政治觀就極爲重要。就他對政治進程的觀點來說，他完全是傳統型的。像清朝的皇帝一樣，對他來說政治就是在統治階層中的爭鬥。因此爲了擴大他的權力，他操縱和聯合了一部分上層人士去反對另一部分作爲他對手的上層人士。……他從來沒有超越出上層政治，而使自己陷於玩弄脆弱的平衡以實施統治的活動中。〔註166〕

〔註164〕〔美〕黃仁宇：《黃仁宇回憶錄》，北京：三聯書店，2001 年，第 17～26 頁。
〔註165〕陳志讓：《軍紳政權——近代中國的軍閥時期》，桂林：廣西師範大學出版社，2008 年，第 6 頁。
〔註166〕〔美〕易勞逸：《毀滅的種子——戰爭與革命中的國民黨中國（1937～1949）》，

更值得注意的是，在他心目中國家民族利益與其個人利益孰輕
孰重的問題。我們不難看出，他常把個人與黨國的利益，二而為一，
他的危機就是黨國的危機、他的挫敗就是黨國的挫敗、背叛他就是
背叛黨國，例不勝舉。……類此可見，他把自己的重要性明顯置於
黨國之上。他是「皮」，黨國是「毛」，「皮」之不存，「毛」將焉附，
最可表達他的心態。〔註167〕

由於重慶存在著如此眾多相互競爭的派系，蔣介石慣用的狡猾
伎倆是利用幾個聯繫渠道來操縱他的對美政策。第一個是外交部，
第二個是駐美大使胡適和在華盛頓的宋子文，第三個是我本人。他
經常──並不僅僅是在緊急情況下──使用一個以上的渠道，這樣
他就可以挑動各派相鬥，自己從中漁利。……蔣氏曾以恩威並施的
手段粉碎了所有的敵手，建立了中央政府……〔註168〕

以上的研究反映出，在政治觀上，蔣介石是較為傳統的，易勞逸乾脆說他「完
全是傳統型的。像清朝的皇帝一樣，對他來說政治就是在統治階層中的爭
鬥」，這可能有些過激，但他主要想強調的是蔣介石對政治理解的傳統性、封
建性。而汪榮祖的研究從另一個角度證明了這一點，那就是「個人與黨國」
不分，有點「朕即國家」的意思，這種觀念既封建又獨裁。在政治手段上，
他們都指出，蔣介石是這方面的高手，但他的手腕停留在恩威並施、虛弱平
衡的基礎上，具有明顯的前現代性。再來看看觀察家們的觀察，他們的結論
與學者的看法基本上一致：

但是他用來保持他在中國的搖搖欲墜的政治均勢的手段，使他
變成了一個被動的人。雖然他是公認的中國的領袖，但他個人卻沒
有在軍事上取得成就的記錄，而他對於政治領導的基本觀念是個軍
閥的觀念。他把軍隊看作是政治力量。〔註169〕

（蔣介石）他根本不懂中國做為一個農民的國家究竟是怎麼一

南京：江蘇人民出版社，2009年，第198～199頁。

〔註167〕汪榮組：《歷史天秤上的蔣介石》，汪榮組、李敖：《蔣介石評傳》（上下冊），
北京：中國友誼出版公司，2004年，第15頁。

〔註168〕〔美〕歐文·拉鐵摩爾：《蔣介石》，張鳴、吳靜妍主編《外國人眼中的中國》
第5卷，《中國國民黨人·抗戰》，長春：吉林攝影出版社，2000年。

〔註169〕〔美〕岡瑟·斯坦：《紅色中國的挑戰》，上海：上海譯文出版社，1999年，
第445頁。

回事。對他來說，最重要的中國人只是那百分之十至二十的中上層階級，那就是城市居民加上在農村控制糧食的一小撮。他們都是識字的人。除了這個集團之外，他從未做過任何認眞努力來取得其他人的支持。〔註170〕

　　　蔣並不依賴廣大的農民對他的感情，他是依賴軍隊和它的槍枝的。〔註171〕

綜合以上三方面的考察，基本可以把蔣介石爲首的國民黨中央政府作爲「軍紳」政權來看待。論文後面探討的關於蔣介石國民黨意識形態、權力結構等方面的特徵，也能進一步印證這一點。

〔註170〕〔美〕貝克：《一個美國人看舊中國》，北京：三聯書店，1987年，第80頁。

〔註171〕〔美〕白修德、賈安娜：《中國的驚雷》，北京：新華出版社，1988年，第134頁。

第二章　地方「軍紳」社會與大後方文人的生存境遇

　　緒論中已經有提到，民國的「軍紳」政權也有現代化建設方面的貢獻。蔣介石中央政府在推進國家現代化方面的確也做出了許多努力，不過其主要的成果仍然是集中在東南沿海的部分城市，至於中央政府下轄的農村的情形，卻比起許多地方「軍紳」政權而言，都有一定差距，這是一個很有意思的現象。蔣介石領導的國民黨作爲中央政府有擔負國家現代化進程的責任，而地方「軍紳」政權的現代化建設則不太一樣。地方「軍紳」政權的存在，主要立足於他們的軍隊，而中央政府從未放鬆過對他們的覬覦（從國家統一的角度說這是合理的、正常的）。面對這樣一個強大的對手，要保障生存這個第一要務，必須加強自身的實力，否則將漸漸失去割據一方的資本。所以，這就成爲他們搞地方建設的最重要目的（當然也還有其他的方面）。然而歷史的奇特之處就在於此：這些以壯大自身爲主要目的的地方建設，卻在抗戰時期這樣嚴酷的大時代裏不但很大程度上貢獻了抗戰，也爲大後方文人作家及其文學活動提供了物質方面的基礎；而其意識形態方面的特性，權力制衡方面的情勢也給文學的生存提供了一定的縫隙和空間。

第一節　地方「軍紳」建設與抗戰及文學活動的物質基礎

　　對於中國這樣一個有著長久的大一統歷史、心理上有濃厚的統一情結的

國家，國家的分裂，即所謂「亂世」，是最為人們痛恨的糟糕情境。從清王朝後期地方行政、財政的逐漸失控，到民國北洋軍閥、國民黨新軍閥連年混戰的局面，是中國人一直夢想著的國家富強、民族復興美夢的最頑固障礙。以蔣介石為首的國民政府在推進中國的現代化進程方面之所以舉步維艱，與它沒能完成國家的實質性統一關係重大，大半生追隨蔣介石的蔣夢麟和許多蔣氏政權的研究者都持這一看法〔註1〕。「五四」新文化運動領袖、中國共產黨創始人之一的陳獨秀，經過對國家近代以來歷史的長期反思後，在晚年留下了這樣的話，「無論是全世界或一個國家以內，沒有革命的統一，反革命的統一也有進步的意義。例如吳佩孚的統一比軍閥割據好，劉湘的統一比防區時代好」〔註2〕。這裡面牽涉一個問題，就是從現代文明的歷史來看，實際領導現代化進程的單位是現代（民族）國家。

> 從日本、德國、俄國這三個比較晚近的工業化的國家的經驗來看，政府對工業化、現代化有很重要的作用。首要的作用是維持政治安定的局面。即使政府不積極參加工業發展的工作，至少也應該使貨幣制度統一、穩定，發展交通運輸，發展一般的科學技術教育，用關稅或其他政策來保護本國工業的發展。……中國軍紳政權的記錄跟德、日、俄的發展途徑正相反。它造成中國政局的不安定，破壞和阻撓交通運輸，摧殘中國的教育，攪亂中國的貨幣制度。在它統治期間，中國新式工業的進步跟軍紳政權毫無正面的關係。〔註3〕

之所以造成這樣的結果，根本原因就在於民國的「軍紳」政權無論軍事指揮、財政稅收、貨幣制度、外交政策等都無法獲得真正的統一。而在這不統一的局面中，竟然又出現了這樣一種奇特的現象：即表面上統一中國的國民政府在地方行政管理、穩定社會秩序、改善人民生活方面，其直轄的大部分省份的狀況竟然不如一些地方軍閥。如蔣廷黻在與蔣介石會面時就曾直陳，當時許多人對中央政府的行政效率不滿，致使非中央地區反而比中央控制的省份

〔註1〕 參見蔣夢麟《西潮・新潮》，嶽麓書社 2000 年版。及易勞逸《毀滅的種子——戰爭與革命中的國民黨中國（1937～1949）》的《序言部分》，江蘇人民出版社 2009 年版。

〔註2〕 陳獨秀：《戰後世界大勢之輪廓》，任建樹主編：《陳獨秀著作選編5》，上海：上海人民出版社，2010 年，第 386 頁。

〔註3〕 陳志讓：《軍紳政權——近代中國的軍閥時期》，桂林：廣西師範大學出版社，2008 年，第 182～183 頁。

更能改善人民的生活，據聞山東在韓復榘的統治下就比浙江的社會秩序好，比浙江更繁榮。〔註4〕

　　在本書涉及的三個省份中，桂系主政的廣西、龍雲主政的雲南在抗戰前的較長一段時期內，都對當地的建設做了許多引人矚目的貢獻；四川的情形較差，那是因為長期分裂的防區制和軍閥混戰使得地方建設需要的安定社會秩序無法獲得，情形直到 1935 年劉湘統一四川才稍有好轉。即便如此，四川的一些愛國紳士卻在地方建設上取得了巨大的成就，如盧作孚、盧子英兄弟對重慶北碚的建設。值得重視的是，這些軍閥、紳士的地方建設，對於戰時大量遷入的知識分子有很大的意義。因為，廣西、雲南兩省地處邊陲，土地並不肥沃，近代長期以來經濟發展的底子薄弱，四川雖有「天府之國」之稱，但受累於頻繁內戰，若無地方軍閥、紳士的建設之功，抗戰時期恐將無法接納如此眾多的文化人和遷入者。前者為後者提供了各方面最基本的物質生活保障，可以不誇張地說，「軍紳」的地方建設為大後方的文學活動奠定了物質方面的基礎。下面分論三省的建設實情。

一、廣西「模範省」的地方建設

　　廣西省在新桂系大規模建設之前的發展底子相當薄弱。一來交通不發達：廣西地處邊陲，主要靠河道通航，雖然河流四通八達，如桂江、柳江、右江、左江、鬱江五大支流，但灘多流湍，岸狹水淺，航運諸多不便；公路交通發展緩慢，且路面質量差；民國二十年之前全省尚無鐵路及航運。二來農林業落後：廣西地勢多山地丘陵，向來有「八山一水一分田」之說，農戶占全省 80% 以上，而可耕地面積比重小，僅占全省的 8.64%；另外，土地也較為貧瘠，且生產工具、農業技術均相當落後；林業上杉木出產減少，桐油品質不佳銷路不暢，藍靛、桂油等因代用品出現銷量銳減，樟腦、松脂等特產生產開發不足，茶油、香油發展緩慢，民國後二十年間，出口量僅增加一倍。第三工商業方面：生產設備陳舊，技術落後，產品多品質低劣而成本高昂，受西方商品衝擊而競爭力低下；該省物產並不豐富，商業貿易也欠發達。第四教育發展滯後：民眾智識較為低下，加上地處邊陲、交通不便的先天劣勢，與外界接觸、交流較少，故而民眾意識中封建落後意識濃重，新知識、新文

〔註4〕　沈渭濱：《蔣廷黻〈中國近代史〉導讀──兼論近代通史體系的推陳出新》，《中國近代史》（蔣廷黻著，上海古籍出版社 1999 年版）第 21 頁。

化水平很低。第五在政治秩序方面：民國以來無論連年兵禍，盜匪橫行，社
會秩序紊亂；上述各方面的落後情勢都與該省政局上的不穩定有重要關聯。

新桂系軍閥正是在這個田賦資源貧瘠、人力資源薄弱的基礎上開始其地
方建設的。新桂系的地方建設一個突出的特點是他們建立了一套較爲完備的
建設廣西的理論體系，實際執行中也都較好地進行了實施，其核心便是「三
自政策」。

「三自政策」的出臺有一定的歷史背景。民國十四年，李宗仁、黃紹竑、
白崇禧統一廣西之後，穩定社會秩序，作風也較爲新穎，再加上此後北伐中
的顯赫戰績，原本贏得了良好的形象，但蔣桂戰爭和中原大戰中新桂系的失
利不但使得新桂系損失慘重，而且省內省外紛紛對之通電譴責，處於一種內
外交困的境地〔註5〕。因而新桂系重回廣西搞好地方建設不但是其自身立足並
進而與蔣介石較量的必然要求，而且是改變其自身形象的機會。於是，新桂
系軍閥把「三自政策」解釋爲三民主義的正統發展，表明自己是孫中山先生
的忠實信徒，以「正名」的方式試圖改變自己的「叛逆」形象。有研究者認
爲，「樹立自己正統的地位與建設廣西，鞏固廣西政權同等重要，而且互爲促
進。因此，新桂系不管什麼時候，不管新桂系那位領導人，也不管什麼文件，
都一再強調廣西始終堅信三民主義」〔註6〕。而白崇禧、黃旭初等新桂系軍閥
也不斷強調，廣西建設「是以總理的三民主義爲依歸」，「廣西建設所走的路，
正是中國建設應走的三民主義的大道」，「中山先生將實行三民主義的方策，
親自筆之於書，以昭示黨員及國民，名爲建國方略……廣西建設綱領乃是根
據這數種遺教，及參酌現階段廣西應做能做的工作來訂定的」〔註7〕。

所謂「三自政策」包括自衛、自治、自給三個方面。按照新桂系的解釋，
是繼承了孫中山的「民族、民權、民生」三民主義的。自衛政策來源於三民
主義中的民族主義，有兩個含義：一是廣西的自衛，二是中華民族的自衛。
白崇禧說過，

> 自衛的意義，近一點說，固在保障廣西的建設，使廣西一千

〔註5〕 參見楊乃良的博士論文《民國時期新桂系的廣西經濟建設研究（1925～1949）》
（華中師範大學 2001 年中國近現代史博士論文），第 6～7 頁。

〔註6〕 楊乃良：《民國時期新桂系的廣西經濟建設研究（1925～1949）》（華中師範大
學 2001 年中國近現代史博士論文），第 8 頁。

〔註7〕 李宗仁等著：《廣西之建設》，廣西建設研究會出版，民國二十八年，第 38、
38、80 頁。

> 二百八十萬同胞都能夠安居樂業，不致受他人蹂躪……自衛的最後
> 目的，還在於保衛中華民族，使我們民族能夠恢復其固有的自由，
> 能夠在優勝劣敗弱肉強食的世界舞臺上爭得一個生存發展的地
> 位。〔註8〕

而自治政策脫胎於孫中山的民權主義，新桂系認爲自治就是地方自治，就是
自己管理自己，但並非搞地方獨立，而是地方自治團體在政府法令允許的範
圍之內辦理地方事務，也有兩方的含義：「一方面是說，地方人民有依照自己
的需要來管理地方事情的權利，不過他們的措施，不能與國家的需要衝突。
另一方面就是說地方人民應各盡義務，各獻能力，來辦理地方事情，滿足公
共需要」。〔註9〕

關於自給政策他們的解釋是，自給就是滿足自己的需要，即「自己的生
活，都要靠自己的生產來維持，不依靠別人的意思」。〔註10〕黃旭初仍然抓住
孫中山的民生主義不放，認爲「自給政策的基本原則，在發展生產，挽救入
超，改善人民的生活，乃國父民生主義的遺教，不過就廣西的特殊情形，在
建設綱領中規定經濟建設部門各種條文，爲其主要辦法」。〔註11〕

從上面簡單的介紹可以看出，新桂系軍閥對「三自政策」的解釋，表面
上冠冕堂皇，實際上許多地方十分曖昧，有著很大的解釋上可供選擇的、實
踐中可供閃轉騰挪的空間，這樣就容易形成說一套做另一套、明一套暗又一
套的局面。正如研究者所指出的那樣：

> 新桂系的自衛政策，更多是強調廣西的自衛，自己政權的鞏
> 固，較少涉及民族的獨立與人民的解放。自治政策也多強調自治是
> 爲了管理好地方，便於搞自己的建設，沒有眞正去落實人民該享有
> 的各種權利，更沒有提建立資產階級民主共和國。在自給政策方面，
> 新桂系爲了解決自己財政上的困難，更多強調控制貿易出入超，強
> 調廣西的自給，並沒有能眞正去解決人民群眾的生活問題。〔註12〕

新桂系軍閥在廣西建設的口號是「建設廣西，復興中國」，正面的理解可

〔註8〕　李宗仁等著：《廣西之建設》，廣西建設研究會出版，民國二十八年，第52頁。
〔註9〕　李宗仁等著：《廣西之建設》，廣西建設研究會出版，民國二十八年，第54頁。
〔註10〕廣西省政府十年建設編委會編印：《桂政紀實》，民國三十三年版，總第16頁。
〔註11〕李宗仁等著：《廣西之建設》，廣西建設研究會出版，民國二十八年，第58頁。
〔註12〕楊乃良：《民國時期新桂的廣西經濟建設研究（1925～1949)》（華中師範大
　　　　學2001年中國近現代史博士論文），第19頁。

以說他們把廣西當做地方建設的試驗地，以廣西爲示範，以廣西地方建設的成功爲基礎走出一條復興中國的道路；負面的理解也可以說是，他們把軍閥的首先發展壯大進而逐鹿中原的野心，包含在一種公開的堂而皇之的口號之中，形成了私心的美化與合法化。總而言之，新桂系軍閥們推行的廣西建設理論實質上其重心仍舊是以保存壯大自身、形成地方割據、伺機問鼎中原爲首要目的，至於某些程度的生產發展和人民生活的改善，只是這個目標實現的必不可少的副產品，這些都可以從廣西地方建設中濃厚的軍事化色彩，不合理的產業結構，財政支出方面的偏重以及對非正當收入的依賴等方面看得出來。

其實，所謂自衛、自治、自給的提法之前不是沒有過，只是很難找到一種有效的方法在實際中推行下去，而新桂系的特殊之處就在於此，他們用民團這種形式推進「三自政策」。白崇禧說：

> 我們最初覺得，無論講自衛也好，自治也好，自給也好，都要人民共同起來，共同負責，才能達到目的。要人民起來負責，必先把他們組織起來，造成一個集團的力量。因此之故，我們便決心創辦民團，民團就是一種民眾組織力量，就是用來推行三自政策的集團力量。〔註13〕

> 各個人分散的力量是微弱的，集團的力量才是堅定的、偉大的，要人民起來負責，必先把他們組織起來，造成一個集團的力量。民團就是一種由民眾組織的力量。〔註14〕

> 我們把人民組織起來，造成一種集團的力量。我們決心創辦民團，就是用來推行『三自』政策的集團力量。有了民團組織，散漫的社會力量團結起來了，有了統制，這樣政治可以加強統制的效能。政府對於社會，就可以如身之使臂，臂之使指，於是施行統制經濟就不感到多大困難了。〔註15〕

這是新桂系軍閥的一大特色，因爲民國以來的各派軍閥，包括蔣介石的中央政府都一向視群運動爲洪水猛獸。〔註16〕新桂系的發動民眾雖然用的是軍事

〔註13〕廣西省政府十年建設編委會編印：《桂政紀實》，民國三十三年版，總第 17 頁。
〔註14〕李宗仁等著：《廣西之建設》，廣西建設研究會出版，民國二十八年，第 63 頁。
〔註15〕轉引自黃習禮文章《新桂系「三自三寓」政策和〈廣西建設綱領〉述評》第 86 頁，《學術論壇》1989 年第五期。
〔註16〕如果不算第一次國共合作時期，國民黨左派曾經有過一段發動群眾的時期的話。

化的民團方式，以期在實際建設中易於被控制，但已經和多數此前的軍閥作風上不太一致。當然，這也可能與廣西獨特的歷史、風土人情有關：中國社會向稱一盤散沙，然文化智識落後之廣西民眾富有團結的精神，這十分利於新桂系當局推行民團形式的地方建設。據黃旭初的解釋，自秦代初入廣西的就是軍隊，此後歷代征蠻都以隨軍將士留戍，軍人性質，悍勇為尚，遺族繁殖，相傳成風，加上地廣人稀，苗漢各異，團結意識較為強固，形成了堅毅團結的民性。故新桂系建設中的一切民眾集會，如比賽會、展覽會等，民眾都能踴躍參加，不僅守時且秩序井然，軍政首長的報告演講，也都樂於聽講，因此建設的推進、政令的實施，俱易敏捷收效。〔註17〕

除「三自政策」之外，新桂系還有「三寓政策」之說，即寓兵於團、寓將於學、寓徵於募，這三點無不與民團有關。白崇禧受管子寓兵於農的啟發，提出了寓兵於團的政策。規定每村街中18歲到45歲的男丁為一個民團中隊，以30歲為界，小於30歲的為甲隊，大的為乙隊，每隊都要接受為期180小時的政治軍事方面的訓練，合格者發給證書。又將民團分為常備隊、預備隊、後備隊，分別施以不同長度的訓練教育。訓練包括術科、學科兩方面。術科內容有基本教練、野外演習、射擊實施、防毒練習、對空警戒、消防演習、國技等；學科包括典範令摘要、軍制概要、民團章則、國恥概要、政治常識、自治概要、實業常識、識字課本等。廣西民團共訓練十三期，1936年前的六期共訓練1078538人，之後七期訓練1069380人，培訓的民團總人數為2147918人。〔註18〕

至於「寓將於學」，是將廣西軍隊將校的來源植根於學生軍訓和民團幹校的培養之中。白崇禧的設想是，全省1280萬人中，預計壯丁240萬人，需將校8萬人；學生軍訓一年可得3000餘人，各地民團幹校每年可培養7000人，如此10年可培養10萬人；這樣既保證了將校產出的數量，又使得新桂系當局無須劃撥經費。〔註19〕

「寓徵於募」指的是把募兵制逐漸改為征兵制，用募兵的方式達到征兵的目的，該政策1931年開始實施，1937年以後征兵制完全替代了募兵制。

〔註17〕 參見黃旭初《我記憶中的舊日廣西風貌》一文，《春秋》雜誌1969年總第293期。
〔註18〕 廣西省政府十年建設編委會編印：《桂政紀實》，民國三十三年版，第36頁。
〔註19〕 轉引自黃習禮文章《新桂系「三自三寓」政策和〈廣西建設綱領〉述評》第86～87頁，《學術論壇》1989年第五期。

　　在改組地方行政方面還有一個「三位一體」的政策，指的是鄉長村長兼國民基礎學校校長兼後備隊長，一方面要管理民眾，一方面要教育民眾，還要以軍事訓練民眾。新桂系認爲這有權力集中易於推行政令、最大限度的利用有能力的人、三種機關可以互助以及節省經費等四個方面的優點。〔註 20〕另外，新桂系還重視基層管理人才的培養，提出行新政用新人，用經過訓練的少壯派，代替了封建腐朽的團董、司爺，用經過訓練的民團，代替腐敗的團勇、團練。〔註 21〕

　　總之，新桂系的這些舉措，根本上是想重構地方的行政管理體系。在省政府，通過合署辦公等形式實現了省政府在行政體制中的總樞紐作用，政府公務員、縣長的任命控制於省政府，不僅縣政府機構和編制受嚴格控制，而且縣政府直轄各機關以及下屬各科室也由省政府嚴格規定，所以可以成爲一種省集權制。而在基層，則有公所（行政機關）、民團（軍事組織）、學校（教育機構）的「三位一體」的機制。該政策中的公所、民團、學校都已經不是獨立單一的職能部門，而是成爲融政治、經濟、軍事、文化爲一體的複合型職能部門，民團的力量被用於政令及文化教育的推行，而行政、教育力量又組織和推動民團訓練。〔註 22〕上述的種種政策，保證了廣西省政府有較高的行政效率，在一定程度上減輕了類似中央政府推進現代官僚體系中產生的「內卷化」現象〔註 23〕，有力地推進了廣西的地方建設。下面來介紹新桂系在農林、工商、交通、礦業、財政方面取得的成績。

　　先看農林方面。農業上針對廣西當地落後的實際情況進行了多方面的改進：省府管理上重視農業發展、制定農業發展規劃和實施方案，並完善農業管理機構；針對農業知識水平低的情況開展農民周、農業展覽會等，並普及農業知識，提高農民文化水準；針對農村資金短缺，由廣西合作金庫、中國銀行、交通銀行、中國農業銀行、中央信託局等機構分區貸放，至三十年其總額達到 5500 餘萬元〔註 24〕。以上各項措施均不同程度地促進了廣西農業的

〔註 20〕李宗仁等著：《廣西之建設》，廣西建設研究會出版，民國二十八年，第 69、78 頁。

〔註 21〕轉引自黃習禮文章《新桂系「三自三寓」政策和〈廣西建設綱領〉述評》第 88 頁，《學術論壇》1989 年第五期。

〔註 22〕黎瑛博士論文《權力的重構與控制——新桂系政府行政機制與政府能力研究（1927～1937）》，上海師範大學 2008 年中國近現代史專業。

〔註 23〕不過，這裡也要謹防另一種傾向，即把「軍紳」的地方建設估計過高。

〔註 24〕參見黃旭初《抗戰前後的廣西經濟建設》一文，《春秋》雜誌 1965 年總第 196

進步，而農業發展的重中之重是糧食的增產問題。新桂系的具體辦法有：改良糧食品種、栽培方法，改良農具，改良用肥，提倡多種，加強農田水利建設，鼓勵墾殖，預防病蟲害以及發展其他雜糧作物等。在農田水利建設上，從結果看主要是以小型的地方水利工程爲主，其灌溉面積是大型水利工程的10 倍，1932 年至 1945 年各縣市自辦的小型水利工程灌溉面積爲 163 萬畝，地方小型水利工程蓬勃發展對新桂系的最大利好之處是依靠地方資金解決問題〔註25〕。促進糧食增產的辦法收到了較好的效果，從 1933 年開始糧食產量有較快的增長，直到 1939 年糧食增產都比較平穩，甘薯和玉米發展最快，民國二十八年是二十一年的一倍以上。〔註26〕

廣西的林業，原本是有氣候優勢的，因其地處亞熱帶，植被繁茂，山林中樹木天然滋生，林木種類繁多（約 140 種）。民國後，由於經濟利益的驅使，砍伐日重，且盲無目的、沒有統一的規劃管理，致使人們只知砍伐、不知種植，林木越來越少，林產量因此銳減，但 1931 年廣西森林覆蓋率仍有 23.3%。新桂系的做法主要是：既重點發展省營林場，又積極發展地方林場，還鼓勵私人方面的造林。省營的四大林場如洛容林場、慶遠林場、南寧林場和龍州林場，總面積達到 616832 畝。地方林業方面，新桂系頒佈各種辦法規定各縣區鄉凡有荒山荒地就要辦公共林場，具體要求是：縣有林場面積爲 2000 畝以上，每年必須造林 200 畝以上；區有林場面積爲 1000 畝以上，每年必須造林100 畝以上；鄉有林場面積爲 500 畝以上，每年必須造林 50 畝以上；村有林場面積爲 200 畝以上，每年必須造林 20 畝以上。另外還推行河岸造林和公路兩旁植樹的計劃。而私有林在得到省府鼓勵之後，其發展的程度令人吃驚，據 1938 年的統計，私有林面積及植樹株數均占育林面積和植樹總數的 86%以上，而公有林不到 14%〔註27〕。以上措施受到了一定的成績，如林產在二十年時，桐油僅二十二萬市擔，茶油十六萬市擔，茴油一千五百市擔；二十六年，桐油增至三十六萬市擔，茶油二十三萬市擔，茴油六千六百市擔。〔註28〕

期。

〔註25〕廣西省政府統計處編：《廣西年鑑》第三回，第 448 頁。

〔註26〕楊乃良：《民國時期新桂系的廣西經濟建設研究（1925～1949）》（華中師範大學 2001 年中國近現代史博士論文），第 49 頁。

〔註27〕楊乃良：《民國時期新桂系的廣西經濟建設研究（1925～1949）》（華中師範大學 2001 年中國近現代史博士論文），第 52～56 頁。

〔註28〕參見黃旭初《抗戰前後的廣西經濟建設》一文，《春秋》雜誌 1965 年總第 196期。

工業方面，30 年代之前廣西工業基礎非常薄弱。據黃旭初的回憶，以粗淺的家庭手工業為主，在國內外價廉物美的大量工業品輸入後，家庭手工業逐步解體，這種現象在近代中國農村是普遍存在的。剩餘的一些與農業相結合的副業如棉紡織業等，也隨著交通的開發而漸漸崩解；加工製造業如瓷器工業、紗紙工業、麻布工業、製糖工業等，雖有原料優勢，但技術陳舊、品質低劣，競爭力難與機製品抗衡；日用消費製造業如土布業等，在洋布的衝擊下，生存的基礎也已動搖。民國二十年以前，廣西的公營工廠僅五所，而且工人人數只有 400 人，資本總數不到毫幣 200 萬元，集中在南寧、梧州的私營工廠約 68 家，工人、資本額均少。〔註29〕

新桂系採取的發展工業的措施，也是多方面齊頭並進，一方面有省府出資發展公營工業，另一方面利用私人資本發展民營工業，還扶持地方上原有的手工業的復蘇和發展。值得一提的是，抗戰時期的內遷給廣西的工業發展提供了契機，「這些內遷，帶來了大量人才、技術、資金以及先進的管理經驗，對廣西工業的發展產生了較大的影響。僅就資金而言，內遷企業帶來 2100 多萬元的資金，占廣西工業資本數 34%以上」〔註30〕。所以，抗戰以後，廣西的工業才迎來了新局面，外來資金、設備、技術的注入簡直使桂林成為新的工業區。到 1943 年，廣西工業發展達到了一個前所未有的時期，不僅工廠已達到一定規模，而且門類較為齊全，已構成一個較為完整的近代工業體系。在這些企業中，公營企業占 45 家，省營企業獨資的有硫酸、酒精、製糖、製革、機械、陶瓷、印刷、紡織、造紙、玻璃、士敏土等企業；與中央合辦的有紡織機械廠、麵粉廠；與商人合辦的有鐵工、捲煙、火柴等企業。民營企業占 242 家，可見民營企業在廣西工業中也佔有較為重要的地位。至於手工業，由於戰時日用品缺乏，來源短絀、價格飛漲、利益優厚，發展也相當迅速，據民國二十九年統計，桂林等 46 縣共有手工業 2868 家，資本數達 350多萬元。〔註31〕

商業貿易方面，新桂系一直致力於改變廣西進出口方面入超過大的局面，如 1932 年，進口總額為 4700 萬元，出口僅為 2900 萬元，入超達到 1800

〔註29〕 參見黃旭初《抗戰前後的廣西經濟建設》一文，《春秋》雜誌 1965 年總第 196期。

〔註30〕 廣西省政府統計處編：《廣西年鑑》第三回，第 607～615 頁。

〔註31〕 楊乃良博士論文第 61 頁、黃旭初《抗戰前後的廣西經濟建設》一文（《春秋》雜誌 1965 年總第 196 期）以及《廣西年鑑》第三回，第 593～620 頁。

萬元。〔註32〕爲改變之一不利局面。他們的原則是要開拓土產市場，公營重要工商企業，扶植中小工商企業，提倡國貨，節制奢侈品之輸入。其次是廣西當局改革稅制，嚴禁苛捐雜稅及一切有礙生產之徵收；在度政方面，民國二十年廣西宣布施行中央頒佈的全國度量衡新制標準，廢除舊器，使度量衡能夠統一。這些措施效果是省內各地商店增多、貿易擴大，圩市增多、市場繁榮，商會、同業公會的恢復及商業公司的增多。並且使得 1937 年的貿易總值由 1932 年的 7600 萬元增至 8800 萬元，其中進口額下降到 4400 萬元，出口額增至 4300 多萬元，入超額僅三十萬元。不過，1938 年後因主要出口貨桐油、礦產受結售外匯和統制收購的影響而猛跌，入口貨因物資多改由本省轉輸而激增，故入超又復增漲。〔註33〕

　　新桂系作爲一個軍閥集團，其主要的立身資本是軍事實力，而現代軍事和礦業建設的關係十分密切，軍用的重要物資如煤、石油、鐵及其他金屬都依賴礦業的發展。由於礦業的特殊性，新桂系對礦業實行銷售上的統制，由 1935 年成立的貿易處進行統一管理，「全省出產之錫、鎢、銻、錳四種礦砂，商人不准自由運銷出口，概由該處在梧州布價統一收購，由該處專利運港銷與在港出口洋行，或直接運銷歐美入口商」。〔註34〕1939 年後，貿易處把統制權移交資源委員會，並將其統制範圍推廣至全省。在政府的倡導和支持下，廣西採礦公司逐步增多。廣西礦產最多的是煤、錫、鎢和錳等礦。其中省府投資的望高錫礦、昭平金礦、西灣煤礦、合山煤礦、茶盤源錫礦五處；1939 年省政府與資源委員會合資五百萬元成立平桂礦務局，省政府即以望高錫礦、西灣煤礦、八步電力廠併入該局；總計省府投資礦業爲四百七十餘萬元。民營方面，1931 年，大礦區僅 15 家，資本額共 28.7 萬元，到 1941 年增至 478 家，資本額 2100 餘萬元；小礦區 1931 年 20 家，到 1941 年增至 517 家，資本額 54 萬餘元。〔註35〕

〔註32〕該數據來自黃旭初《抗戰前後的廣西經濟建設》一文，而關於廣西貿易長期入超的原因，楊乃良在民國時期廣西對外貿易及其對廣西社會經濟的影響》（廣西社會科學》2001 年第一期）中有四點分析：一是廣西經濟落後、貿易基礎薄弱；二是交通不便、商品輸出困難；三是工業基礎的困乏；四是頻繁戰爭的困擾。

〔註33〕參見黃旭初《抗戰前後的廣西經濟建設》一文，《春秋》雜誌 1965 年總第 196 期。

〔註34〕廣西省政府十年建設編委會編印：《桂政紀實》，民國三十三年版，第 129 頁。

〔註35〕參見黃旭初《抗戰前後的廣西經濟建設》一文，《春秋》雜誌 1965 年總第 196 期。

　　此前廣西的交通一直落後,主要以河道運輸為主。直到 1926 公路方面僅有兩條:一條是南寧至武鳴,69 公里;另一條是龍州縣城至水口,51 公里。1927 年後,新桂系由於軍事上的需要,開始注重公路修築,至民國二十一年,廣西已修成公路 4964 公里,其中省道 19 條,3556.8 公里,縣道 40 條共 1407.74 公里。〔註 36〕1931 年,廣西當局成立廣西公路管理局後,將原來的公路進行修整,共改善公路 1500 多公里。同時還興修省道 20 餘條,總長達 2060 公里。〔註 37〕到 1935 年,廣西共有省道 3670.85 公里,1941 年達 4000 公里,1944 年增至 4247 公里。〔註 38〕鐵路方面,1931 年以前,廣西向無鐵路,鐵路修築不僅投資大,而且技術要求高,故而當時省內的兩條鐵路幹線湘桂鐵路和黔桂鐵路均由交通部主辦,而廣西方面協助,徵調民工 90 萬人。湘桂鐵路起於湖南衡陽而至廣西鎮南關,桂段幹線長 821 公里,為西南交通大動脈。黔桂鐵路起自廣西柳江至獅山,廣西境內鐵路長 300 公里。其他方面,航運上疏通水道 3000 多公里,電報線路增至 7600 公里,長途電話增至 3200 公里,鄉村電話增至 6000 公里。〔註 39〕

　　財政方面。首先是制度機構的健全,如實行改革完善財政、會計機構和制度。其次,縮減政府開支,通過省府合署辦公、地方上「三位一體」的組織形式以及公務員低工資制度,既節約財政開支又提高行政效率。如省府委員月薪不過 200 元,而縣長不過 100 元,以民國時代的標準看來,廣西的官僚體系是比較清廉的。美國艾迪博士在視察廣西時說:「若雜處民間而隨處可聞人民謳歌官吏之德政者,我惟廣西一省見之」。〔註 40〕其次是廢除苛捐雜稅,以前省內諸多征稅的關卡被大量取締,鹽水、礦稅、百貨統稅、營業稅、餉捐、縣稅等稅率都有不同的降低。降低稅率的同時又增加一些新稅種,對鴉片、捲煙、酒、賭博、奢侈品及娛樂場所徵收重稅。如禁煙罰金每千兩由 1931 年的 500 元增到 1937 年的 800 元,抗戰時禁煙罰金增加戰時建設費每千兩 1000 元等等,從而保證財政收入的增加。〔註 41〕李宗仁後來回憶這一舉措

〔註 36〕廣西省政府統計處編:《廣西年鑑》第一回,第 511 頁。

〔註 37〕廣西省政府十年建設編委會編印:《桂政紀實》,民國三十三年版,第 139～140 頁。

〔註 38〕廣西省政府統計處編:《廣西年鑑》第三回,第 1057 頁。

〔註 39〕黃旭初《抗戰前後的廣西經濟建設》一文,《春秋》雜誌 1965 年總第 196 期。

〔註 40〕《廣西建設集評》,西南印書館,民國二十四年,第 74 頁。

〔註 41〕廣西省政府十年建設編委會編印:《桂政紀實》,民國三十三年版,第 262 頁。

收到了意想不到的效果，因為諸多苛捐雜稅的取消，極大地刺激了商業交換、貿易活動的進行，使得取消苛捐雜稅後的省府稅收不減反增〔註42〕。總的來說，廣西稅收最多的分別是禁煙、雜項、餉捐、田賦等，而鴉片煙稅、賭納和花捐（娛樂稅）在財政收入中也佔有絕對重要的地位，有的年份竟高達60%。

　　上面的分析說明新桂系的廣西建設還是取得了一定的成績，儘管其中也有研究者們指出的管理上的集權和軍事化、財政上的黑錢支持等弊病，但這在三四十年代的民國時期已經是較為引人矚目的實績了。抗戰時期，廣西接納了大量的外來人口，如桂林戰前人口僅 5.6 萬，而抗戰結束時竟增至 28 萬人，足足是戰前的五倍。桂林是戰時大後方重要的文化中心、出版業中心，外來人口中有大量的文化人和青年學生，他們掀起的大後方文學運動離不開當地的物質資源的支持，在這方面新桂系的地方建設以一種無意識的方式作出了貢獻。

二、龍雲在雲南的地方建設

　　雲南和廣西在地方建設上有許多不同之處，首要的便是領導層上的差異。廣西的建設是在新桂系軍閥集團的引領下完成的，具體的說便是李、白、黃三人，而領導雲南地方建設所謂滇系軍閥，實際上僅有龍雲一人。盧漢雖然也是軍閥且和龍雲有八拜之交，但在抗戰前後的雲南建設中所做的工作很少（僅任過財政廳長不足一年），並從未獲得過像新桂系黃旭初那樣省政府主席的地位，所以雲南建設基本上是龍雲一手掌控的。雲南的這種情形就使得雲南建設打上了很深的龍雲本人個性特徵的烙印，這方面最主要的體現便是對省府至鄉村行政體系的改造上，在與新桂系建設的比較中可以看得更為清晰。

　　新桂系的建設至少在名義上有一套較為系統的建設綱領，並且在很大程度上改造了原有的舊式行政體系——實際上是已惡化了的地方「軍紳」結構——代之以能夠較好貫徹新桂系政策的 40 歲以下的年青一代，較大程度地削弱了「軍紳」社會中的「內卷化」現象。這些都得益於新桂系的知識水準較高、觀念意識較新的特點（尤其表現在白崇禧身上）。而龍雲無論知識結構還是意識觀念都較為陳舊，所以不大可能像新桂系那樣提出一套（哪怕是名義

〔註42〕參見《李宗仁回憶錄》，桂林：廣西師範大學出版社，2005 年。

上的）建設理論，並有逐步改造整個行政體系的計劃。因而，雲南的地方建設仍舊是沿用了民國社會一直存續的「軍紳」社會結構，種種舉措都只是在此社會結構之內以「實用主義」的態度努力調整以求相對的改善。比如在意識形態方面，新桂系始終高舉「三民主義」的大旗，試圖樹立自己的正統形象，而龍雲所提倡的則是所謂的雲南愛國主義傳統，具體地說是 1915～1916年雲南「首義」以反對袁世凱復辟帝制的護國戰爭。

下面分別介紹雲南地方建設在各個方面的收穫。

在行政方面，兩項重要舉措對雲南建設產生了較大的積極影響。其一是用軍事權威調整由於「軍紳」結構引起的行政系統的混亂。1928 年陸崇仁第一次任財政廳長之時，雲南稅收機關多為軍人把持，不但貪污盜竊、挪用積壓，而且還明目張膽派人在省府財政廳坐逼軍餉，收一文提一文。田賦收入先供給縣一級的開支，餘額再上交省府，造成省庫空虛，正常的行政費用都難以維持。這種混亂局面造成了行政事務難以逾越軍事強力的硬傷，如不改善任何政令都難以推行。最後，龍雲派盧漢以九十八師師長的身份兼任財政廳廳長一職，革新財政廳、稅收系統的內部結構，清理其中的各級軍人勢力，大規模更換科長、主任、秘書，實行「財政商業化」。大多軍人憚於盧漢的地位和威勢，雖不情願但無人敢於違抗，自此才把行政上的混亂局面理順。〔註43〕其二是重視基層幹部的選拔和培訓。龍雲雖然沒有在本質上改變行政體系的性質，但是保證行政效率以及貫徹省府政令的忠實度等是不得不解決的問題，這一點上，縣級基層政權的位置十分重要，因為征兵抽稅、溝通上下都離不開縣長。為此，龍雲在 1935 年，開辦縣長訓練所，選拔合格人員訓練，目的在於培養所謂「非常時期」的縣長，畢業後分別委任，此外他也任用由他直接選拔及地方保薦的人員。縣長主要對省府和民政、財政兩廳負責，此舉也加強了龍雲在行政上的控制。〔註44〕

軍閥得以立足的最直接憑藉是軍隊，而要維持軍隊就必須有足夠的財政支持，龍雲在財政上推行的是「財政商業化」，實際上就是招商投標。所謂招商投標，就是把省府各級稅收任務，如煙酒、釐金等，均委託給有能力的商人進行辦理，先由商人們投標，出價最高者即為中標，中標者須在限期內繳

〔註43〕 孫東明：《龍雲統治雲南時期的財政》，《雲南文史資料選輯第 5 輯》，雲南文史資料研究委員會，1964 年，第2～4頁。

〔註44〕 龔自知：《抗日戰爭前龍雲在雲南的統治概述》，《雲南文史資料選輯第 3 輯》，雲南文史資料研究委員會，1963 年，第 47 頁。

納一定的保證金，逾期則取消其資格。此舉始於盧漢兼任財政廳廳長期間，而陸崇仁1930年第二次任財政廳廳長後，又有一些新的舉動。他整理雲南的各項稅收名目，施行刪繁就簡，一面取消一些苛捐雜稅一面另立新稅。如將商稅以及清朝遺留下來的釐金稅60多種廢除，舊有稅收中，僅保留鹽稅、煙酒稅、特種消費稅、田賦、屠宰稅、印花稅、契稅、特種營業稅；征稅的方向被調整到官營、專賣、銀行等方面。提出了以財政扶持金融，發展生產；以金融充裕財政，支持生產；以生產鞏固財政，充實金融的方針，將財政、金融、企業合而爲一。到1932年，全省的牲畜釐金等稅，一律招商承辦，各路煙商、市儈、流氓、劣紳、閒散軍官、卸職官僚都爭先恐後，大力承辦，奧妙之處便在於其中有利可圖。這樣的辦法可以保證省府有較爲穩定的稅收，然而長久下去，劣紳、奸商從中漁利過甚，情勢又會惡化。到1933年，陸崇仁也在《雲南行政紀實》中承認，「國家政務，聽商人包攬，有乖政體」，遂將全省酒稅、牲畜稅合而爲一，改爲委辦，在全省成立100多個煙酒牲屠稅局，煙酒牲屠稅除牲稅外，一律從價徵收。自此，財政系統的人事權和徵收權開始由財政廳掌握，形成了一個嚴密的徵收網。爲了進一步擴大財源，又設置了消費稅的名目，無論本省外省所產貨物，除徵收海關稅外，又重徵一道消費稅。爲此成立了昆明特種消費稅局，陸崇仁兼任局長，在各地設有諸多消費稅局。消費稅稅率最初分爲6級，從2.5%到17.5%不等；後改爲8級，從5%到35%；又改爲5級，從5%到30%；總體的趨勢是逐步增高的。〔註45〕

和廣西的情況有類似之處，雲南的財政也相當依賴所謂「黑錢」的支撐，如禁煙罰金便是雲南財政的主要來源。雲南因爲氣候條件適宜，鴉片的質量很高，以「雲土」之名盛行。鴉片禍國殃民衆所周知，故雲南也實行禁煙，叫做「寓禁於徵」，有禁種、禁吸、禁運等禁令，對種鴉片的農民課稅，對運銷鴉片的商人也課以罰金。但實際上，卻鼓勵鴉片種植，責成各縣縣長勒令農民種植鴉片，各地官紳爲了利益也迫使農民種鴉片，種植面積越來越大。而雲南省府對象鴉片這樣的「特貨」實行的是「統運統銷」的辦法，1935年成立特貨統運處，限價收購，年收鴉片千餘萬兩，裝箱運出四川、漢口、廣西等地銷售。〔註46〕官方統計的結果是，1935到1937三年收入合計2340多

〔註45〕孫東明《龍雲統治雲南時期的財政》，《雲南文史資料選輯第5輯》，雲南文史資料研究委員會，1964年，第10～16頁。

〔註46〕龔自知：《抗日戰爭前龍雲在雲南的統治概述》，《雲南文史資料選輯第3輯》，

萬兩，然該數目實際是大打折扣的，爲縣長、區鄉長、土司乃至保甲長分層截留的部分約有一半，因此實際收穫的鴉片，估計有 5000 萬兩上下。〔註47〕收入從未公開過，據郭垣的估計，僅 1935 年雲南輸出的鴉片總值就達到國幣 2000 萬元以上。〔註48〕

田賦也是雲南財政的重要來源，後改爲耕地稅。雲南田賦，根據舊日畝積，每年收入大約一百三十多萬元，清丈期間，把隱匿的或新開墾的清了出來，舊日畝積不過九百萬畝左右，經過清丈陸增至二千八百多萬畝，改徵耕地稅後，稅款即陸增至新滇幣二百八十多萬元。〔註49〕

龍雲在財政金融上主要有兩個理財能手，一個是陸崇仁（子安），另一個是繆雲臺（嘉銘）。其中金融方面的改革多經由繆雲臺辦理。1927 年龍雲主持滇政時老富滇銀行在雲南發行的老滇票的信用已經一落千丈，因爲老富滇銀行財產不過 1000 萬元，而唐繼堯倒臺前老滇幣發行量已達 4000 萬元，龍雲上臺後繼續發行至 9000 萬元，當時老滇幣兌換國幣達到 10 比 1。所以金融改革的當務之急是廢棄老富滇銀行和老滇幣，成立富滇新銀行和發行新滇幣。以滇鑄的半開（半元）銀幣爲本位幣，每 1 元當老滇票 5 元使用，這樣財政稅收就變爲原來的 5 倍，再加上禁煙罰金每年盈餘的本位幣幾百萬元，從香港購買銀條會滇，由造幣廠鼓鑄半開硬幣（含銀量很少），共鑄了 1600 萬元作爲發行新滇票的兌現保證金。1932 年改組成立富滇新銀行，委繆雲臺爲行長，發行兌現的新滇票，逐年收毀了老滇票 5270 餘萬元，幣值逐步趨虧穩定，還有老滇票 4000 萬元留在市面，作爲輔幣流通。〔註50〕通過這些舉措，統一了雲南的幣制，建立了較穩定的銀儲備，使紙幣的信用獲得民眾的信任，雲南的金融基礎才得以穩固。〔註51〕

雲南文史資料研究委員會，1963 年，第 43 頁。

〔註47〕 孫東明：《龍雲統治雲南時期的財政》，《雲南文史資料選輯第 5 輯》，雲南文史資料研究委員會，1964 年，第 26～27 頁。

〔註48〕 郭垣：《雲南經濟問題》，臺北：正中書局，1940 年，第 200 頁。

〔註49〕 孫東明：《龍雲統治雲南時期的財政》，《雲南文史資料選輯第 5 輯》，雲南文史資料研究委員會，1964 年，第 23 頁。

〔註50〕 文思主編《我所知道的龍雲》第 85～86 頁（中國文史出版社 2004 年版），及楊克成《雲南繆係地方官僚資本概述》一文第 36～38 頁（雲南文史資料選輯 2）。

〔註51〕 《續雲南通志長編》卷 7，轉印自謝本書《龍雲傳》第 102 頁，四川民族出版社 1988 年版。

在礦業方面，雲南的錫礦生產與經營在整個經濟和出口貿易中都佔有很重要的地位，此事幾乎是繆雲臺一手操辦的。當時還任農礦廳廳長的繆雲臺經多方介紹聘請了已退休的原新加坡煉錫工廠主任亞遲迪克，並接受他的建議在個舊原德制煉廠基礎上籌建了新的煉錫公司。1933 年初，新煉錫廠正式投產，年產可達 2000 噸，錫條純度可達 99.75%，完全合乎國際市場標準。自此，雲錫不再運往香港賣給廣商，而是直接售往倫敦市場。雲錫出口額 1924 年是國幣 1400 萬元，到 1937 年增長到 2900 萬元。〔註 52〕

繆雲臺不僅掌管煉錫廠、富滇新銀行，而且還成立了「雲南省經濟委員會」，並在經濟委員會和富滇新銀行的合作下發展了各類企業。如 1936 年成立雲南紡織廠資本國幣 120 萬元，一定程度上抵制了棉紗面布的進口；同年設立了開蒙墾殖局，資本 2100 萬元，興修水利、排澇除旱，開墾的總面積為 37.5 萬畝；還興修水利，設立了馬料河水利工程處、昆明地區農田水利工程處、賓祥水利監督署、彌祿水利監督署等，灌溉面積達 25 萬畝，總投資為國幣 3800 萬元，幾乎占雲南總投資規劃的 10%。雲南省經濟委員會下屬企業達到 38 個，對雲南的經濟和財政收入產生了積極的影響，1936 年地方企業收入僅占全省預算之 3%，而 1937 年已經上昇到 35%，此後工廠礦業方面的財政收入超過了鴉片，經濟結構有較大的改善。〔註 53〕

再來看看教育、文化方面。龍雲在 1927 年主持滇政，當時雲南的教育已經十分落後，但龍雲作為軍閥，其切身利益主要在軍事、財政方面，所以教育文化建設方面著墨不多。常年出任教育廳廳長的龔自知曾說龍雲對教育有三不管：不管經費、不管人事、不管成績。〔註 54〕不過，1928 年雲南的教育經費還是有了獨立專款。起初，36 萬元的老滇票僅夠省教育系統的日常開支，後來到 1929 年實收老滇票 81 萬元，再到 1935 年實收國幣 96 萬餘元。教育專款不但支配上可以靈活運用，而且後來的款項有較大節餘，對雲南教育發展有一定的積極作用。可惜，1941 年當戰爭相持、經費奇缺之時，教育專款又被取消。龍雲在教育上除了意識形態方面注重培養以護國起義為代表的雲南愛國主義傳統之外，還要求中等以上學校實施軍訓，作為講武堂的後

〔註 52〕繆雲臺：《繆雲臺回憶錄》，中國文史出版社，1991 年，第 38～41 頁。
〔註 53〕文思主編：《我所知道的龍雲》，中國文史出版社，2004 年，第 89～90 頁。
〔註 54〕龔自知：《抗日戰爭前龍雲在雲南的統治概述》，《雲南文史資料選輯第 3 輯》，雲南文史資料研究委員會，1963 年，第 48～49 頁。

備隊。1935 年，龍雲還用盈餘的教育專款在昆明大西門外籌建了一個比較集中的學校區，新建了農、工、中、師四個校舍。他還在昆明北門街創辦私立南菁中學，校長人選由龍雲直接聘用，經費也由龍雲直接劃撥，但該學校培養的多位雲南上層人物的子弟。此外，龍雲對教育的貢獻，還體現在改組和支持雲南大學的發展上。雲南大學前身為「雲南省立東陸大學」，經過多年建設到 1936 年雲南省的財政、經濟都有很大好轉之時，龍雲決定扶持雲南大學。經多人介紹，1936 年龍雲向國民政府推舉雲南彌勒人、著名數學家熊慶來擔任雲南大學校長，1937 年 7 月熊慶來到昆明就任。自 1938 起，雲南大學改為國立，經費方面原本商定中央、雲南各出一半，由於國內戰爭緊張，中央政府實際只撥給了雲大四分之一的經費，雲南省政府卻在當年就如數撥付了經費。龍雲除了關照省財政如數撥給辦學經費外，自己還號召社會各界支持雲大辦學。不僅如此，龍雲自己還掏腰包，支持雲大的發展。據統計，自 1938 年至 1945 年，龍雲年年對雲大都有捐贈，少則幾萬，多則幾十萬。龍雲的夫人顧映秋，也給雲大捐資建蓋了一幢女生宿舍，即映秋院。〔註 55〕難怪抗戰時期，曾造訪西南聯大的費正清回憶說，當時雲南大學的經費和教授待遇比西南聯大還要好。〔註 56〕

　　交通方面必須提到的是滇緬公路的建設。滇緬公路全長 1146 公里，境內長度為 959.4 公里，滇緬公路的修建，資金上幾乎全部來自雲南一省之財政，而動用的人力有 20 餘萬眾。戰時的滇緬公路是唯一一條與國際接通的交通要道，抗戰期間美國援助的軍用物資大多從滇緬公路運抵昆明，在戰略和軍事上起到了至關重要的作用。

　　值得一提還有龍雲在雲南辦理的積穀事業。早在 1931 年「九一八」事變之後，龍雲就預料到中日之間會有大戰爆發，到時糧食問題就會極為重要，雲南省的糧食必須能夠自給才行，於是著手辦理全省的積穀。到 1937 年，全省已經有積穀 200 多萬京石（一京石合 104 斤）。〔註 57〕抗戰爆發後，雲南是大後方，遷入人口越來越多。1942 年以後，駐紮雲南的中國軍隊 70 多萬人，美軍 2 萬多人，再加上內遷的知識分子、學校師生、機關工廠以及難民，估

〔註 55〕甘雨：《龍雲與熊慶來》，《昭通日報》，2005 年 6 月 26 日。
〔註 56〕費正清：《中國之行》，北京：新華出版社，1988 年，第 35 頁。
〔註 57〕參見《雲南行政紀實》第 4 冊第 1 編：《民政・倉儲》，喻宗澤等編纂，雲南省政府，1943 年。

計新增人口達 100 萬人。抗戰大多時候糧食進口得到封鎖，因而在保證糧食的最低供應方面，積穀的重要性是顯而易見的。

總之，龍雲在雲南推行的地方建設，正像某些研究者所說的那樣：

> 實際上，如果按照那個時代的標準來看，龍雲還算是一個克己奉公、進步廉潔的地方軍閥。他雖沒能締造一個繁榮昌盛的雲南，但還是肅清了長期侵擾民生的匪患。……從 1936 年到 1937 年，雲南省政府的財政收入，已經主要來自於礦山工廠，而不是鴉片。除了現代化的企業外，龍雲還對城市環境和公共衛生事業頗有建樹。他在這方面獲得了名副其實的榮譽。因此，在鄰省四川，軍閥的橫征暴斂駭人聽聞，在雲南則鮮有所見。龍雲似乎贏得了他的大多數臣民的擁戴。〔註58〕

三、四川省地方「軍紳」建設

廣西、雲南的地方建設之所以頗有成效，最重要的前提就是新桂系、滇系軍閥基本上完成了省內的統一，儘管被陳獨秀稱之為「反革命的統一」，但是他也承認這種統一也是有價值的。新桂系和滇系軍閥一方面出於鞏固自己的考慮，另一方面也有建設地方的意願，其實兩者並不衝突，甚至建設好地方才能真正有效的鞏固自己，所以他們在主持政局的時候都率先花大力氣消除省內橫行多年、為老百姓深惡痛絕的匪患，此舉就足以使他們贏得民眾相當程度的擁戴了。而四川的情形有所不同，自 1918 年熊克武任四川督軍之後，駐紮四川的川客各軍開始截留地方稅收以自給，形成了四川延續十多年的防區制。至 1927 年，北伐武裝力量，長驅北上，先後任楊森為第二十軍軍長、劉湘為第二十一軍軍長、賴心輝為第二十二軍軍長、劉成勳為第二十三軍軍長、劉文輝為第二十四軍軍長、鄧錫侯為第二十八軍軍長、田頌堯為第二十九軍軍長。從那時起，四川的防區制更具體化了。各軍閥軍隊在各自防區內軍事指揮、人員任命、財政稅收等幾乎完全獨立，各霸一方、專橫獨斷，而軍隊控制區域，即是他們籌糧籌餉擴充實力的根據地，防區越大，餉源越豐。成都、重慶更是其必爭的據點，因為誰的力量能控制重慶，誰即管制了四川門戶，扼制各軍運輸；誰的力量能控制成都，誰就能把持四川政權，支配兵

〔註58〕〔美〕易勞逸：《毀滅的種子——戰爭與革命中的國民黨中國（1937～1949）》，南京：江蘇人民出版社，2009 年，第 4 頁。

（工）造（幣）兩廠。〔註59〕一般認爲，1935 年劉湘統一四川標誌著四川防
區制的結束，但實際上從現存的資料上看，結束得很不徹底，根本原因是各
派軍閥的軍隊並沒有消滅，有的還有所增強。因此，四川在政局上的這種動
蕩局面很不利於大規模的地方建設，這就造成了四川地方建設的成績比廣
西、雲南都要差。防區時代，實力雄厚的劉湘在川東地區也進行了一些局部
的建設，但眞正全省範圍的建設始於 1935 年劉湘統一四川，但 1937 年抗戰
爆發、1938 年劉湘病逝都極大地局限了這些建設的成就。但四川地方建設的
特色之處不在於軍閥，而在於地方上的一些開明紳士，如盧作孚、盧子英兄
弟對重慶北碚的建設。下面介紹詳細情形。

　　先來看劉湘在教育方面的一些貢獻。劉湘整頓教育早在防區時代已經開
始，最先便是改組川東師範，1932 年，他委託甘繼鏞辦理此事。甘繼鏞成立
校董會，併兼任川東師範校長，改組了學校管理層，校內實際事務由教務長
張德敷總攬。爲使學校得到進一步發展，校董會決定出賣舊校舍，另在兩路
口石馬崗購買大片天地修建新校舍。經費方面，舊校舍出賣之資在購買新校
址之後所剩無幾，故建校資金由甘繼鏞設法，除私人出資外，也以甘繼鏞的
名義向重慶商業界籌集。自此，川東師範由一個破爛不堪、經費短缺的學校
一下成爲重慶設備比較完善，學舍比較壯觀的花園學堂。甘繼鏞還大力整頓
學校內部，健全規章制度，提高教師待遇，多方聘請名師，提高教學質量。
川東師範的經費，除去由川東 36 縣按公費名額解款和甘繼鏞設法勸募外，沒
有固定來源，後來政務處經過調整，從各縣屠宰稅中每隻豬附徵一角，作爲
川東師範的固定經費。〔註60〕

　　此外，劉湘還改組了重慶大學。重慶大學原是一所私立學校，劉湘想將
其辦成一所正規大學，仍然由甘繼鏞執掌的政務處辦理改組。政務處接手後，
決定聘請四川廣安人，曾任南京大學、中央大學等高校教授，時任安徽大學
校長的何魯返川主持。劉湘親自電邀何魯，並邀段調元、郭堅白、李乃堯等
人聯袂而來。何魯回到重慶，由政務處正式成立建校委員會，在沙坪壩興建
新校舍經費由財務處劃撥。爲便於建校工作的進行，劉湘親任校長，後來聘

〔註59〕陳書農：《四川軍閥混戰與防區制》，《四川文史資料選輯第 43 輯》，成都：四
　　　　川人民出版社，1995 年，第 187 頁。
〔註60〕聶榮藻：《劉湘防區時代的重慶教育》，《重慶文史資料選輯第 22 輯》，中國人
　　　　民政治協商會議四川省重慶市委員會文史資料研究委員會，1984 年，第 76～
　　　　78 頁。

請胡庶華繼續主持校務。1934 年，新校舍完成一部分後，學校陸續遷往新校舍上課。重慶大學改爲公立以後，經費來源穩定，加上新校舍的落成，規模擴大、設備齊全，聘請了不少有名教師，在理工科方面收得的成績突出，逐步成爲西南地區的重點大學。〔註61〕

再者，國立成都大學也是在劉湘的積極支持幫助下得以建立成長。校長張瀾是劉湘提出的人選；學校經費來源也是劉湘出面解決，以四川善後督辦名義，指定在各軍公得的鹽稅盈餘項下攤撥；該校在辦理過程中遇到的重大困難，均賴劉湘扶持匡助。在軍閥爭戰，文化教育橫遭破壞的年代，成大竟一枝獨秀，迅速發展爲四川乃至西南的重要學府，並成爲培養川康革命力量的基地，若非有劉湘的庇護，萬難做到。〔註62〕

劉湘在四川的地方建設和晏陽初等人領導的鄉村建設運動也有一些關係。起因是 1935 年中日局勢日趨緊迫，四川作爲大後方根據地，地方建設有重要戰略地位，再加上劉湘剛統一四川，百廢待興，缺乏地方建設的人才及經驗，故 1935 年秋，國民政府和劉湘均多次電請晏陽初等人協助四川的建設工作。劉湘的邀請有爲私、爲公兩方面，但從當時的局勢看，四川建設舉足輕重，且劉湘頗具誠意、極富熱忱，於是晏陽初和他領導的「平教總會」構想了最初的計劃。以一省爲實驗單位對「平教總會」而言也是較新的嘗試，主要有全盤計劃、忠實執行和訓練、培養人才三方面內涵。爲此，省府應設立一「設計委員會」，由省政府與「平教總會」代表共同組成，作爲主持全省建設工作的一切設計，並監督執行。1936 年春，晏陽初、陳志潛等赴成都作進一步協商。晏陽初在四川會見各界領袖及學生，當時四川剛剛統一，氣象頗新，給了他很大的鼓舞；時任省府秘書長鄧漢祥及各廳長與晏陽初詳細會談，均十分圓滿，並且臥病在床的劉湘也親自與晏會談，完全贊成他的各項計劃，態度之誠懇、情緒之熱烈，使晏十分感動。劉湘擔任「設計委員會」委員長，勸服晏擔任副委員長並實際主持一切，並希望晏陽初推舉省教育廳廳長人選。晏陽初、傅葆琛等成立了四川省政府調查團，組織了全省範圍的

〔註61〕 聶榮藻：《劉湘防區時代的重慶教育》，《重慶文史資料選輯第 22 輯》，中國人民政治協商會議四川省重慶市委員會文史資料研究委員會，1984 年，第 80～81 頁；以及《大邑文史資料選輯第 1 輯‧劉湘專輯》，政協大邑縣委員會文史委，1993 年，第 7 頁。

〔註62〕 《大邑文史資料選輯第 1 輯‧劉湘專輯》，政協大邑縣委員會文史委，1993 年，第 7 頁。

社會調查，選定新都縣爲實驗縣，進行了整頓公安、清丈土地、調整鄉保學校區計劃、衛生保健、農產品改良等建設項目，取得了一定成效。但四川的地方哥老會及土豪劣紳勢力太大，加上劉湘病逝造成的政局動蕩，使得 1939 年以後的改革難有進一步發展。〔註63〕

劉湘統一川政之後，任用的兩屆建設廳廳長盧作孚、何北衡在任之時不同程度地制定、推行了一系列的改革和建設，頗有成效。1935 年 2 月劉湘即在重慶成立四川省政府，建設廳廳長郭昌明係軍人出身，在建設上基本外行，再加上缺乏建設經費，沒有技術專家等原因，自知難以勝任，萌生去志。1935 年 11 月，劉湘保薦盧作孚任建設廳廳長，盧作孚以辦教育、搞建設聞名，是一個埋頭苦幹的實業家，他在劉湘二十一軍防區內開辦川江航運，成立川江航務管理處，並以辦民生實業公司、三峽實驗區、西部科學院等企事業爲國人所稱讚。然時過月餘，盧仍未到任，原因是當時四川全省的收入維持軍政費開支尚且不敷，建設經費實無所出，而南京國民政府又不能撥款幫助，更兼待遇微薄，省外技術專家不肯前來。經各方催促，盧乃薦何迺仁爲主任秘書代行廳務，本人即赴南京上海一帶，籌措建設經費並延聘技術專家。此行得南京行政院允許四川發行建設公債 3000 萬元，邀請的技術專家也陸續到川，盧作孚才回到成都正式就任。盧作孚對四川建設的一些主要措施和規劃有：1、接收四川公路局，統一全省公路事權；2、成立四川水利局，對都江堰進行大修，……自盧作孚大修都江堰後……灌漑區除舊有縣份外，還新擴大了十餘縣；3、改進全省農林事業及興辦畜牧獸醫事業〔註64〕；4、訓練全省各縣農林技術及農業推廣人員；5、設立四川氣象局；6、設立「四川省度量衡檢定所」及「四川省度量衡器製造廠」；7、調查勘測全省地質；8、管理商營汽車，保證行車安全。1937 年下半年，盧作孚辭職，何北衡繼任建設廳廳長，對盧任內已辦待辦的一切事業，繼續鞏固發展，亦做了不少事情：1、統一事權，合片農林事業單位；2、成立「四川省合作事業管理處」；3、成立「四川省電信管理局」及「四川省無線電總臺」；4、成立「四川省礦務處」；5、成立「四川絲業公司」；6、設立「四川省建設廳問詢處」；7、開辦「旅居

〔註63〕吳相湘：《晏陽初傳》，長沙：嶽麓書社，2001 年，第 283～285、297～308 頁。

〔註64〕將農事試驗場改爲四川林場；設立「稻麥改進所」；設立「四川家畜保育所」及「血清廠」；設立「四川棉業改良站」、「蠶絲改良場」、「四川園藝改良場」等。

指導所」。由於盧、何二人比起當時的一般官僚政客能夠潔身自好，事業心較強，所以建設的成效還是較為明顯的。〔註65〕

　　重慶北碚對於抗戰時期的遷入四川的文化人而言，是一個特殊的地方。抗戰時期，北碚是遷建區之一，國民黨中央黨政機關，中央科學文化機構，大專院校和社會團體遷來北碚 100 有餘；有許多的全國性學術會在此召開；曾經到北碚小住或長期寓居的各界入士不下 3000 人，其中有很多是進步人士和共產黨人。其中許多進步文化人都遷到北碚定居生活，或教書，或寫作，或研究科學。郭沫若、陶行知、梁漱溟，張志讓、老舍、洪深、侯外廬、翁伯贊、賀綠汀、馬宗融、晏陽初等知名人士，雖然他們在北碚居住時間長短不一，但都平安地居住到抗日戰爭勝利後，才分別回到各自的工作單位去，有的一直住到解放。如梁漱溟抗戰勝利後先去南京，後又返回北碚。〔註66〕

　　北碚的建設是與兩個人的名字緊密相連的，即著名愛國實業家盧作孚和其弟盧子英，如果說盧作孚是北碚建設的開拓者，而盧子英當之無愧是北碚的奠基人。盧作孚為北碚所設計的藍圖，大都是通過盧子英之手來實現的。幾十年，他們兄弟對北碚人民的貢獻，有口皆碑。有詩人吟詩讚譽他們昆季：「兄為人望弟為英」。盧子英在北碚一住 23 載，歷任峽防局常練大隊隊附、學生隊隊長、峽防局督練長、嘉陵江三峽鄉村建設實驗區區長、北碚管理局局長，直到 1949 年解放，把一個土匪嘯聚的地瘠民貧地帶，建設成了舉世聞名的模範區。政績輝煌，碩果累累，世人稱頌。〔註67〕

　　盧作孚是一個富有儒者氣質的現代儒商，他是靠興辦民生公司起家的，但他不把自己的理想局限在具體的實業上，而是把理想放在為國家民族尋找現代化道路之上，實業只是改變人的生活方式的實驗。〔註68〕盧作孚曾說自己是一個辦教育的，雖在興辦實業，但實際上也等於是在辦教育。〔註69〕也

〔註65〕易善初：《盧作孚、何伯衡任四川建設廳長時的一些建樹》，《四川文史資料選輯第 35 輯》，成都：四川人民出版社，1985 年，第 78～87 頁。

〔註66〕參見李萱華的《盧子英與北碚》第 87～88 頁，和左明德的《懷念盧子英》第 100 頁。出自重慶文史資料選輯第 42 輯。

〔註67〕李萱華：《盧子英與北碚》，《重慶文史資料選輯第 42 輯》，重慶：西南師範大學出版社，1994 年，第 80 頁。

〔註68〕朱宗震：《黃炎培與中國近代儒商》，桂林：廣西師大出版社，2007 年，第 81 頁。

〔註69〕盧作孚：《如何改革小學教育》，凌耀倫、熊甫編：《盧作孚文集》，北京：北京大學出版社，2004 年，第 640 頁。

就是說，他真正重視的是對人的從觀念到行為的教育、訓練和改變。通過人的改變和「集團生活」的實驗完成整個社會從觀念、秩序到生活方式的現代性轉變。盧作孚不認為西方的資本主義的道路是一種理想的模板，而是一直在追求一種現代的「集團生活」，在這個新的集團組織中，「新的相互依賴關係，不是家庭，不是親戚鄰里朋友，不是中國人一向的集團組織和相互依賴關係，而是重新創造的，而是要訓練人重新創造的」〔註70〕。也就是說，盧作孚認為，中國人缺乏「集團生活」的訓練是因為他們走不出「家」的觀念，而中國傳統儒家治國的精要正是「家－天下」的模式。所以，北碚的地方建設正是建立在這種現代的「集團生活」的構想之上。實驗區的設計者和創業者至少從 1927 年始的峽防局時期地方當局就從各個方面為此努力。首先，峽局機關就是一個集團生活的典範，職員們以服務地方為第一要義，過著嚴格自律的半軍事化生活；其次，他們「忠實地做事，誠懇地對人」，努力創設一個嶄新的北碚文化生活空間，吸引市街和四鄉平民過具有現代意義的「集團生活」；第三，大辦實業，提供機會，將平民納入北碚現代化的「集團生活」中來，「打破苟安的現局，建設理想的社會」；第四，通過《嘉陵江日報》、《北碚月刊》等反映實驗區事業進展和文化變遷的本土媒介傳播新思想、新觀念，介紹世界新局勢，培養和鞏固峽區人「集團生活」的理念。一句話，北碚實驗乃至於盧氏其他實驗的根本目的在於實現一種建立在物質現代化基礎上的現代文化理想。〔註71〕

因此，盧作孚、盧子英兄弟對北碚的建設一開始就有較為全面的規劃，開創了中國近代城市建設的一種新的模式，被有些研究者稱為「北碚模式」。北碚模式建設的目標是「一個大眾公共享受的城市」，具體的實施是以「社會動員」的方式為其特色。主要從兩方面展開：第一是吸引新的經濟事業。相繼投資和參與興辦北川鐵路公司、天府煤礦公司、三峽染織廠，促成洪濟造冰廠利用水力；第二是創造文化事業和社會公共事業。創辦地方醫院、圖書館、公共運動場、平民公園、嘉陵江日報館、中國西部科學院、兼善中學及其附屬小學校、各類民眾學校等。〔註72〕

〔註70〕盧作孚：《建設中國的困難及其必循的道路》，凌耀倫、熊甫編：《盧作孚文集》，北京：北京大學出版社，2004，第 326 頁。

〔註71〕陳剛：《北碚文化圈與 1940 年代文學》（吉林大學 2005 年中國現當代文學博士論文），第 48～49 頁。

〔註72〕張瑾：《盧作孚北碚模式與 20 世紀二三十年代重慶城市變遷》，《中國社會歷

盧作孚在北碚舉辦的學生隊、少年義勇隊、警察學生隊，以及為民生公司舉辦的護航隊、茶房、水手、理貨生等訓練班多期，人數近千人，由盧子英負責培訓。其中1927年創辦學生隊，目的在於訓練青年學生，培養鄉村建設方面的人才，22歲的盧子英即任學生隊隊附。他精明幹練，克己奉公，處處以盧作孚為榜樣，以身作則，身體力行。〔註73〕為進一步擴大教育、宣傳的效果，他們還積極學習陶行知的「小先生制」。1934年，盧子英隨盧作孚到上海時認識了陶行知，對其創造的「小先生制」，特別感興趣。盧氏弟兄回碚後，於一九三六年即在北碚推行陶先生創導的「小先生制」；1937年又按陶先生提倡的「即知即傳，反對守知奴」的精神，廣泛開展了民教運動。到1939年，「小先生」已發展到1000多人，傳習學友3000多人。〔註74〕

民國的鄉村建設，解決當地的匪患一直是一大難題，盧作孚、盧子英兄弟在建設北碚是也面臨猖獗盜匪、出沒無常的局面。1933年，峽防局軍事股改為督練部，二十七軍川康團務委員會委任盧子英為峽防局督練長，代行局長職權，主持日常事務。從這時起，幾乎所有的實際工作均落在盧子英頭上。隨後峽防局所屬三個特務隊，改為四川省第三區保安第一獨立大隊，盧子英任大隊長。峽區匪患經過峽防局8年清剿，在峽區48場及周圍12縣，出擊100餘次，峽區內的土匪已基本肅清。但轄區周邊的土匪仍舊猖獗，盧子英在推進鄉村建設的同時，仍舊不遺餘力的清剿臨近地區的匪患。1936年到1937年多次出擊，擊斃下屬匪眾千餘人的廣安高場店總管事朱斌。對剩餘匪徒，採用剿撫兼施的策略，一面清剿、一面給予土匪改過自新的機會，最後匪首周澄清投誠自新，而內外管事鄧美耀、鄧康林二人均被擊斃。〔註75〕

市政改造方面，為改造北碚舊街，請來了丹麥工程師守爾慈，對街道進行測量勘察，繪製藍圖，逐一修整改建。1933年，盧作孚發動市民挖填繞場大洪溝，堵絕嘉陵江漲水時洪水倒灌，解除市民水患之憂。盧子英具體領導和指揮了這項工程，放地126.23畝，作為新村範圍，同時加速對舊場改造，將大街小巷統一劃割成塊型，加寬街道，縱橫交錯，四通八達。如遇空襲，

史評論》，2005年第00期，第10頁。

〔註73〕李萱華：《盧子英與北碚》，《重慶文史資料選輯第42輯》，重慶：西南師範大學出版社，1994年，第81頁。

〔註74〕華弦：《陶行知在北碚》，《重慶文史資料選輯第29輯》，中國人民政治協商會議四川省重慶市委員會文史資料研究委員會，1988年，第137頁。

〔註75〕李萱華：《盧子英與北碚》，《重慶文史資料選輯第42輯》，重慶：西南師範大學出版社，1994年，第80～83頁。

便於疏散，如遭轟炸燃燒不至全場漫延，且易救火。〔註 76〕群眾性體育活動方面，1928 年建立了北碚民眾體育場，面積 13952 平方米，有足球場一個，籃球場一個，器械場一個，還有沙坑。以後又擴建了一個籃球場，兩個網球場。此外北碚還注重綠化建設，郁郁蔥蔥的楊槐、傘狀的法國梧桐、以及隨風飄揚的楊柳成為北碚城的重要標誌。〔註 77〕

第二節　「軍紳」意識形態的「八面玲瓏」與文人的活動空間

　　蔣介石和當時的地方軍閥（實際上是國民黨新軍閥）與此前的北洋軍閥相比有所變化：一方面，他們至少在紙面上，是有自己的一套統治理念，也可以說是意識形態。另一方面，蔣介石和地方軍閥的政權在性質上仍然是「軍紳」政權，這個特徵再加上他們共同高舉的「三民主義」理論自身的鬆散性，決定了他們在意識形態建設方面並沒有達到真正的「信仰」的高度，而仍然只是軍事的附庸。〔註 78〕嚴格的意識形態對他們而言，並非能得到真正的重視，他們的意識形態是一種相當鬆散、雜亂，遠非嚴格意義上的（那種意識形態）的存在物，很大程度上只是一個漂亮的招牌，要麼為了在政治上贏得有利地位，要麼通過宣傳樹立自身的良好形象。所以他們的意識形態有著特有的「散漫」性、雜亂性，是多種意願的雜處與糅合，並且隨著具體形勢的變化而不斷調整。但總的來說，這種鬆散、零亂的意識形態還是有許多可供大後方文學運動的組織者、參與者們找到可鑽的空隙，有時甚至會搭建他們活動的平臺。

一、地方「軍紳」政權戰時「八面玲瓏」的實用型意識形態

　　地方軍閥在意識形態上呈現為一種優先保存自身的、實用型、混合型特徵，包含著封建割據、地方主義、愛國主義等多種意願形態。隨著抗戰中發

〔註76〕 李萱華：《盧子英與北碚》，《重慶文史資料選輯第 42 輯》，重慶：西南師範大學出版社，1994 年，第 84～85 頁。
〔註77〕 張瑾：《盧作孚北碚模式與 20 世紀二三十年代重慶城市變遷》，《中國社會歷史評論》，2005 年第 00 期，第 12 頁。
〔註78〕 比如，中共的意識形態的核心地位表現之一就是「黨指揮槍」，而無論地方軍閥還是國民黨中央基本上還是「武力至上」。

生的新變化，又在蔣介石中央政府、知識分子（包括進步文化人、民主人士）、共產黨勢力三方的鬥爭、聯合中轉換為一種「八面玲瓏」的意識形態策略。

　　地方「軍紳」政權的混合型地方主義意識形態形成的起因可以從他們的兩種意願談起：一是「為己」的一面，即保存自身的首要地位，既排斥中央政府又防範共產黨；二是「為人」的方面，表現為地方主義、愛國主義等因素，這一點也是不可否認，甚至是不可或缺的。因為這兩方面的意願，不僅並不矛盾，而且還相輔相成。地方軍閥要想真正的保存自身，僅憑一小撮老式「軍紳」集團是不夠的。因為民國以來演變而成的老式「軍紳」政權總體的趨勢是站在了民眾的對立面，自上而下的控制與壓迫，日益沉重的、漫無節制的剝削毀掉了許多底層民眾的生活，產生了眾多的流民階層，使他們處於一種暴動或暴動邊緣的狀態，這也就是民國匪患難以解決的最重要原因。說到底，要消除匪患最重要的不是單純的軍事武裝清剿，而是發展生產、改善或降低政府行政上的「內卷化」程度，使得民眾有最低的生活保障。前者治標，而後者才治本，地方各省「軍紳」政權的主要貢獻實際就在於這些方面：一方面剿撫兼施消除匪患，加強治安防範，安定社會秩序；另一方面，大搞地方建設，發展生產，不同程度地改善民眾生活，斷絕或減少作為土匪主要來源的破產流民階層。做到了這些，就會很大程度上獲得地方民眾的擁戴，不但使自己的財力、軍力大大提升，還會獲得民心及民眾的支持——這才是保存自身的最有效方式。而這些正是抗戰之前，諸多地方「軍紳」集團的普遍做法。

　　抗戰的爆發，帶來了新變化、新形勢。一方面，抗戰中作為弱勢一方的中國客觀上需要全面集中自己的人力、物力、財力（實際上在各方面都是分裂的）奮起抵抗，這就為蔣介石中央政府的勢力侵入地方各省提供了極為有利的條件，地方軍閥再也不能像戰前那樣排斥蔣氏政權保持自己獨立、半獨立的「王國」，因為中央的許多措施在戰時就有了順乎形勢、合乎民心的一面（當然也有「獨裁」、「黨化」、謀私利的另一面）。例如財政，戰前各地的貨幣都不統一。廣西有廣西銀行發行的省鈔（桂幣），雲南有富滇新銀行發行的新滇幣，四川防區時代的貨幣更是混亂，各防區間的貨幣都很難通用。這對於整個國家的財政金融統一極為不利，中央政府的政策是推行統一的貨幣——法幣。以廣西為例，1937 年 12 月，廣西就遵照財政部令整理桂鈔，

取消廣西銀行的發行權，改行法幣本位；〔註79〕再看雲南，龍雲雖然採取種種措施抵製法幣的進入，但從 1939 年起，法幣就從各個渠道流入，到 1942 年時，法幣就基本上支配了一切。〔註80〕軍事的方面，抗戰之後，各省軍閥紛紛派出部隊赴前線參戰，例如雲南一省出兵總額就達到 37 萬人，而四川出動的部隊及壯丁達到 300 多萬人。於是，對於各省軍閥而言，省內軍事力量削弱，而中央政府的軍隊則冠冕堂皇地進入各省駐紮。如從 1940 年初中央在雲南的第一個師獲准駐防，到 1941 年的後半年，中央軍已經遍佈整個雲南，再到 1943 年 3 月，中央軍與滇軍的比例爲四比一，〔註81〕外來駐軍高達 70 多萬人；而在廣西，戰前一向控制嚴密，蔣介石勢力都難以滲透的局面被打破，政治上、軍事上都一定程度地開了大門。夏衍有一段生動的回憶描述了當時桂林的「群雄割據」的狀況：

> 當時的桂林，在大後方被叫做「文化城」。由於那時的桂系在政治上還算比較開明，所以蔣介石的復興社，陳立夫、陳果夫兄弟的 CC，孫科的「太子派」，宋美齡的「夫人派」……當然還有堅持與中共合作的進步組織，都要在這個地方建立據點，於是有人說，當時的桂林（乃至廣西）是一個「群雄割據」的局面。白崇禧是行營主任，但是他下面也不是清一色的桂系，例如行營政治部主任就是孫科系統一個頗有野心和善於權術的梁寒操。在文化方面，有兩個不由桂系控制的機構，一是中央社廣西分社，社長陳純粹；二是新聞檢查所，所長是一個姓周的前西北聯大教授，自稱和魯迅先生是「近親」的紹興人。這兩個機構及其負責人，都是由 CC 控制的，對《救亡日報》當然負有監視的任務。在報紙方面，當時除桂系的《廣西日報》、「中立」的《大公報》之外，還有一張國民黨軍委會直屬的以反共著名的《掃蕩報》。〔註82〕

這些新形勢，造成了各省地方軍閥多年經營的大本營被侵蝕，造成了一些對

〔註79〕參見黃旭初的《民國三十年代的廣西金融》一文，《春秋》雜誌 1965 年總第 195 期。

〔註80〕〔美〕易勞逸《毀滅的種子——戰爭與革命中的國民黨中國（1937～1949）》，南京：江蘇人民出版社，2009 年，第 8～9 頁。

〔註81〕〔美〕易勞逸《毀滅的種子——戰爭與革命中的國民黨中國（1937～1949）》，南京：江蘇人民出版社，2009 年，第 13 頁。

〔註82〕夏衍：《懶尋舊夢錄》，北京：三聯書店，2000 年，第 290 頁。

軍閥而言威脅其存在的因素。但抗戰造成的新形勢也有另一個方面：日軍的侵略造成了大城市及沿海發達地區知識分子、文化機構、工廠設備、技術人員的內遷，給地方「軍紳」政權從事的地方建設帶來了極大的機遇，倘若利用得當，就會在自身已被削弱的形勢下，得到一定程度上地彌補。於是，地方「軍紳」政權在面對中央政府之時，有兩方面的新形勢。一方面，抗戰使得蔣介石中央政府有利於推行獨裁統治，造成地方軍閥戰前的「（半）獨立王國」的局面逐漸解體，財政上、軍事上都逐漸被侵蝕、滲透，不得不更加聽命於中央政府。比如桂林文化城在 1941 年皖南事變前後，隨著蔣介石發動第二次反共高潮，抗戰以來一直比較寬鬆的桂林形勢也急劇惡化，八路軍辦事處被迫封閉，《救亡日報》社、國際新聞社、生活書店、新知書店、讀書生活出版社等進步文化團體和一大批進步刊物先後被迫停辦，某些進步文化人士如夏衍、范長江等被迫離桂轉移到香港，留桂的進步人士則被迫隱蔽。〔註83〕但另一方面，面對中央政府，各地方軍閥要獨立對抗蔣介石政權則顯得勢單力薄，這促使他們聯合其他力量以自存。在「救亡」旗幟下集結的民眾、知識分子，甚至必要時候共產黨也都成了他們可以利用的力量。再者，地方軍閥沒有中央政府那樣的正統地位，卻也同時不用背負在造成國家諸多內憂外患方面的主要指責，這也使他們不像蔣介石中央政府那樣沒有退路。一來他們也曾獲得過所在省份多數民眾的擁戴（主要是新桂系和滇系），這一點也許比中央控制的多數省份還要成功；二來，抗戰期間無論知識分子還是普通民眾都希望爭取地方軍閥這股政治勢力參與抗戰，甚至他們也是共產黨積極統戰的對象。所以，軍閥的處境在抗戰之後有不利的一面，也有有利的一面，各省軍閥從自身的利益出發也都選擇了較為靈活的「八面玲瓏」的、總體上較為溫和的立場，在頑固的蔣介石政權、知識分子群體以及共產黨之間猶疑、觀望，時不時被迫採取一些不得不實行的做法，但很少不留後路。〔註84〕

　　抗戰時期一個較為奇特的現象是：在戰時需要集中力量，客觀形勢最利於蔣介石政權施行「獨裁」政治的時候，中國的民主運動也同時步入高潮。「自抗戰伊始，中國政壇上形成了在野的中國共產黨和『民主黨派』聯合起

〔註83〕楊益群、王斌、萬一知編：《桂林文化城概況》，南寧：廣西人民出版社，1986
　　　　年，第6～7頁。
〔註84〕即使 1941 年桂林的共產黨及進步勢力遭受壓制之時，也沒把事情做絕。

來向執政的國民黨爭取民主的格局。自由主義者滿懷豪情地爲政治民主化奔走呼號。」〔註85〕「民主」的旗幟，在當時的情境中，不但利於知識分子（及他們領導的「民主黨派」）和共產黨聯合對抗蔣介石的獨裁，而且也同樣利於各地方軍閥對中央的抗衡。於是，在面對知識分子之時，各地方軍閥表現出比戰前（搞地方建設時期）更爲開明的態度，這樣不僅能利用爲知識分子所獨有的智力資源加強地方建設，鞏固自存的資本，還能夠獲得輿論、道義上的支持，造成政治上的有利局面。在面對共產黨之時，地方軍閥往往一改往日反共的姿態，順應國共合作、團結抗戰的大形勢，對戰時與大多數知識分子聯合的共產黨勢力的進入也表示了一定的「歡迎」和容忍。這種態度的形成有他們顧全大局、愛國主義的一面，但更多也出於爲自身的考慮。所謂敵人的敵人便是朋友，他們注意到，「如果對國民黨的政治反對派予以庇護的話，那麼他們就能在政治上贏得主動權」〔註86〕。地方軍閥，雖然排斥中央和中共，但二者的分量和威脅是不同的，畢竟中央政府才是地方軍閥最直接、最兇狠的對手。並且共產黨高舉著同等重要的「抗日」、「民主」兩面旗幟向國民黨爭取生存與發展權利的這種做法〔註87〕，是值得地方軍閥們傚仿的。

這一點上表現極爲典型的是在「二劉」大戰中敗北，退居西康的劉文輝。抗戰軍興，蔣介石無力西顧，亦不敢在大後方對川康部隊施加武力。劉文輝便提出「以政掩軍，以軍護政」的方針，採取「政治上半開門，經濟上開門，軍事上關門」的辦法來自重和圖存。劉文輝所謂「軍事上關門」，是阻止任何軍隊進入西康，同時對自己軍隊和地方部隊的幹部絕不容外人插手。所謂「經濟上開門」，就是允許一切工商業和生產經營自由進入，以繁榮西康。而所謂「政治上半開門」，便是一方面是廣交主張民主、反對獨裁的政治團體和進步人士；一方面則嚴防中統、軍統及類似的特務組織和人物對西康的滲透破壞，但也派人滲入這些組織，對他們進行反收買。〔註88〕

〔註85〕 馮崇義：《國魂，在苦難中掙扎——抗戰時期的中國文化》，桂林：廣西師範大學出版社，1995 年，第 73 頁。

〔註86〕 〔美〕易勞逸《毀滅的種子——戰爭與革命中的國民黨中國（1937～1949）》，南京：江蘇人民出版社，2009 年，第 14 頁。

〔註87〕 馮崇義：《國魂，在苦難中掙扎——抗戰時期的中國文化》，桂林：廣西師範大學出版社，1995 年，第 71 頁。

〔註88〕 朱戒吾：《從軍閥轉向人民的劉文輝》，《成都文史資料選輯第 18 輯》，中國人民政治協商會議四川省成都市委員會文史資料研究委員會，1988 年，第 24 頁。

　　又如在雲南，龍雲與「中國民主同盟」之間的關係就很典型的反映了其對於民主運動浪潮和知識分子的態度。1941 年民主同盟成立後，1942 年擔任民盟中央常委、宣傳部長的羅隆基便來到雲南發展地方組織。羅隆基早年在《新月》雜誌上便屢屢撰文抨擊蔣介石的國民政府，引來蔣的忌恨，不但曾被捕入獄還遭受過特務的暗殺。但羅隆基卻在抗戰期間繼續批評國民黨中央政府，使得中央政府在 1941 年下令解除羅隆基的西南聯大教授以及國民參政會會員的職務。羅來到昆明後，積極發展雲南民盟組織，其規模迅速壯大，且成員多為當時的高級知識分子。1943 年 5 月成立了民盟第一個地方組織——昆明支部，1944 年 10 月 1 日召開昆明支部全體盟員大會，當時已有盟員近200 人，多數為教育界人士，內有不少教授、學者，並且還有一些名教授、名學者。大會選舉羅隆基、潘光旦、周新民、潘大逵、李公樸、聞一多、楚圖南、吳晗、費孝通為委員，這些均是西南聯大和雲南大學的名教授。羅隆基任主任委員，周新民任組織委員，潘大逵任宣傳委員，吳晗任青年委員。並於 12 月，創辦了民盟雲南省支部的機關刊物——《民主周刊》。在 1944 年，當國民黨政府堅持要把羅隆基驅逐出雲南時，龍雲一口回絕，並不軟不硬地回答說他會嚴密監視羅隆基。甚至，1944 年底，龍雲還秘密加入了民盟，雖然不參加公開活動，但他在經費上給予民盟以很大的支持，並保障民盟盟員以及雲南人民的民主自由的權利，提倡言論、出版自由和遊行、示威的權力。〔註 89〕此外，知識分子和青年學生在雲南的抗日救亡運動、文藝宣傳活動普遍受到了龍雲的寬容。正如國外研究者指出的，作為知識分子言論陣地的報紙雜誌在雲南有相當大的發言權，包括許多西南聯大師生主辦的《學生報》、《民主周刊》等；這些東西若放在重慶或西安，即使它們的政治評論客觀、公道、不露鋒芒，也休想活過一周；甚至，省府官辦的《雲南日報》有時也對中央政府的政策予以辛辣的抨擊。〔註 90〕

　　當時遷入昆明的西南聯大以及龍雲大力支持的國立雲南大學，聚集了一大批教授、學者以及優秀的青年知識分子，它們在抗戰中堅定地站在救亡、民主的陣線上，受到與蔣介石政權處於控制與反控制關係之中的龍雲的庇

〔註 89〕　參見〔美〕易勞逸《毀滅的種子——戰爭與革命中的國民黨中國（1937～1949）》第一章（江蘇人民出版社 2009 年版）；及張巨成、黃學昌的《龍雲與民盟關係論略》一文，《雲南學術探索》1995 年第 1 期。

〔註 90〕　〔美〕易勞逸：《毀滅的種子——戰爭與革命中的國民黨中國（1937～1949）》，南京：江蘇人民出版社，2009 年，第 15 頁。

護。何兆武在回憶錄中提到鄒承魯在回答記者提問——爲什麼當時條件非常差，西南聯大也不大，卻培養出那麼多的人才？——的時候，給出了兩個字：自由。而何兆武本人對此也深有同感，「那幾年生活最美好的就是自由，無論幹什麼都憑自己的興趣，看什麼、聽什麼、怎麼想，都沒有人干涉，更沒有思想教育。」〔註 91〕但事實上，抗戰時期國民黨中央出臺了多項政策加強思想控制。在教育上，於 1938 年 2 月頒佈《青年訓練大綱》，要求通過日常生活、學校教育來培養學生青年信仰三民主義、服從領袖；於 1939 年 9 月出臺《訓育綱要》，要求培養青年學生的實踐道德能力，包括好學、力行、知恥；還頒佈課程標準，實施教科書審查制度。〔註 92〕還有要求教育部門處級以上幹部必須加入國民黨等規定，不過這些措施在龍雲所控制的雲南，得到學校教授、學生們的一致抗議，沒能對學校原有的風格產生大的影響。所以在言論與行動上，他們一方面給上百名不同傾向、不同趣味的知名知識分子和當時最優秀的學生以自由活動的平臺，使他們通過結社、辦報、演講、集會等形式對時局和政府政策發表自己的看法；另一方面，學生們還成立各種社團，不僅在學校裏張貼壁報、開展活動，還走上街頭，走向農村，通過戲劇、話劇、歌詠等手段向民眾宣傳抗日與民主。

在廣西情況也是如此。時任廣西綏靖主任公署政治部少將主任、國防藝術社社長、樂群社董事長、廣西建設研究會研究員的程思遠，後來總結爲什麼抗戰時期的桂林會成爲繁榮一時的文化城：

> 除了軍事形勢以及歷史、地理等方面的原因之外，首先必須弄清桂林當時的政治環境。當時廣西的首腦人物跟蔣介石有矛盾，蔣的特務派不進來，跟重慶相比，桂林的政治氣候更適宜於文化人；其次，八路軍駐桂林辦事處以及當時不爲人知的地下共產黨人做了大量工作；再其次，當時上有白崇禧、李濟深（他們曾對旅桂文化人採取寬容、保護、支持的態度），中有李任仁、陳紹先、陳此生（他們是國民黨的左派愛國民主人士），下有歐陽（予倩）、夏（衍）公、田（漢）老、巴金、茅盾、范長江、王文彬等一大批文化界的精英。
> 〔註 93〕

〔註 91〕何兆武：《上學記》，北京：三聯書店，2006 年，第 96 頁。
〔註 92〕黃仁賢編著：《中國教育史》，福州：福建人民出版社，2003 年，第 419～424 頁。
〔註 93〕蔡定國：《程思遠談桂林文化城》，《文史春秋》1997 年第 3 期（總第 22 期），第 58 頁。

程思遠總結的這三個方面，總的來說的確是文化城得以形成的重要原因。關於李（宗仁）、白（崇禧）、黃（旭初）以及李濟深當時的開明態度方面，還有許多材料可以證明。如為使《救亡日報》能夠在桂林復刊，周恩來、郭沫若曾見過李宗仁、白崇禧，希望得到他們的協助，桂方不但表示「歡迎」，白崇禧還答應補助一筆經費作為開辦費用。社長夏衍後來回憶，在抗戰初期，和其他蔣管區比較起來，廣西不論在政治上、文化上，特別是對待愛國的知識分子和「救亡青年」，態度都是比較開明。桂系對當時政局保持這種「八面玲瓏」，以抗日、民主為口號的態度，所以《救亡日報》在桂林復刊的籌備工作儘管十分艱苦，總的說來還是比較順利。〔註94〕更有甚者，李宗仁還以「禮賢下士」的姿態，聘請知名教育家楊東蒓（中共秘密黨員）當了廣西建設幹部學校的教務長，雙方還訂了「君子協定」：這個學校的教育方針、用人行事，一律都由教務長決定。這樣，在我黨的支持下（為了加強這個學校，八路軍駐桂林辦事處還從《救亡日報》調去了周鋼鳴、司馬文森、蔡冷楓等同志到「幹校」去任教），這個被叫做大後方「抗大」的廣西幹校，就在這一段時期裏為桂系——也為各民主黨派培養了許多骨幹。〔註95〕李濟深雖然嚴格說不能算是新桂系核心人物，但他資歷很深、威望極高，向來為新桂系所尊重，且在 1940 年至 1943 年出任國民黨軍事委員會桂林辦公廳主任，所以在新桂系以及戰時的廣西有很大的影響。他與蔣介石矛盾極深且由來已久，為人思想較為開明，當時曾庇護過一大批進步文化人、民主人士甚至是共產黨員。比如，1940 年在桂林之時，掩護了一部分進步人士在桂林從事民主活動，馮玉祥辦的「三戶書店（圖書社）」，陶行知辦「生活教育社」〔註96〕，民主政團同盟在桂林的活動，都得到了李濟深的保護。〔註97〕

「皖南事變」爆發前後，當蔣介石掀起第二次反共高潮之時，全國的進步文化人士、民主人士都受到打壓，如夏衍為主編的《救亡日報》在桂林遭

〔註94〕夏衍：《懶尋舊夢錄》，北京：三聯書店，2000 年，第 287～289 頁。

〔註95〕夏衍：《懶尋舊夢錄》，北京：三聯書店，2000 年，第 293 頁。

〔註96〕此處原文為「育才學校」，疑誤。陶行知為使在抗戰中失去父母或家庭的難童能夠受到教育，於 1939 年 7 月 25 日在四川重慶附近的合川縣鳳凰山古聖寺創辦「育才學校」。他在桂林的活動主要與生活教育社有關：1938 年 10 月 19 日來到桂林，受聘為廣西省會戰時民眾教育指導委員會委員，並開始生活教育社的籌建工作，1938 年 12 月 15 日，「生活教育社」正式成立，社址在中山紀念學校內，陶行知當選為理事長。

〔註97〕姜平：《李濟深與國民黨革命委員會》，《重慶文史資料選輯第 26 輯》，中國人民政治協商會議四川省重慶市委員會文史資料研究委員會，1986 年，第 49 頁。

禁，鄒韜奮在大後方的所有生活書店都被蔣政府下令封閉，范長江所在的「國際新聞社」也難以維持，還有新知書店、讀書生活出版社及一大批進步刊物均是如此，於是文化人不得不紛紛離桂，大多撤往香港。不過即便如此，據現有資料顯示，與蔣介石的強行封閉、打擊迫害不同，新桂系對撤離桂林的許多文化界人士還是較為客氣的，總體的態度是：「限期關閉」、「以禮相待、送客出門」。如夏衍離桂便是黃旭初派人為其訂了到香港的機票〔註98〕。鄒韜奮和民主政團同盟中央常委梁漱溟在經由重慶秘密去香港時，被國民黨特務發現準備逮捕，在李濟深保護下送去香港。〔註99〕陽翰笙也曾得到過李濟深的幫助，他在回憶時說，「任潮先生（即李濟深）是我的救命恩人，要不是他，我就不可能有最近35年來的生命和工作。」甚至，當時桂林的八路軍辦事處撤離之時，李宗仁曾送來一封蓋有其司令部印鑒的介紹信，李濟深也大力協助。

> 曾通過愛國民主人士陳紹先到廣西省政府借汽車。把辦事處處長李克農同志從國民黨頑固派的包圍中營救出來，送上飛機安全脫險到達香港。李濟深還給桂林的大批文化界進步人士透露信息，提供簽發路條、資助路費和代購飛機票等各種幫助。使他們安全離開桂林。

> 太平洋戰爭爆發後，香港淪陷，大批原在香港從事進步文化工作的文化人逃到桂林，包括許多中共黨員、民主黨派成員和無黨派愛國人士，如：胡愈之、千家駒、茅盾、夏衍、范長江、李四光、楊東純、李達、歐陽予倩等，他們都是文化精英，李濟深把他們看成是國家寶貴的財富，儘其全力安定他們的生活。解決生活上的困難，還千方百計幫助他們尋找工作。積極支持和保護他們開展各種進步文化活動。〔註100〕

關於當時桂林的地方開明紳士、民主派李任仁、陳紹先、陳此生等，也在幫助、保護知識分子、民主人士方面做了大量工作。首先，《救亡日報》同人在

〔註98〕夏衍：《懶尋舊夢錄》，北京：三聯書店，2000年，第302～303頁。

〔註99〕姜平：《李濟深與國民黨革命委員會》，《重慶文史資料選輯第26輯》，中國人民政治協商會議四川省重慶市委員會文史資料研究委員會，1986年，第49頁。

〔註100〕周澤棣、駱揚《抗日時期的李濟深將軍》，《文史春秋》1995年第4期（總第11期），第8頁。

初到桂林之時，便是由他們進行了妥善的安排。〔註101〕其次，他們實際上主持了由李（宗仁）、白（崇禧）、黃（旭初）組織的一個以學術研究團體爲名義的「廣西建設研究會」。常委主任李任仁是白崇禧的老師，委員中包括了李四光、胡愈之、歐陽予倩、楊東蒓、張志讓、姜君宸、千家駒、范長江等知名人士，《救亡日報》遷桂之後，夏衍也接到了一份「聘書」，受聘爲委員。這個組織只出一份叫《廣西建設》的雜誌，不搞什麼拋頭露面的政治活動，但它實際不僅是桂系對外炫耀進步的一塊金字招牌和各方政治勢力聯繫的紐帶，而且是李、白、黃的一個最有力的智囊集體。這個組織看起來「名士如林」，而實際主持大計的是李任仁、陳紹先、陳此生等人，這些人在國民黨看來都是不折不扣的李、白「嫡系」，只要蔣、桂不正式撕破臉，CC 也好，軍統也好，都無法對這些人下手。同時，在一定的範圍之內，李、白集團通過這個機構支持了當時從外省遷來的進步組織和個人；必要時，也可以通過這個機構，和中共及其外圍保持聯繫。當然，桂系在當時採取這種態度，也還有它「自衛」——也就是鞏固和壯大地方勢力的作用。〔註102〕

　　四川方面，雖然是戰時首都（陪都）所在地，在控制上相對的嚴密，並且地方軍閥在劉湘去世後發生了分化，王瓚緒、王陵基投靠了蔣介石，但始終站在蔣介石對立面的劉文輝、潘文華、鄧錫侯則紛紛靠近民主勢力，也作出了一些進步的舉動。如潘文華在劉湘去世後，成爲劉湘成立的武德學友會的負責人，並主持其官方報紙《華西日報》。《華西日報》在潘文華的支持下站在民主立場，對蔣介石的政策大唱反調，攻擊獨裁政治。由於《新華日報》無法進入成都市，《華西日報》甚至與《新華日報》約爲兄弟報紙，商定以後《華西日報》所撰有關民主論文，重慶《新華日報》予以選登，而《新華日報》的言論消息，《華西日報》亦予以轉載或改頭換面予以刊出。〔註103〕而劉文輝於 1941 年，在成都支持李相符、楊伯愷、鄧初民、沈志遠等組成秘密政治團體「唯民社」，並被推爲社長。該社宗旨是「全民團結，堅持抗日，反對獨裁，實行民主」。他們積極聯絡堅持抗戰、反對獨裁的民主人士，還出版發行了不少刊物。〔註104〕

〔註101〕夏衍：《懶尋舊夢錄》，北京：三聯書店，2000 年，第 284～285 頁。
〔註102〕夏衍：《懶尋舊夢錄》，北京：三聯書店，2000 年，第 292 頁。
〔註103〕趙星洲：《川軍將領潘文華一生》，《成都文史資料選輯第 8 輯》，中國人民政治協商會議四川省成都市委員會文史資料研究委員會，1985 年，第 207 頁。
〔註104〕朱戒吾：《從軍閥轉向人民的劉文輝》，《成都文史資料選輯第 18 輯》，中國人

地方「軍紳」政權戰前的半獨立狀態被打破，事實上已經不可能再回到從前，〔註 105〕再加上抗戰帶來的追求民主、進步的潮流成了「建國」的內在要求和大趨勢，就要求摧毀長期以來分裂的民國各級「軍紳」政權，才能真正實現國家政權的統一與現代化（如孫中山設想的「民主共和國」）。既然已不能回到昨天，擺在面前的只有要麼投靠蔣介石成為長期與蔣記政權抗衡的最終失敗者，要麼不甘心這種失敗而匯入民主、進步的時代潮流，共同建立以民眾爲基礎的新國家。李濟深、李宗仁、龍雲、劉文輝、鄧錫侯、潘文華等地方軍閥最終選擇的都是後者，不過他們的選擇也是隨著抗戰中形勢的變化一步步做出的。他們在抗戰中的確有「八面玲瓏」的一面，但總體上是較爲親近知識分子、民主力量，甚至某些時候還不同程度地靠近高舉「抗戰」、「民主」兩面旗幟的共產黨。這就爲抗戰時期大後方的文學活動提供了許多空間及平臺，成爲大後方的文學運動能夠發展爲波瀾壯闊的民眾救亡浪潮的重要條件。

二、地方「軍紳」的報刊雜誌與文學活動的平臺

地方軍閥在抗戰時期表現出的「八面玲瓏」的意識形態特徵，一個重要的體現，就是由這些軍閥出資興辦的許多（作爲自己「口舌」的）地方官辦刊物，以及一些與地方「軍紳」頗有淵源的刊物，紛紛無論對內組織上，還是對外的輿論傾向上，都吸納了不少的進步知識分子（包括一些共產黨員），表現出一定的開明、民主的色彩。一般來說，地方實力派掌控的報紙雜誌也是在輿論上增強實力的陣地，常因爲靠近民主有利於自身生存而爲進步文藝運動提供生存空間。

典型的代表當屬四川的《華西日報》。《華西日報》於 1934 年 3 月 15 日創刊，1949 年 8 月停刊，歷時 15 年，歷時既久，影響又大。劉湘統一四川後，爲鞏固既得利益，抵制蔣介石的控制，在政治、軍事、財政等各方面都採取了措施。爲了加強輿論，宣揚政績，收羅人心，劉湘特別抓住《華西日報》作爲宣傳工具，力辦《華西日報》，由省府秘書處提出，省務會通過，決定給該報開辦費 3000 元，以後每月由省府補助 3000 元，並指令全省各縣

民政治協商會議四川省成都市委員會文史資料研究委員會，1988 年，第 27 頁。

〔註 105〕 戰時民盟之所以積極地與龍雲、劉文輝等攀上關係，而較少顧慮，就是因爲他們認爲中國已經發展到一個新的階段了，要恢復以往的軍閥割據的局面是不識時務的，也是不大可能的。

局及機關法團均須訂閱。劉湘去世後，武德學友會爲繼續在輿論上佔據主動，改組《華西日報》，使其脫離省府羈絆，組織董事會，以潘文華爲董事長。抗戰期間自始至終，《華西日報》的人事權都握在武德學友會之中，歷屆社長如王白與、羅忠信、甘鑒斌都由劉湘、潘文華直接任命。王瓚緒投靠蔣介石之後，曾一度想接手《華西日報》，曾派其親信唐毅果出任社長，武德學友會則派彭光漢（師長）武裝保衛《華西日報》。戰前王白與任社長時，就曾任用一部分進步青年充任編輯，如唐徵九、趙岐文、李次平（均是中共地下黨員），他們撰寫的言論、消息都較爲進步，受到廣大群眾歡迎，銷量大增。羅忠信爲社長之時，李次平爲總編輯，田一平爲總經理，楊伯愷爲主筆。在這段時間裏，《華西日報》積極宣傳民主，反對法西斯獨裁，反對「攘外必先安內」的反動方針，頗引起國民黨當局的注意。羅忠信還曾被特務扣留，後被潘文華營救。甘鑒斌爲《華西日報》社長，以川康通訊社總編輯劉克俊爲副社長，吳漢家爲總編輯，王達非爲總經理兼主筆，楊伯愷爲主筆，黎澍爲副刊編輯。鄧初民、郭沫若、陳白塵、姚雪垠、李劼人等，均不斷在副刊上發表文章。唐徵九編電訊版並寫短評。李、王、楊、黎、唐等，均係中共地下黨員，羅啓維、巫懷義係民盟成員，其他工作同志也具有進步思想，因此，報社內部陣容一新，提出報紙的主張是：「對外抗戰，對內民主」。在成都新聞界扛起了一面民主大旗。就連蘇聯駐華大使羅果夫來成都，也親到《華西日報》訪問，讚揚《華西日報》是民主戰士，讚揚全社同志的頑強戰鬥精神。由於《華西日報》宣傳民主、反對獨裁的態度，《新華日報》總編輯潘梓年到成都時特別到《華西日報》拜訪，並代表《新華日報》與《華西日報》約爲兄弟報紙，商定以後《華西日報》所撰有關民主論文，重慶《新華日報》予以選登，而《新華日報》的言論消息，《華西日報》亦予以轉載或改頭換面予以刊出。〔註 106〕

　　另一個典型的例子是新桂系的機關報《廣西日報》。1936 年，新桂系發起以抗日爲幌子以反蔣爲目的的「六一運動」，廣西省會由南寧遷到桂林之後，在桂林創辦的機關報。報紙每天的新聞主要是戰訊、國內外重大時事、社會新聞、要人行蹤、官員任免、政令傳達等。電訊主要源於國民黨中央通訊社桂林分社每天轉發的重慶總社的消息，還有「美國之音」、路透社、斯塔社及

〔註106〕以上材料參見趙星洲的兩篇文章：《回憶〈華西日報〉》（《四川文史資料選輯第 40 輯》）及《川軍將領潘文華一生》（《成都文史資料選輯 8》）。

美、英大使館新聞處發佈的新聞，有時也收聽並轉發延安新華社的一些消息，並經常報導宣傳抗日的文化活動。該社在撰寫社論和報導有關老根據地的消息時，往往用曲筆或代名，如老解放區，用沒有人欺負人的地方代替，馬克思稱爲卡爾，列寧稱伊里奇，斯大林稱錘子等。當刊登延安新華社播發的消息時，用「本報特訊」。總體上說，在「皖南事變」之前，頗能保持較爲中間的立場。與《廣西日報》有所不同，其副刊則始終掌握在進步文化人手裏，郭沫若、巴金、邵荃麟、夏衍、田漢、周立波、艾青、艾蕪、周鋼鳴、林林、司馬文森、端木蕻良、舒群、歐陽予倩、焦菊隱、王魯彥、樓棲、韓北屏、林煥平、黃新波、劉建庵等一大批進步作家、藝術家和畫家，都常爲該副刊撰稿。如艾青除了主編該報副刊《南方》80 期之外，還發表了一些戰鬥性的長詩如《江上浮嬰屍》、《縱火》等。巴金的長篇小說《火》第三部及王魯彥長篇小說《春草》，都是在該報副刊上首次發表。定期出版的《戲劇文學半月特輯》，發表了田漢、歐陽予倩、孟超、焦菊隱、黃若海、瞿白音、許之喬、嚴恭等一批戲劇理論文章和一些劇本。詩歌方面，有袁水拍、林林、韓北屏、黃藥眠、樓棲、歐外鷗、蘆荻等人的創作；雜文方面，有秦似、秦牧、孟超等人的文章。1939 年 11 月 3 日第四版，還特別出版了悼念葉紫的特刊。更爲奇特的則是，中華全國文藝界抗敵協會桂林分會的機關刊物《抗戰文藝》（桂林版），因人力、物力等原因僅出一期，此後則借《廣西日報》副刊的地位改爲《文協》旬刊，並在 1940 年 12 月 1 日在《廣西日報》上創刊。當 1944 年，日軍逼近廣西之時，省政府開始疏散，9 月 14 日《廣西日報》宣告停刊。當時許多文化人陸續疏散到廣西昭平縣，如梁漱溟、何香凝、陳此生、張鐵生等，陳紹先、歐陽予倩、張錫昌、千家駒、莫乃群、徐寅初、周匡人等經過協商，決定利用疏散至此地的桂林文化供應社印刷廠的設備與工人，繼續出版《廣西日報》（昭平版）。於 1944 年 10 月 10 日正式復刊，陳紹先爲社長、莫乃群爲主筆、張錫昌負責副刊。新聞消息來源主要來自收譯的各路通訊社電訊，何香凝、歐陽予倩、千家駒、莫乃群、徐寅初、張錫昌、謝曼萍等經常爲該報撰寫稿件。因爲不再受國民黨中宣部桂林新聞檢查機關地干擾，故言論較自由，也常直接特發延安新華社的電訊，一直堅持到 1945 年 9 月 30 日，對鼓舞抗戰士氣，起到了積極作用。《廣西日報》（昭平版）被廣西當局承認爲合法報紙，於 1945 年 10 月 15 日遷回桂林續辦。〔註107〕

〔註107〕以上材料主要參考楊益群等著《桂林文化城概況》一書中集中介紹《廣西日

在雲南的典型代表是雲南省政府主管的《雲南日報》。抗戰爆發後，隨著龍雲的態度逐漸開明以及共產黨統一戰線的展開，《雲南日報》編輯部中的中共地下黨員陳方等人，團結周圍進步人士，大力宣傳團結抗戰、反對妥協投降的思想。1937 年 12 月，該報先後轉載過彭德懷的《爭取持久戰的先決問題》、毛澤東的《論新階段》（未全部登完），在讀者中產生了很大的影響。1938 年 12 月，汪精衛叛國投敵，發表「豔電」，該報又連續刊載短評、社論，駁斥「豔電」中散佈的謬論。在進步人士和中共地下黨員主持下，《雲南日報》的副刊《南風》（張子齋、李何林等先後主持編務）辦得很有特色。除日常登載有利於抗日救亡的各類作品外，還針對文化界的一些重大事件，進行討論。〔註 108〕

其他與地方「軍紳」關係密切，並宣傳抗日、貼近民主，為大後方文藝活動提供言論空間的報刊仍有很多。如甘典夔、吳景伯、曹仲英等人創辦的《新民報》。甘、吳二人為劉湘的幕僚，是地方上的進步紳士，都曾擔任過四川省府財政廳廳長，而曹仲英曾在 1928 年加入中國共產黨，1930 年後一度失去組織聯繫。抗戰開始後，社長余中英，副社長鍾汝為，總經理羅孝全，總編輯向雷鋒，主筆陳翰伯，有張志和、周文、水草平、任鈞、肖軍，張漾兮等編輯各副刊或畫刊。該報大量轉載《新華日報》的社論和文章，熱情宣傳中共的抗日方針、政策和主張。特別是張志和編輯的《政經周刊》，通過對陝北公學和抗日軍政大學招生啟事、招生簡章、上延安途程以及應作的物資、思想準備等情況介紹，使無數熱血青年奔赴抗日前線，走上革命的道路。〔註 109〕再如《華西晚報》，其社長兼發行人羅忠信曾任第 78 軍新編 16 師副師長，後任川陝鄂邊區綏靖公署參謀長，也是前《華西日報》社社長，因主持民主言論遭特務劫持，後卸任《華西日報》社長轉而創辦《華西晚報》。報社總經理田一平，總編輯先後為唐徵九、李次平，主筆為黎澍，唐、李、黎三人均為中共地下黨員，而記者、編輯中也有不少共產黨員與進步人士。它名義上以《華西日報》同仁報和「民盟」機關報的面目出現，實際上是由中共黨員主持的報紙，在 1944 年以後日益高漲的大後方民主運動中起過重

報》的部分，廣西人民出版社，1986 年，第 317～320 頁。

〔註 108〕萬揆一：《抗戰中的昆明報業述略》，《抗戰時期西南的文化事業》，成都：成都出版社，1990 年，第 414～416 頁。

〔註 109〕向純武：《抗戰時期的四川報刊》，《抗戰時期西南的文化事業》，成都：成都出版社，1990 年，第 366 頁。

要的宣傳鼓動作用。〔註110〕又如下川東的第一大報《萬州日報》，原創刊於1929年2月初，是當時川省督辦、第二十一軍軍長劉湘在下川東的喉舌。1936年10月，新任萬縣警備司令劉光瑜兼任該報社長，聘請具有一定進步思想的李春雅擔任總編輯，先後接納了中共黨員歐陽克明、重慶救國會負責人陶敬之等為編輯。抗戰爆發以後，中共萬縣縣委首先在報社內發展了一批編採人員入黨，並建立了《萬州日報》黨支部，掌握了該報。它大量轉載《新華日報》和《群眾周刊》上的文章，積極宣傳中共的抗日主張。除發行萬縣地區外，還遠及渝、蓉和宜、漢，銷量最多達到五六萬份，成為下川東地區抗日救亡運動中最響亮的一支號角。〔註111〕還有，1939年5月創刊的《建寧報》，該報為劉文輝的第二十四軍西昌行營部分職員所主辦，聘請中共地下組織的負責人廖質生擔任總編輯，約於1940年秋被迫停刊。後繼報紙《新康報》創刊於1941年1月1日，由劉文輝的西康省寧屬屯墾委員會和二十四軍西昌行營創辦，其成員有不少是地下黨員和進步人士。《建寧報》和《新康報》都是為對抗《寧遠報》〔註112〕而創辦的。〔註113〕

三、國民政府意識形態給作家留下的「空子」

前面評述過抗戰時期地方「軍紳」政權的追求實用、混合型、「八面玲瓏」型的意識形態，這使得他們在抗戰中常常為使自己處於有利地位而靠近知識分子甚至共產黨，做出民主、進步、抗戰、愛國等姿態，為文化人開展的文藝運動提供了許多平臺與陣地。其實，以蔣介石為首的中央政府內部，由於在意識形態上的混亂、散漫，也為它原本想極力遏制的知識分子的抗戰宣傳、發動民眾運動提供了不少縫隙，這一點也正是戰時大後方「軍紳」社會的特色之一。

國民黨中央政府在意識形態上的散漫與混亂，首先與其標榜的核心意識形態「三民主義」有關。孫中山以演說詞形式留下的「三民主義」（原稿在陳

〔註110〕向純武：《抗戰時期的四川報刊》，《抗戰時期西南的文化事業》，成都：成都出版社，1990年，第369頁。

〔註111〕向純武：《抗戰時期的四川報刊》，《抗戰時期西南的文化事業》，成都：成都出版社，1990年，第373頁。

〔註112〕《寧遠報》是蔣介石西昌行轅和西昌警備司令部的機關報。

〔註113〕向純武：《抗戰時期的四川報刊》，《抗戰時期西南的文化事業》，成都：成都出版社，1990年，第375～376頁。

炯明的叛亂中被毀掉），無論在形態上還是思想內容上都不是一個十分嚴整的
理論體系。它以中國近代以來的社會歷史與革命實踐爲基礎，將中國傳統儒
家思想、西方近代民主思想與社會主義思想進行了一定的融合，但總體上缺
乏一個更高的哲學基點，故難以眞正在更高的層面上將諸種思想因子重新提
升、鎔鑄，並眞正切合中國的國情。所以，它在總體上顯得較爲鬆散，可供
闡釋（乃至歪曲）的空間很大，不同的闡釋之間差異巨大。如孫中山去世後，
戴季陶便率先闡釋「三民主義」，大體的思路是將「三民主義」儒學化，他發
表了《孫文主義之哲學的基礎》、《國民革命與中國國民黨》等文，將「三民
主義」納入儒家思想體系，重新提出一個儒教「道統論」〔註114〕，將孫中山
鼓吹爲「孫子以後第一個繼往開來的大聖」〔註115〕。而蔣介石也沿著「儒學
化」的思路，他在抗戰時期的幾乎所有演講、著述都不離「中國的固有德性」
的主題，他一再強調所謂的「中國人的思想」、「中國人的精神」、「中國人的
情感」、「中國人的品性」，實際上是想用中國傳統道德統一意志，蔣的「三民
主義」體現爲他的「力行」哲學。甚至，陳立夫也按照他對「三民主義」的
理解創立了「唯生論」哲學，內容上主要包括唯生的宇宙觀及服務的人生觀；
基本意願是要通過唯生的宇宙觀，超越唯心、唯物之爭，爲「三民主義」重
心的民生哲學提供形而上的基礎，而服務的人生觀則強調奉獻與和諧，爲國
民黨的現實統治服務。〔註116〕有意思的是，陳立夫想通過「唯生論」來爲「三
民主義」奠定形而上學基礎的做法，恰恰反證了「三民主義」本身在哲學根
基（形而上學）上的薄弱，而這方面的空虛很大程度上局限了「三民主義」
理論的高度和意義。此外，「三民主義」在解讀上的任意性還表現在：閻錫山
有閻錫山的「三民主義」，閻錫山認爲他在山西的建設是中央政府社會政策的
一個預告，完全符合孫逸仙的民生主義，不同的是他自己將其擴充，更具體
的運用罷了；〔註117〕新桂系有新桂系的「三民主義」，如新桂系領導人自始至

〔註114〕陳前、吳敏先：《孫中山逝世後三民主義的變異與昇華》，《中共黨史研究》，
　　　　2007 年第 3 期，第 61 頁。
〔註115〕戴季陶：《孫文主義之哲學的基礎》，高軍、李慎兆、嚴懷德、王檜林等編：《中
　　　　國現代政治思想史資料選輯》（上），.成都：四川人民出版社，1983 年，第
　　　　421 頁。
〔註116〕呂厚軒：《陳立夫「唯生論」創制的背景及其內容、特點》，《齊魯學刊》，2010
　　　　年第 2 期。
〔註117〕〔美〕福爾曼：《北行漫記》，北京：新華出版社，1988 年，第 35 頁。

終都一直強調，他們的「三自政策」是堅持和發展「三民主義」的結果；而共產黨也認爲自己是「三民主義」的眞正繼承人。

其次，如果說「三民主義」理論本身的鬆散特性容易造成彼此相去甚遠的不同理解還是源於其理論內部的話，那麼國民黨中央政府意識形態上的混亂也有外部的現實原因。按照孫中山的設想，國民黨應當是一個能夠始終保持其革命性，且擁有「先知先覺」、「後知後覺」能力的精英集團，在道德、信仰的堅定性上都堪做國民楷模。如此，才能在「軍政」之後的「訓政」階段以「天下爲公」的信念教育、訓導程度較低的、落後的國民，並最後能夠主動還政權於人民，達到「憲政」的理想。但實際上，以蔣介石爲首的國民黨在革命中的現實情況離此很遠，遠不是孫中山設想中純粹的、革命性的精英集團。在國民黨北伐過程中，內部權力紛爭仍舊激烈，外部有封建軍閥的負隅頑抗、帝國主義的軟硬兼施，蔣介石爲了取得權利鬥爭的勝利，不惜把國民黨引上了一條墮落腐化的道路。國民黨上層，一方面和國內軍閥、財閥、買辦、地主進行妥協聯合，另一方面和英、日、美等帝國主義妥協，這樣做就幾乎閹割了國民黨原本的革命性；而國民黨中下層也混進了眾多投機分子而迅速的「流氓化」、「黨棍化」〔註118〕。自此之後的蔣記國民黨，在國內和舊有的地方「軍閥」集團、新舊「紳士」階層逐步聯合，無改民國以來中國「軍紳」社會的性質，只是在「軍紳」內部進行了權利、利益的重新調整。值此，國民黨沒能完成國家行政體系的現代化就顯得毫不爲奇了，因爲它正是依靠自己原本的革命對象才獲得自身的「中央」地位，繼續推進原來的革命只能革掉自己的統治基礎，也就是要革掉自身。所以蔣介石的國民黨已經在本質上、組織上喪失了履行孫中山「三民主義」的現實條件，尤其是孫中山在國民黨第一次全國代表大會上制訂的聯俄、聯共、扶助農工三大政策，更是突出體現「三民主義」反帝反封建革命性的具體表現。隨後孫中山在「三民主義」的系列演講中，一再強調國民黨不要害怕共產主義，「民生主義就是社會主義，又名共產主義，即是大同主義」〔註119〕，但這些在蔣介石身上已經不可能再體現了。

〔註118〕余英時：《中國知識分子的邊緣化》，《中國知識分子論》，鄭州：河南人民出版社，1997年，第168頁。

〔註119〕孫中山：《三民主義・民生主義》，《孫中山全集》第九卷，北京：中華書局，1981年，第355頁。

蔣介石對「三民主義」的態度是：一方面要藉重孫中山及其「三民主義」的權威來確立自己在國民黨中的領導地位，以及國民黨在中國的合法領導地位；另一方面又不得不刪改其革命性，而將其中的儒家傳統因子放大、擴充（如「忠孝仁愛信義和平」等「八德」），再加上王陽明的「致良知」等思想，使其中國化、傳統化、儒家化。蔣介石幾乎排斥所有的西方外來思想，他的這些做法使許多中國知識分子愕然。如聞一多就曾表示，《中國之命運》公開向「五四」宣戰，裏面透出的義和團精神把他嚇了一跳〔註120〕；就連一向支持蔣介石的英、美人士也曾對此大爲震驚。〔註121〕另外，一方面，蔣介石政府中有一大批接受現代教育的知識分子，對他們而言要去信仰如此「傳統」的「三民主義」實際上難以做到；另一方面，即使是仍舊堅守傳統文化的知識分子，也恐怕與蔣介石「儒學化」「三民主義」背後利用傳統道德實施獨裁統治的眞實意圖難以苟同。所以蔣介石的「三民主義」逆當時的社會潮流而上，打擊民主，一意孤行厲行獨裁，在精神凝聚力、思想感召力上缺乏一種被眞正的意識形態所激發的內在確證與堅定信念，故而不足以統攝人心。

即便以上所論的國民黨意識形態有這樣那樣的不足，也還仍不足以解釋爲什麼抗戰時期，國民黨意欲推行獨裁，但實際上卻漏洞百出，用李宗仁的話說便是「政府仿獨裁政體的惡例，而無獨裁政體的效能」〔註122〕。戰時國統區的大後方，以喚醒民眾發起全民抗戰爲目的的文藝運動在國民黨中央的打壓下仍然有聲有色的進行，除蔣介石推行的意識形態違背時代潮流、不得人心之外，再除去共產黨在其中發揮重要的組織、滲透的角色之外，還另有兩個原因。

其一，對於蔣介石和國民黨來說，意識形態其實並不是他們眞正感興趣的東西。在民國的「軍紳」政權中，「軍」始終是主導的，握有兵權才是成敗與否的最大要訣。早在 1927 年，陳獨秀談到國民黨的危機的時候，就明確表態這個危機不在國民黨之外，而在於國民黨右派自身。

> 　　國民黨某領袖說的好：「此時國民黨有蔣記、閻記之分，將來
> 或者還有張（作霖）記……記……記，汪、譚無兵，所以沒有汪記、

〔註120〕聞一多：《八年的回憶與感想》1946《聞一多全集 2》，武漢：湖北人民出版社，1993 年，第 431 頁。

〔註121〕蔣介石的這些做法，客觀上爲「三民主義」的闡釋做了一個不大好的開頭，後來爲各地軍閥紛紛傚仿。

〔註122〕李宗仁口述、唐德剛撰寫：《李宗仁回憶錄》，桂林：廣西師範大學出版社，2005 年，第 784 頁。

譚記的國民黨。」誰有兵權，誰就在他的地盤之內，以清黨、救黨名義，造成他自己御用的國民黨，使國民黨變成無數小軍黨，國民黨真正危機在此，所謂亡黨之痛或即在此〔註123〕。

國外的研究者也指出，蔣介石的國民黨其「存在幾乎完全依賴於軍隊。事實上，它只有政治和軍事的組織機構，而缺乏社會基礎。」〔註124〕

國民黨元老胡漢民，在 1932 年也曾經抱怨「外交之喪權辱國，政治現象之日趨惡劣，國亡無日」，不能「歸咎於黨治」，「蓋五年以來，所屬行不改且有加無已者，實為民國以來相承一貫的所謂軍閥之治，而未嘗有所渭黨治」，黨內盛行「以軍權而於一切之故，形成以軍馭政，以政握黨之現象。」他還承認，「自十七年後，各省北洋武力雖被打破，而人民仍被武力所統治則如故，二十年來所造成軍閥政治之環境仍如故，即自袁世凱以來相承一貫之所謂軍閥統治，亦逐繼續如故。」黨員「沉醉於『有槍斯有權』之謬說，甘心為軍人之附屬品」。「人民自由權利橫被摧殘。」「我人只見借黨營私之個人，而不見有獻身革命之同志，所謂黨員者或一切取給於黨，以黨的寄生，或倚黨而作惡行奸，於黨為蟊賊狡黠之魁，正樂得此輩供其指使。」胡漢民在痛快淋漓地攻擊蔣介石的同時，將國民黨內部「黨」臣服於「槍」的事實抖了出來。〔註125〕

何兆武在回憶錄中也認為：

> 總的說來，國民黨的思想控制並不很嚴格，同學之間還是很開放的。……國民黨有時候也抓人，可是很多事先通氣就跑了。……一方面那時候的控制不是很嚴，另一方面，國民黨雖然打著三民主義的旗幟，可實際上講的是一套、做的是另一套，也不是真正的三民主義，所以它對意識形態的東西並不真正感興趣。〔註126〕

其二，由於它並不真正重視意識形態，缺乏這方面長期有意識的培養。他的主要精力集中在軍隊的建設與控制上，意識形態控制方面只是一個附屬品。於是，當戰時蔣介石需要統一言論之時，他缺乏這方面富有經驗的大量

〔註123〕《中國國民黨的危險及其出路》，任建樹主編：《陳獨秀著作選編 4》，上海：上海人民出版社，2010 年，第 319 頁。

〔註124〕〔美〕易勞逸《毀滅的種子——戰爭與革命中的國民黨中國（1937～1949）》《原序》，南京：江蘇人民出版社，2009 年，第 2 頁。

〔註125〕陳獨秀：《誰能救中國？怎樣救中國？》，任建樹主編：《陳獨秀著作選編 5》，上海：上海人民出版社，2010 年，第 41 頁。

〔註126〕何兆武：《上學記》，北京：三聯書店，2006 年，第 83 頁。

人才，人才的缺乏導致政策的執行力下降，甚至漏洞百出。再者，不重視意識形態，也沒能發展出一種建立在思想、信念一致的前提下的較為嚴密的行政組織系統。這兩點就造成當時發生在國民黨中央內部的許多奇奇怪怪的現象。比如，夏衍在回憶錄中談到，當時桂林《掃蕩報》的總編輯鍾期森就曾向《救亡日報》提供過不少幫助，並說在抗戰時期，像這樣從敵對陣營中意外地伸出友誼之手的事情是常有的。這些事實說明，在抗日戰爭時期，國民黨和它內部的各種派系，都不是鐵板一塊，都可以分化爭取和我們合作（即使是一段時期之內），這裡的情況既複雜又微妙，要看到這是一種「我中有你，你中有我」的局面。夏衍認為，現在不少人寫回憶錄或文藝作品，對國民黨人、各軍閥派系都一律寫成「反動派」、「頑固分子」，是不符合歷史真相的。〔註 127〕

關於國民黨內部意識形態上、組織上出現的問題，通過抗戰時期國民黨《中央日報》社的情景，可以一窺大概。〔註 128〕《中央日報》是國民黨中央的機關報，抗戰時期由南京遷到長沙再遷到重慶，1938 年 9 月 1 日在重慶復刊，在陪都共出版了 7 年。《中央日報》組織上隸屬國民黨中央宣傳部，但實際上「婆婆」很多，發表的新聞和言論，動輒得咎；財務上經費支出，更是出人意外，許多實際問題無法解決；該報編輯方針必須符合蔣介石的意圖，但蔣介石又不可能對《中央日報》事事親力親為，因而常常聽從蔣介石侍從室第二處主任陳布雷的指示。重慶《中央日報》發表的新聞、言論，與中央宣傳部的宣傳指示常常有步調不一致的情況，報社只要答覆「這是陳布雷先生的意見」，中宣部也就不再過問。

《中央日報》在重慶短短 7 年中，經過 5 次大的改組，更換 5 位社長，充分反映了國民黨上層的重重矛盾與報社內部的人事傾軋。頻頻改組、種種矛盾及傾軋都和國民黨官方的意識形態缺陷有直接或間接的關係。歷任的 5 位社長分別是：程滄波（1938）、何潔若（1940）、陳博生（1940）、陶百川（1942）、胡健中（1943）。《中央日報》地位特殊，社長人選關係重大，這幾位社長都是國民黨中資格較老、辦刊經驗較為豐富的知識分子，都是由國民黨中央要員推薦保舉的，而他們也深知其中利害，大都謹慎小心，但程滄

〔註 127〕夏衍：《懶尋舊夢錄》，北京：三聯書店，2000 年，第 292、322 頁。
〔註 128〕以下關於《中央日報》的材料主要參考王掄楦的文章《抗戰時期的〈中央日報〉》及《重慶談判期間的〈中央日報〉》，分別來自《重慶文史資料選輯第 30 輯》、《重慶文史資料選輯第 1 輯》。

波、陳博生、陶百川三人仍舊皆因觸怒蔣介石而被撤職。

程滄波深受國民黨元老、檢察院院長于右任的賞識，並與陳布雷有聯繫，也曾代蔣介石撰寫過文稿，故成為《中央日報》社社長。1940 年在一次國民黨中央的總理紀念周上，蔣介石大罵程滄波不應該給重慶《大公報》寫星期論文，認為其行為不像國民黨黨員所為。其實《中央日報》重要社論、評論大多出自程滄波之手，蔣的指謫幾乎完全是借題發揮，隨後程滄波被迫辭職。何潔若接任後，請與國民黨中宣部關係較深的劉光炎擔任總編輯，代他把新聞關，又請國民黨中央政治學校教授兼外交系主任陳石孚任總主筆，代他把言論關，以為這樣就可萬無一失。然而，報社上面的國民黨高層內部之複雜出乎他的意料，發表言論左右為難，甚至連經費都難以保證，僅對付 3 個月就辭職而去。何潔若無法執掌《中央日報》，與其自身及左膀右臂的分量不足有莫大關係，言論上不能通過侍從室把摸蔣介石的「脾氣」，經費上不能通過關係打通各種壁障，運轉不靈不足為奇。

下一任社長陳博生更為奇特。他曾是北平《晨報》的老記者，任《中央日報》社長時把《晨報》的班子帶了過來，自兼總主筆，詹辱生任總編輯，張明煒任總經理，孫伏園編輯副刊，劉尊棋任採訪主任，集中了辦報名家，陣容可謂齊整。但《中央日報》在國民黨中央系統中的特殊地位，使得這些「民間」辦報名家們捉襟見肘，他們在政治上既缺乏經驗，又沒有靠山及人脈，可謂書生辦報。財務上困難百出，有次報紙臨上機複印時，尚未買到紙張，只好到中共的機關報《新華日報》去借紙，而《新華日報》社也因此向《中央日報》借銅模澆鑄鉛字，造成兩黨的機關報互通有無的情形。陳博生帶領的《晨報》班子，既然是書生辦報，自然在意識形態上缺乏捍衛蔣介石中央的堅定信念。當時的重慶因為 1941 年的「皖南事變」造成了進步勢力遭受打壓的局面，文化界頗為消沉，但 1942 年作家們卻在歷史劇上打開了缺口，掀起了歷史劇創作、發表、演出的高潮，這一現象其實頗得益於《中央日報》的「權威」。當時《屈原》劇本有多家約稿，郭沫若斟酌再三將稿子交給孫伏園，於是，《屈原》劇本便於 1942 年 1 月 24 日至 2 月 7 日，逐日在《中央日報》刊登。此舉驚呆了蔣介石的文藝干將張道藩、潘公展，二人被蔣介石痛罵，孫伏園被撤職，但全劇已登載完畢。此後的 3 月，重慶文林出版社便迅速出版了《屈原》劇本；而「中華劇藝社」則以全明星的陣容排演該劇，導演陳理庭，主演為金山、白楊、張瑞芳、顧而已、施超、孫堅白、張逸生等，並準備在國泰大戲院公開上演。當頑固派出來阻撓和禁止《屈原》的出版、

上演時，被理直氣壯的頂了回去，「《中央日報》都登了，爲什麼我們不能出版（演出）？」，令阻止者啞口無言。《屈原》上演後，轟動了山城，盛況空前，學校、工廠、碼頭、街巷，處處都在傳誦「雷電頌」那高昂激烈的詩句，掀起了又一輪文藝運動的浪潮。〔註 129〕這些事件，再加上報社內部管理不善、設備缺乏，報紙出版很遲，社址也在郊區化龍橋，有時到了夜裏，蔣介石還未能看到當天的中央日報，於是陳博生被迫於 1942 年 12 月 10 日辭職，北平《晨報》的全班人馬也撤離《中央日報》社。

陶百川出任《中央日報》社長後，雄心勃勃，大刀闊斧的進行改革，自己全力抓新聞和版面改革，請中宣部部長潘公展兼任總主筆，主持言論。他改變以往《中央日報》的傳統做法，主張搶新聞，不但對外要勝過《新華日報》、《大公報》，對內也要和中央通訊社競爭，以顯示《中央日報》的特色。然而不到一個月便遭到嚴重打擊，因爲 1942 年 12 月 27 日的《中央日報》刊出一條獨家新聞：《中美、中英新約明年元旦正式公佈》。不想國民政府外交部以泄露外交機密爲由提出控訴，一個月後，國民黨中央黨部竟將報社總編輯袁業裕交付審判，採訪主任卜少夫罰俸 3 個月。陶百川通過中宣部部長葉楚傖才將袁業裕保釋出來，而中央通訊社編輯主任錢滄碩到《中央日報》出任總編輯。一次侍從室交下一份蔣介石看過的《中央日報》，上面有許多紅鉛筆標注的記號，即便知悉蔣介石加注習慣的人也猜不出這次是何意圖。陶百川貿然批字說標題不當，而錢滄碩則認爲這是對他的污辱，當即辭職，中宣部部長張道藩也勸說無效。陶百川找不到合適的總編輯，請其老師陳德徵來報社幫忙，對外的名義是顧問，社內同僚稱其爲陳總編輯。然而又有意想不到的事情發生，造成陶百川、陳德徵的同時離去。起因令人啼笑皆非，原來陳德徵在上海市擔任教育局局長時，曾在中小學舉行民意測驗，選舉中國偉人，投票結果：第一孫中山，第二陳德徵，第三蔣介石。蔣介石知曉後當時就把陳德徵扣留過十幾天，撤銷了陳的一切職務，這次又偶然問起《中央日報》的總編輯，居然是陳德徵，當即發話要把他抓起來，後來雖未抓人，卻下令「永不錄用」。陶百川一年社長，換三任總編，可謂多災多難，只能辭職了事。

〔註 129〕參見翁植耘的《郭沫若在第三廳、文工會及其創作活動》，出自《抗戰時期西南的文化事業》一書，成都出版社，1990 年版；以及況闊的《陪都時期的郭沫若和他的歷史研究》，出自《重慶文史資料選輯第 43 輯》，西南師範大學出版社，1995 年版。

　　戰時重慶《中央日報》的最後一任社長胡健中倒是長袖善舞，任職期間情況平穩。原因一是他洞悉《中央日報》在權利、人事上的複雜性，利用當時無人敢接手的窘境大提條件；二是充分運用能夠打通各個關節、左右逢源的「人才」打理報社的各項工作，自己則奉行無爲而治。胡健中原是《東南日報》社長，又是陳果夫、陳立夫的親信，二陳又與陳布雷商量後三人聯合向蔣介石舉薦。胡健中深知《中央日報》不好伺候，堅辭不就，但因爲實在沒有其他合適人選，故陳氏兄弟苦勸，蔣介石又親自召見，值此，胡已不得不到任。但他藉此提出兩個條件：一是繼續兼任《東南日報》社長；二是請陳訓悆任總編輯，陶希聖任總主筆，陳寶驊任總經理。蔣介石表示同意，胡健中才於1943年11月15日到《中央日報》就任社長。胡健中要的這三個人都大有來歷，陳訓悆是陳布雷的親弟弟，陶希聖是侍從室第二處副主任，與陳布雷同爲蔣介石撰寫文稿。他們二人負責把持重要新聞及言論關，由於他們與陳布雷都關係密切，故瞭解蔣介石的陳布雷常常在重要新聞、言論發表之前就特意提示注意事項，如此出問題的幾率大減。即使有意外發生，自然會由陳布雷出面，所以才會太平無事。至於關乎財政、利益方面的經理部由陳寶驊坐鎮，他是陳果夫、陳立夫的堂弟，經理部若運轉不靈，就有陳寶驊找陳氏兄弟，一切迎刃而解。胡健中將新聞、言論、經理部等重要關口分派給此三人，實際上就連帶牽上了陳布雷、陳果夫、陳立夫等，於是日常事務基本不過問。他所抓的總務處、人事室相對而言已是「軟柿子」，又有親信穆逸群、婁子區分別擔綱，因此他還能遙領《東南日報》，做太平官。

　　之所以如此詳細的介紹《中央日報》社的這些情況，是因爲它的確是蔣介石意識形態機構體系中最典型的代表。一來，它性質上是國民黨中央的機關報，是蔣介石的官方口舌，地位既重要又特殊，意識形態色彩最濃厚；二來它長期伴隨在蔣介石身邊，可以說是眼皮底下，按道理組織上也最嚴密，忠實度、可信度也最高。但實際情況卻遠非如此。這五位社長中，何潔若、陳博生在分量上就保持不住《中央日報》的攤子，報社的運作不是按照現代新聞機構的運行模式，無論是商業化、書生化的「民間」模式都難以奏效，更多帶有靠權力、人脈驅動的官場模式，並且這種官場模式有很強的傳統的「私人」化的「血緣」、「學緣」、「地緣」的色彩。前者很快知難而退，後者勉力支撐，但陳博生既然沒有更多的「官場」資源，要支撐就只能尋求另外的門路，於是思想觀念本就不那麼「右翼」（很難說他們有堅守官方意識形態

的自覺意識）的他們既與《新華日報》互通有無，又對發表郭沫若的《屈原》而不以爲意。程滄波、陶百川雖不乏後臺，但都因爲個人原因開罪蔣介石。程滄波爲《大公報》撰文在時人看來無可厚非（他自己大概也這麼看），蔣介石卻似乎認爲既是黨員（而且是在如此重要位置上的黨員）就應當絕對忠貞，但裏面又夾雜著蔣介石脾性中陰晴不定的偶然因素。而陶百川因爲請其老師陳德徵幫忙而開罪蔣介石，則更多反映了蔣氏的氣量某些時候頗有不足。另外，陶百川還敗在太過高調、太想有所作爲，但蔣介石本人的「原則」（實際上蔣本人的就沒有一套清晰、明確、堅定的意識形態原則）則時常模糊、天威難測，過失在所難免。胡健中則不但後臺硬，且深悉其中「門徑」，懂得官場討價還價之道，攬人得當，自己雖「無爲」，但或許正是由於其「無爲」方才「長治久安」。從中不難看出即使在《中央日報》這樣的意識形態「戰略要地」，也難以忠實貫徹蔣介石的意圖，一方面是因爲蔣介石本人意識形態原則的「陰晴不定」，另一方面其內部無論在組織上還是思想上都難以統一。

　　國民黨中央的另一份重要報紙《掃蕩報》（桂林版）中也有類似的情況發生。《掃蕩報》是國民黨軍事情報系統的報紙，在當時桂林的多家報紙中，政治立場最右，反映國民黨官方的意見。該報政治上反動，但副刊卻和桂林其他各報差不多，較傾向進步，副刊的欄目形式多樣，內容充實。副刊的形式分爲兩種，一種是綜合性質的每日副刊，一種是專門性質的每周一刊或雙周刊。前者有《瞭望哨》，後者有《抗戰建國》（周一出版）、《抗戰戲劇》（周二出版）、《野營》（文藝周刊，周三出版）、《抗戰音樂》（雙周刊，周四出版）、《抗戰兒童》（周五出版）、《健康園地》（周六出版）、《傷病之友》（周日出版）、《美術》（劉元主編，不定期）、《民意》。還有《新聞記者》（雙周刊，周四出版），這是以陳儂菲（同生）爲主任的中國青年記者學會南方辦事處所編，《救亡日報》、《廣西日報》也時常有此欄目出現。夏衍、黃藥眠、楊朔、馬彥祥、焦菊隱等一批進步作家經常爲該副刊撰稿。〔註130〕

　　其他國民黨在地方上的報刊也是如此。如四川的《川東日報》，創刊於1935年9月9日，是國民黨萬縣縣黨部辦的報紙，但抗戰初期它的副刊《川東文藝》、《長城》等卻由何其芳、樣吉甫、張學培（霍斐）等進步人士所編。又如《大聲日報》、《合川日報》分屬國民黨合川縣黨部和縣政府，創刊於1935

〔註130〕楊益群、王斌、萬一知編：《桂林文化城概況》，南寧：廣西人民出版社，1986年版，第321～322頁。

年 10 月 1 日及 1939 年 2 月 1 日。抗戰初期，中共地下組織通過黨員牢牢掌握著這兩個報紙，使其成爲宣傳共產黨抗日主張的輿論工具。〔註 131〕

國民黨輿論宣傳、文藝運動方面的人才匱乏由來已久，以上關於國民黨的各級報刊社發生的情況多少都有這方面的原因，所謂「養兵千日用兵一時」，平時不「養」，要用的時候才會發現沒「兵」可用。據郭沫若回憶，抗戰時宋美齡和冰心曾有過一次談話，當時宋美齡感慨，「中國國民黨爲什麼沒有一位女作家？」而冰心則回問，「中國國民黨又有哪一位男作家？」〔註 132〕這則事情在當時文藝圈中流傳很廣，充分說明了國民黨在思想、輿論的宣傳、控制方面的有心無力。戰時曾發生過許多這樣的事情：有國民黨官辦的文化機構，本應該多多宣傳蔣介石的「黨化」、「獨裁」的政策，但一來不得人心，二來缺乏人手，於是國民黨自己出錢興辦的文化團體紛紛被進步文化人甚至是共產黨員所佔領。

比如國民黨的「中電劇團」和「中央青年劇社」。戰時國民黨中宣部所屬的中央電影局遷到重慶，因無電影可拍，就成立了一個「中電劇團」來演話劇。劇團本身是官辦性質，國民黨中宣部對之控制的較爲嚴密，但在戲劇演出上國民黨實在沒什麼人才，所以逐漸加入了一些進步的戲劇工作者，如沈西苓、沉浮、趙丹、顧而已、施超、白揚、徐韜等人。其中沈西苓、徐韜還是中共黨員。在演出劇目上也上演了許多進步戲。戰時重慶戲劇界基本上被進步知識分子佔領，國民黨不甘心這種狀況的延續，便由「三青團」出面於1941 年組織了一個「中央青年劇社」。同樣由於實在找不出合適的人來撐場面，不得已通過私人關係（清華同學會）才聘請了留美戲劇家熊佛西來擔任社長。熊佛西是一個抗日愛國的戲劇家，和進步戲劇界關係密切，他找來的導演和演員，仍然是傾向進步的人士，如張駿祥、楊村彬等；排演的劇目多半是陳白塵、吳祖光等人的作品。後任社長張駿祥、馬彥祥都是不爲國民黨所利用的人，馬彥祥還和郭沫若等共同簽署過一個反對內戰的聲明，說明了國民黨的失敗。但國民黨仍不死心，1943 年又搞一個中宣部「實驗劇團」，結果由於演出上的大大失敗，而合併於中電劇團。〔註 133〕

〔註 131〕參見向純武的《抗戰時期的四川報刊》一文，來自《抗戰時期西南的文化事業》，成都出版社，1990 年。

〔註 132〕郭沫若：《斥反動文藝》，《郭沫若全集·文學編第 16 卷》，北京：人民文學出版社，1989 年，第 291 頁。

〔註 133〕參見趙銘彝《抗戰時期重慶戲劇活動瑣記》一文，《重慶文史資料選輯第 9

　　又如當時的國立劇專。1935 年春，國民黨中央執行委員會張道藩、陳立夫等 13 人，上書國民黨中央執委會，力陳戲劇事業的重要，建議創辦戲劇學校，以「研究戲劇藝術，養成實用戲劇人才，輔助社會教育」爲宗旨。該建議被中央執委會採納，派張道藩、余上沅等 6 人爲籌備委員，指定張道藩爲主任。1935 年 10 月 18 日，國立戲劇學校在南京正式成立，張道藩爲主任委員，余上沅爲校長。1940 年 7 月，劇校改爲國立戲劇專科學校後，由校長主持校務。劇專校長余上沅，曾留學美國研究戲劇，是學識淵博，經驗豐富的戲劇教育家，中國現代話劇的開拓者之一。爲人較爲開明，基本上能貫徹蔡元培先生提倡的學術自由、兼容並蓄的辦學思想，聘請文化界、戲劇界不同觀點、傾向的專家、名流任教。如陳治策、陳子展、田漢、洪深、梁實秋、曹禺、馬彥祥、黃佐臨、張駿祥、焦菊隱、盧冀野、章泯、陳白塵等。這對於提高該校的教育質量，培養具有獨立見解的優秀戲劇人才，發揮了積極作用。劇專在四川的抗日救亡運動中做出過重大的貢獻，他們在重慶、江安、宜賓、瀘州、內江及長江沿岸各地，進行了廣泛、深入、精彩、多樣的抗日話劇，並利於抗日的進步戲劇的演出，受到人民群眾的廣泛歡迎，有力地促進了群眾性抗日救亡運動的高漲。〔註 134〕

　　再如戰時重慶的「實驗戲劇教育隊」。1941 年 1 月，閻哲吾奉教育部之命，在重慶籌組「實驗戲劇教育隊」，5 月 1 日正式成立，被委任爲隊長。隊員有三、四十人，其中有一部分是國立劇專和四川省立劇校的畢業生。「劇教隊」的宗旨是實驗演出教育部所屬單位（如國立編譯館、教育部教科用書編委會戲劇組）的編輯人員以及國立劇專師生創作的新劇本。閻哲吾爲人富有抗日愛國、救亡到底的思想意識，且吃苦耐勞、持久戰鬥，感動和團結了許多進步青年。四年來曾在重慶市區內和遷建區的青木關、歇馬場、北碚、白廟子、黃桷樹、天生橋、澄江鎮等鄉鎮以及巴縣、江北、璧山、合川、江津、長壽、涪陵、忠縣、豐都等縣，先後演出數百場，做出了許多成績：一來實現了實驗部編劇本演出的計劃；二是以工人、農民、大中學校學生、機關職員和市民爲對象，進行了抗戰救亡宣傳，增強了人民群眾「抗戰到底」的愛國思想；三是爲各大劇團、

　　　輯》，中國人民政治協商會議四川省重慶市委員會文史資料研究委員會，1988
　　　年。
〔註 134〕康世明：《國立劇專在四川的抗日救亡活動》，《重慶文史資料選輯第 39 輯》，
　　　中國人民政治協商會議四川省重慶市委員會文史資料研究委員會，1988 年，
　　　第 68～71 頁。

大專院校培育訓練了一批劇藝人才（有些演員在隊中經過一年半載的舞臺實踐，演技有所提高后分別轉入「中電」、「中青」、「中藝」、「中術」、「中萬」等大劇團和兩大電影廠成為重要演員；另有一些在隊裏工作一段時間後考入國立劇專和社會教育學院戲劇系深造）。〔註135〕

　　而國民黨中央宣傳機構的各種審查委員會也時常放出漏網之魚。如當時重慶國泰大戲院經理夏雲瑚有意宣傳蘇聯影片，曾選中一部大型紀錄片，內容是關於斯大林在莫斯科紅場慶祝「五一」國際勞動節。國民黨右派一向視「赤化」為洪水猛獸，肯定不會允許放映，結果經過商定，以《體育之光》的片名報審，竟然獲准通過。〔註136〕

　　以上列舉的國民黨中央在意識形態、組織系統控制上暴露出的種種問題，使得它主觀上想要的「獨裁」局面遲遲不能出現。這兩者的關係是：一開始，意識形態的指導、凝聚是因，思想觀念統一了才會有組織上的嚴密、整齊劃一，這是果；到後來，意識形態與組織體系就變成了互為因果，意識形態促進組織體系的形成，嚴密的組織體系有反過來加強意識形態的控制力。如當時的大獨裁者希特勒、斯大林乃至中國共產黨都極為重視意識形態的培育，而蔣介石的國民黨在這方面則比較失敗。它的失敗之處，正是戰時大後方文學運動繁榮的客觀條件之一。

第三節　多種權力制衡下的文藝活動空間

　　上一節討論了國民黨中央內部意識形態方面的鬆散、零亂的特點，這些特點不能夠使國民黨中央內部形成思想、觀念、意識、信仰上的統一，再加上中央內部派系之間的權力、利益爭奪，所以體現在具體的行為中，就會產生各種各樣的不一致、不協調，甚至有時候發展到敵視、對抗的程度。這是一層，另外一層則存在於國民黨中央與（國民黨）地方軍閥之間，他們的利害衝突、權力制衡也會產生較大的裂痕。第三層是在政府與社會之間，即社會中也有許多地方上有聲望、有影響的愛國、進步紳士會與政府的政策、做

〔註135〕胡紹軒：《閻哲吾與實驗劇教隊》（官辦劇隊），《重慶文史資料選輯第43輯》，重慶：西南師範大學出版社，1995年，第209～212頁。

〔註136〕淦康成、陳蘭蓀、劉蜀儀：《國泰大戲院與夏雲瑚》，《重慶文史資料選輯第42輯》，中國人民政治協商會議四川省重慶市委員會文史資料研究委員會，1988年，第104頁。

法不盡認同。這些多種勢力在力量對抗、制衡中形成的縫隙、裂痕，很有利於高舉「抗戰」、「救亡」、「民主」、「建國」等旗幟的文學運動的開展。對以上的這些特點的有效組織、合理運用可以爲文藝宣傳開闢許多可觀的活動空間，而在抗戰時期大後方知識分子與中國共產黨聯合發起的文學運動，正是敏銳的洞察這些特殊形勢，靈活運用各種手段、策略，推動了廣泛的民眾宣傳。

一、四川的情形

　　早在 1937 年，戰火將要蔓延到上海市區的時候，各電影公司停業，上海的文藝工作者就在地下黨員于伶、陽翰笙領導下紛紛組成 13 個救亡演劇隊，撤離上海到內地或敵後作抗戰宣傳工作。有的演劇隊有 36 人之多，隊伍太大，缺乏旅費難以成行，政府當局不但不支持，反而聲明不准沿途募捐。此時，一位紳商夏雲瑚當時正準備回四川，由他傾囊相助，將隊伍帶到四川重慶去演抗戰戲，演劇隊改爲「上海影人劇團」，方才撤回重慶。〔註 137〕1941 年的「皖南事變」是重慶抗戰文藝運動的分水嶺，之前由於國共第二次合作，共同抗戰，輿論控制較緩和，再加上郭沫若掌握的政治部第三廳及其後的「文化工作委員」的領導，能夠進行一定的民眾宣傳，但「皖南事變」以後國民黨中央嚴密封鎖新聞、言論、文藝等活動，陪都的氣氛比較沉悶。爲打破這一消極局面，許多文化人認爲最好的辦法就是進行演劇，戲劇的影響大、效果好，但當時進步劇人大都分散在國民黨官辦的兩個電影廠，進步戲劇界尚且沒有自己的劇團，於是商定興辦「中華劇藝社」（中藝）。辦劇團又急需經費支持，當時的進步文化人大多窮困，經費上困難重重，最後商定湊一臺義演，以籌建中藝的經費。許幸之將他根據世界名著《茶花女》爲藍本改編的話劇《天長地久》拿出來，由應雲衛擔任導演，白楊、項堃扮演劇中的主角，連教授陳仁炳也在劇中擔任了角色。不過，當時還有另一個問題，就是在當時中央控制很嚴的情勢下，上演又缺乏場地。幸虧重慶「精神堡壘」（現解放碑）附近的國泰大戲院經理夏雲瑚主動安排《天長地久》在國泰上演，解了燃眉之急。演出後立時轟動，場場客滿，經費問題解決後，「中華劇藝社」才在 1941 年 10 月 9 日正式成立。〔註 138〕

〔註 137〕吳茵：《影人劇團十姐妹》，《重慶文史資料選輯第 43 輯》，重慶：西南師範大學出版社，1995 年，第 191 頁。

〔註 138〕白楊《中華劇藝社二三事》，《重慶文史資料選輯第 24 輯》，中國人民政治協

　　中藝雖已成立，但重慶的情勢依舊險惡，既要爭取生存，又要繼續戰鬥，不能不籌謀對策，一個行之有效的辦法，就是利用反動派內部的複雜矛盾。劇社每一次演出都找出一個募捐名義，將一部分前排座票包給募捐團體，票由他們去加價推銷，這種加了價的票名曰「榮譽券」，募捐團體就收得這種加價款作為捐款。所找的一些募捐團體，差不多都是在社會上有一定背景和能力的人搞的，藉此可以由他們協助劇社搞點外交，許多事由他們出面就減少劇團的麻煩。儘管這種利用募捐名義的辦法，劇社會受到一定的經濟剝削，但遭受這點剝削，卻能使演出順利進行。「中華劇藝社」在 1942 年和 1943 年上半年，就是採用這種募捐名義的戰術，在重慶先後又上演了石淩鶴的《戰鬥的女性》，于伶的《長夜行》，夏衍的《愁城記》和《第七號風球》（即《法西斯細菌》），吳祖光的《風雪夜歸人》，歐陽予倩的《忠王李秀成》，老舍的《面子問題》，陳白塵的《歲寒圖》和《石達開》等革命作家的劇本，對觀眾從不同角度給以積極的影響。〔註 139〕

　　抗戰時期的北碚在當地開明紳士盧作孚、盧子英兄弟的庇護下，氣氛較為民主，許多進步文化人和文化團體都在北碚開展過活動。時任北碚管理局局長的盧子英，擁護黨的統一戰線政策，對黨的工作表示同情與支持。正如有的人後來回憶的那樣，「在抗戰時期，眾多的進步文化人和進步學生（包括作家、科學家、學者、教授、政治活動家）在北碚居住，沒有發生過人員失蹤、受迫害的事。當時，昆明一度成為『民主搖籃』，而北碚也可稱為民主特區了」〔註 140〕。首先是關於《新華日報》的北碚發行站。1941 年「皖南事變」發生，中共南方局決定擴大《新華日報》的發行面，在北碚建立《新華日報》發行站。先是由與盧子英有良好私人關係的郭沫若給盧去了一封親筆信，盧收到信後表示大力支持，只是自己作為國民黨地方行政長官不好直接出面，就交給他的得力助手，建設科長高孟先辦理，而更具體的工作又找來他的弟弟高祥照去辦。如以他的個人名義租房子開書店，實際上是《新華日報》發行站。後來國民黨特務為阻止發行站的工作，屢次找房東麻煩，迫使發行站搬了兩次家。為了避開這些干擾，高氏兄弟索性將房子買了下來，此後又轉

<hr />

商會議四川省重慶市委員會文史資料研究委員會，1985 年，第 189 頁。

〔註 139〕張逸生、金淑之《回憶中華劇藝社》，《重慶文史資料第 9 輯》，中國人民政治協商會議四川省重慶市委員會文史資料研究委員會，1981 年，第 133～134 頁。

〔註 140〕左明德：《懷念盧子英》，《重慶文史資料選輯第 42 輯》，重慶：西南師範大學出版社，1994 年，第 102 頁

移到天津路 8 號。發行站建成後，發行量多達 2000 多份，覆蓋了川東、川北大部地區，有力的宣傳了抗戰、救亡，擴大了影響。

1942 年 4 月 27 日，盧子英致電陽翰笙，希望「中華劇藝社」能將《屈原》和《天國春秋》帶到北碚公演。當中藝社到北碚上演《天國春秋》的時候，剛演完第一幕即有人毆辱中華劇藝社負責人應雲衛，並將其抓進了憲共隊。幸好陽翰笙亦赴約來到了北碚，正在劇場，他一面主持繼續演劇，一面找到盧子英，立即派人與憲共方面交涉，不到一小時，應雲衛便安然回到了劇場。郭沫若大型歷史話劇《屈原》，定於 6 月下旬在北碚公演。盧子英為了保證把《屈原》演好，調動了大批士兵和工人，修整了民眾會堂、旅館、食店、大街、小巷粉刷一新。國民黨中央圖書雜誌審查委員會得知這個消息，忙派出一名特務，找到北碚民教館長劉忠義，提出不准《屈原》上演。劉忠義推說，這是管理局安排的，我無權取消，把特務頂了回去。後經盧子英安排，為了防止在演出時特務來搗亂，除明的暗的派有大量軍警維待秩序外，在戲臺前安置一把藤倚，演出時民教館長劉忠義親自坐在這裡，名曰監督演出，實是預防特務破壞。《屈原》在北碚連演五天，場場爆滿，盛況空前，非常順利。抗戰時期，盧子英在北碚團結各界人士，抗日救亡，建設峽區，民主氣氛濃鬱，擾戰呼聲既高，地方建設也輝惶騰達。北碚吸引了大量的專家、學者，投身峽區，盧子英對這些文化人，是採取保護態度，有的還不時往來，這也激怒了國民黨當局，甚至千方百計，想置盧子英於死地。〔註 141〕

抗戰大後方的文學運動一個突出的特點就是：它的讀者不再像戰前那樣局限於城市中的知識分子及小市民，而開始從城市擴展到農村，從知識分子、小市民擴展到農民、工人、士兵，這種轉變才使得「抗戰」、「救亡」、「民主」等進步思想有更大範圍的傳播，最終喚醒民眾，發動全民參與。地方上鄉村、小城鎮的文學運動也得到來自社會各階層的幫助，而地方的重重矛盾也使得鬥爭經驗日漸豐富的文藝工作者可以靈活運用，這方面代表性的例子是「四川旅外劇人抗敵演劇隊」的經歷。該演劇隊 1937 年 10 月成立於武漢，它能夠回川演出便得益於四川軍閥劉湘。劇隊負責人吳雪與國民黨第七戰區司令長官劉湘的侍從室副官王少燕相識，與他談及旅外劇隊回川的想法，王少燕是戲劇愛好者，表示支持。王籌辦經費，把從劉湘處得到的 400 元資助作為

〔註 141〕以上關於盧子英的材料參見李萱華的《盧子英與北碚》和左明德的《懷念盧子英》兩文，來自《重慶文史資料選輯》第 42 輯。

開辦費，吳則從電影股及其他處拉出周峰、陳光、方聲、李恩琪、田禽、張西蓮、李健、都士丁、黃憶年、張之湘，孫濤等人。這樣劇隊便組成了，由王少燕負責對外聯繫，吳雪主持隊務。之所以將「四川旅外劇人」冠在隊名上，是爲了表明一群在省外從事戲劇工作的川人組成的一個劇隊回來了，藉此增進同家鄉觀眾的情感聯繫而已，實則全隊只有五個四川人。不過有了這個名義便可求助於劉湘，既是抗日義舉，又有桑梓之誼，劉湘是樂意支持的。準備工作就緒之後，王少燕從四川省政府和省動員委員會弄到一個公函，內容大體是：旅外劇隊到各地進行抗日宣傳，希當地政府給予大力協助。有了這個東西，劇隊不僅有了合法地位，還有點像持一道鎮邪靈符，可以去嚇唬小鬼，各地的協助也省掉了許多麻煩。

旅外劇隊第一次下鄉流動演出時，由於經費緊張，而出發時只做了一條工裝褲，以後想再做一條便沒錢了，當劇隊從瀘縣搭輪船趕到重慶參加全國第一屆戲劇節時，連船票錢都拿不出來。幸虧納溪縣長陳攸序（四川人）慷慨解囊，爲他們每人製了一條工裝褲，並贈一筆旅費，這才擺脫了困境。到自貢演出之時，群眾熱情歡迎，當地救亡團體大力合作，但國民黨市黨部卻阻止劇隊開展工作，不讓演出。正當陷於困境時，一位名叫歐陽爾彬的老人得悉後便來住處看望，立即爲劇隊安排好劇場，並負責售出全部戲票，還特爲劇隊召開與當地各界人士見面的座談會。此外，還設宴招待全隊隊員，離去時，他以鹽業公會的名義送給劇隊 400 塊錢。這筆錢給每個隊員縫製了一件灰色夾大衣，餘款留作回成都整訓之用。歐陽老人早年曾跟隨孫中山先生革命，是當地一位很有威望和地位的鹽商。他深爲劇隊這群年輕人爲抗日救國而奔忙的精神所感動，說：看到你們，我覺得我們中國有希望了。

當劇隊第二次外出流動演劇的時候，政治氣氛明顯緊張了起來，蔣介石加強了地方的控制，準備破壞國共合作。旅外劇隊到遂寧演出時得到消息，前一天晚上遂寧專員與保安司令召開了緊急會議，布置破壞劇隊的工作：先由專員公署出面刁難，再讓某聯保主任領人鬧劇場，使戲演不下去，最後組織流氓在街頭或劇隊住地尋事挑釁，引起糾紛，造成藉口，以便解散或驅逐劇隊出境。劇隊成員經過多方接觸，瞭解到此地存在三種勢力：專員可能屬於蔣介石嫡系；縣長的背景不明，但與專員矛盾頗大；該地還有駐軍一個旅，爲劉湘舊部，同蔣之嫡系有如水火。於是劇隊決定運用統一戰線的策略，利用矛盾，爭取地方勢力對抗日宣傳活動的支持。先由丁洪再去會見縣長，縣

長表示支持，並說可告訴專員，公演和票價是他同意的，如果再有什麼問題，就由他來應付。另外又派人去會那個旅長，他很高興，因爲劇隊當初同劉湘有那麼一點關係，劉的舊部對劇隊也就很親近。特別是他在不斷受到中央勢力排擠時候，忽然看到劇隊的人去拜訪，倍感欣喜。他得知劇隊的境況困難後，表示一定大力支持。而對內則要求大家提高警惕，少外出，更不要單獨上街，使反動勢力無機可乘。首場公演，那位旅長很早來到劇場，還將帶來的一些士兵布置在場內各處。開幕之前，那個聯保主任果眞喝得醉醺醺的來了（當然不止一個人），幕剛要啓，他便站起來大叫大嚷。制止無效後，丁洪便走出幕前，向觀眾說明有人前來鬧事，企圖破壞抗日宣傳，請求觀眾的支持。於是全場譁然，群情激憤，一片斥責之聲衝向鬧事人。這時那位旅長喝令士兵將這個帶頭肇事的傢伙架了出去，其他人見此陣勢便不敢輕舉妄動。一場風波遂平靜下來，演出照常進行。此後，劇隊一直到宣傳和演出計劃完成後才離開遂寧。〔註 142〕

　　而「中華劇藝社」在離開陪都重慶後，也曾到地方巡迴演出，推進進步戲劇運動。他們有兩年的時間，活動在以成都爲中心的川西一帶，先到內江、自流井、五通橋、瀘州、嘉定等地巡迴公演，第二年，定居在成都。劇社在成都沒有落腳的地方和演出場地，全賴地方進步力量的大力協助。在他們的支持下，租用了一個叫「三益公」的戲曲園子，稍加改造，作爲固定演出場地。〔註 143〕

二、廣西、雲南的情形

　　西南劇展是抗戰時期桂林文化城的代表性事件之一，它是大後方戲劇工作者們的一次大會師，也是對大後方進步演劇的大檢閱。劇展從 1944 年 2 月 15 日，到 5 月 19 日結束，歷時 3 月有餘，包括戲劇演出、戲劇資料展覽和戲劇工作者大會三個部分。

　　西南劇展總共演出 126 個劇目，絕大多數爲進步戲劇，其中話劇 31 個、桂劇 9 個、平劇 31 個、歌劇 1 個、話報劇 7 個、傀儡戲 5 個，還有民族歌舞、雜技、魔術等節目 35 個。演出團體有來自粵、桂、湘、贛四省的 30 多個單

〔註 142〕以上關於四川旅外劇人演劇隊的材料主要來自戴碧湘《憶四川旅外劇人抗敵演劇隊》一文，參見《抗戰時期西南的文化事業》，成都出版社，1990 年版。

〔註 143〕張逸生、金淑之：《回憶中華劇藝社》，《重慶文史資料第 9 輯》，中國人民政治協商會議四川省重慶市委員會文史資料研究委員會，1981 年，第 136 頁。

位，900 多名戲劇工作者參加，共演出 170 多場，觀眾達 10 萬多人次。戲劇資料展出 15 天，徵集到的文獻資料 375 件，照片 205 幀，統計圖表 56 種，舞臺模型 62 座，平劇臉譜 163 幅，作家原稿 25 件，舞臺設計圖 64 張，平劇及桂劇珍本 79 種等 1000 餘件。戲劇工作者大會爲期 16 天，500 多人參會，有學術報告、經驗介紹、專題研究 31 次，通過各類提案 37 個。〔註 144〕西南劇展遠遠超出了單純的戲劇演出、討論藝術的範圍，使戲劇工作者擰成一股繩，以合法的身份向國民黨當局主張權利，改善抗戰戲劇的困境。大會通過了請求政府豁免戲劇公演娛樂專稅的提案；請求政府改善劇本出版和演出審查制度的提案；請求減免運輸費、旅費以減低劇團赴部隊、工廠、農村演出負擔的提案。西南劇展是中國現代戲劇史上空前的聚會，戲劇工作者在抗日戰爭極端艱難的環境下彙集桂林，檢閱各自辛勤耕耘、創作的成果，把瀕臨危機的抗戰戲劇復蘇過來，並推向一個新的階段。劇展通過交流總結，對戲劇工作者無論在思想上還是藝術創作上均有深刻教育意義。可以說，西南劇展的召開，既是對進步文化人和抗戰軍民的激勵和鼓舞，又是對國民黨文化專制主義和反動高壓政策的有力抗爭。它顯示了進步文化的力量，顯示了中國文化戰士，在抵禦外敵，保衛中國的文化的同時，又擔負著保衛文化的民主自由的重任。〔註 145〕

這次劇展的影響之大，正如美國著名戲劇評論家愛金生在《紐約時報》撰文介紹的那樣：

> 如此宏大規模之戲劇盛會，有史以來，自古羅馬時代曾經舉行外，尚屬僅見。中國處於極度艱困條件下，而戲劇工作者以百折不撓之努力，爲保衛文化、擁護民主而戰，迭予法西斯侵略者以打擊，厥功至偉。此次聚中國西南八省戲劇工作者於一堂，檢討既往，共策將來，對當前國際反法西斯戰爭，實具有重大貢獻。〔註 146〕

規模如此宏大，影響深遠，傾向進步的西南劇展，如何能夠在當時舉辦是一個重要問題。因爲，當時蔣介石已經發起第三次反共高潮，國統區形勢複雜

〔註 144〕參見魏華齡《西南劇展的歷史意義》（《廣西社會科學》1987 年第 1 期）一文第 208～209 頁，與《桂林抗戰文藝概觀》（李建平著，灕江出版社 1991 年版）第 123～127 頁。
〔註 145〕李建平：《桂林抗戰文藝概觀》，桂林：灕江出版社，1991 年，第 132 頁。
〔註 146〕轉引自 1944 年 5 月 17 日《大公報》〈桂林版〉消息）。

而殘酷，戲劇運動處於低潮期。如重慶雖於 1942 年掀起過戲劇運動的高潮，但 1944 年的戲劇節卻相當冷落、暗淡。〔註147〕在此情形下，只有充分利用國民黨（包括地方新軍閥）內部錯綜複雜的內部矛盾，採用聯合一部分以對抗另一部分的策略，即「利用矛盾，爭取多數，反對少數，各個擊破」才使得劇展獲得成功。

當時領導西南劇展的文化人有夏衍、邵荃麟、田漢、周鋼鳴、司馬文森、歐陽予倩等，他們在大後方堅持戰鬥多年，經驗豐富。為了能夠使西南劇展獲得合法的身份，首先，由田漢親自出馬，多次登門拜訪李濟深商談劇展事宜，還通過民主人士張文、曾偉去做李濟深的工作。李濟深與蔣介石宿怨已久，在新桂系乃至國民黨中都有很高威望，且抗戰期間思想上日趨靠近民主，曾掩護過許多文化人和文藝活動，他對劇展表示支持，並樂意擔任劇展的第一名譽會長。其次田漢、歐陽予倩、瞿白音、熊佛西等出面請廣西省主席黃旭初擔任大會會長，黃旭初對蔣介石的對日妥協政策心懷不滿，有抗日愛國的意願，於是欣然答應〔註148〕。之後以黃（旭初）的名義，再邀請各戰區司令長官、省主席及國民黨中央政府有關部門的上層人物任名譽會長〔註149〕。其中有李宗仁、白崇禧、張發奎、陳誠、余漢謀、顧祝同、陳立夫、張治中、谷正綱、李漢魂、梁寒操等。另請一些省、市、戰區的實權人物任大會指導長，如黃樸心、潘公展、李任仁、劉士衡、蔣經國等。會議期間，還邀請國民黨軍政、文化界要人，如國民黨軍委會政治部長張治中，文化部長張道藩等到會「訓話」。〔註150〕採用以上策略之後，一來劇展獲得了「合法」的身份，可以大張旗鼓的開展工作；二來，邀請的都是國民黨中舉足輕重的黨、政、軍及文化界要員，劇展中許多工作上的困難（如疏通關節等）可以請他們出面解決；三來，當時國內財政危機、通貨膨脹已比較嚴重，劇展開辦費用上又由這些上層人物進行了捐贈，一定程度上達到了「用他們的錢，演我們的戲，唱我們的歌」（周恩來語）的目的。

〔註147〕李建平：《桂林抗戰文藝概觀》，桂林：灕江出版社，1991 年，第 125 頁。

〔註148〕參見蔡定國《共產黨的領導是西南劇展的靈魂》一文，《廣西社會科學》1986 年第 3 期。

〔註149〕參見周鋼鳴《桂林文化城的政治基礎及其盛況》一文，原載《學術論壇》1981 年第 2 期。

〔註150〕楊益群、王斌、萬一知編：《桂林文化城概況》，南寧：廣西人民出版社，1986 年，第 19 頁。

　　其實，如此大張旗鼓的文藝活動畢竟是少數，更為普遍的是眾多小規模的文學活動，它們也時常得到意想不到的各方面愛國人士的支持，在與當地反動勢力的對抗中艱難的獲取生存空間。如董長祿當年在大後方，就用「相聲」這種傳統說唱藝術的方式進行抗戰宣傳。1941 年，在桂林七星岩露天書場演出時，曾被當地地頭蛇指使流氓在演出場外打架起鬧、投石塊，並進而勾結警察勒令其停演。第二天，桂林《大公報》曾登出文章揭露了這一事件，譴責地痞流氓的卑鄙行為，支持演出。在仍被禁演的情況下，董長祿拿著于右任的介紹信找到兩廣監察使劉侯武先生，劉看信後非常客氣地接待了他。董即將上述事件向劉申訴，並請他幫助解決，劉侯武聽了之後非常氣憤，即令人查處此事。不久桂林警察局東江分局就在七星岩露天書場大樹上張貼了布告：「查小地梨、歐少久藝員，在此演唱『抗戰相聲』係宣傳抗日救國，觀看人等不得無故滋事。如有擾亂鬧事者一律嚴懲不貸……」（大意）從此演出再無人敢來搗亂了。〔註 151〕

　　雲南昆明等地的情形也與此類似。如王旦東創辦的《農民救亡燈劇團》，在成立演出過程中都困難重重，也是依靠愛國紳士的幫助才得以走上救亡宣傳的道路。雲南民間的花燈，是農村春節期間文娛活動的項目，雖然花燈被紳士、太太們視為傷風敗俗的下流事，但有貼近民眾，通俗易懂、幽默詼諧、（在民間）影響廣泛等優點。王旦東等人就想以花燈的藝術形式宣傳抗日救國，並擬定了「農民救亡燈劇團」的名稱，但多次向昆明市政府和國民黨市黨部申請立案，卻不被批准。後來，王旦東經過好友楊光浩、姚雨聲的介紹，結實了一個滇戲劇場的經理王漢聲，請他設法。王是個愛國的紳士，併兼任義務教育委員會主任，熱心戲劇，答應支持。五個月後，有了答覆，王漢聲認為燈劇團在名義仍須掛在教育廳義務教育委員會名下，借著當時義務教育委員會活動很少的機會，向教育廳長龔自知要求，料想龔廳長定會答應。這樣，一來燈劇團有了合法的地位；二來有了經費的支持，即通過王漢聲在義務教育委員會的賬目上，在限定範圍內可以實報實銷。1938 年春節燈劇團正式成立以後，王漢聲還關心劇團排演情況，看了幾個劇都表示滿意。並且當年 2 月他看了《茶山配》（即《茶山殺敵》）之後，還高興的提筆寫下幾句話，「《茶山配》是一部很有意義的劇本，加以熱情的表演，新奇的布景，動聽的

〔註 151〕董長祿：《我在後方巡迴演出「抗戰相聲」》，《抗戰時期西南文化事業》，成都：成都出版社，1990 年，第 296 頁。

曲調，通俗的道白，所以感人很深，賣座極盛，這種燈劇實在是深入民間最相宜的利器⋯⋯」。〔註152〕

　　另外，雲南話劇事業的開拓者陳豫源，也是應雲南教育廳長龔自知的邀請，才在 1936 年回到原籍雲南。當時，龔自知打破傳統偏見，在省藝術師範學校開設戲劇電影科，將戲劇從下九流的深淵推向崇高的教壇，聘請陳豫源為該科主任。陳豫源早年考入北平大學藝術學院戲劇系，受到進步戲劇前輩熊佛西的教導，畢業後曾教過兩年書，之後放棄都市中較優越的生活，到條件艱苦的河北定縣參加了晏陽初倡導的中華平民教育促進會，在熊佛西的領導下，和楊村彬一道研究農民戲劇實驗工作。面對當時中日日趨嚴峻的形勢，陳有獻身話劇事業和抗日宣傳的決心。受邀回滇後，培養了一大批青年戲劇工作者，領導他們先後 7 次實驗演出，起到了很好的宣傳效果。這些都離不開龔自知的幫助支持，在歡送滇軍 60 軍出征抗戰的演出中，省府主席龍雲還和龔自知親臨看戲，對演出頗為稱讚。〔註153〕

　　類似的情況還有很多。總之在戰時大後方的「軍紳」社會中，各種各樣、不同層次的「軍紳」勢力之間常常會在特定的情境下發生力量的對抗局面，這種權力的相互制衡使得文學活動的開展有可能獲得一定的空間，而隨著文人作家們鬥爭經驗的不斷增長，他們也越來越能夠利用這些特殊形勢與情境，使得大後方文學在較為嚴峻的外部環境中仍舊能不斷的開展。

〔註152〕王旦東：《農民救亡燈劇團親歷記》，《抗戰時期西南的文化事業》，成都：成都出版社，1990 年，第 283～285 頁。

〔註153〕王耕夫等：《抗戰八年雲南的戲劇運動》，《抗戰時期西南的文化事業》，成都：成都出版社，1990 年，第 252～254 頁。

第三章 大後方文學中展現的「軍紳」社會

　　論文上一部分粗略地介紹了抗戰爆發之前，中國社會所處的一般狀態，及知識分子（包括文人作家）總體上的教育、知識、生活背景。那種此前處於緩慢的「蠕變」狀態的社會變動，在抗戰的壓迫下步入了快車道，社會惡化的速度較快，這真是一個對外面臨生死存亡、對內面臨社會生態急劇破壞的「非生即死」的「大時代」。而這一狀況，在由沿海走向內地、由城市走向農村的知識分子們，有了更為全面體驗和瞭解。這種瞭解讓他們心靈上普遍受到震動，視野變得開闊，體驗更加深刻，並開始了深入的思考與反省。所有這些都在他們的創作中留下了豐富的印迹，他們書寫了他們所看到、聽到、體驗到的「軍紳」社會的方方面面，在這個過程中，他們自己也對社會、人性加深了認識，受到了教育。

　　中國近代以來的文學，尤其是「五四」新文化運動以來的新文學，由於在文學觀念上、內容上、形式上接受西方近代文學的影響，再加上中國自身強大的文學傳統的潛在作用，呈現出多彩的文學樣態。但文學從其本性上，儘管主要是通過作家的個人體驗、個體創作為生成方式，但作家「個體」在存在狀態上無不處於社會之中，因而其內容不同程度地體現著社會性。而對於生活在近代中國這樣一個國家層面上內外交困、苦難深重，個人精神層面上新舊雜陳、糾結彷徨的歷史階段，再加上古典文學有深遠的「載道」傳統〔註1〕，這就造就了近代中國人某種程度上天然的感時憂國的氣質，導致近

〔註1〕 缺乏古希臘那樣追求「純粹」的精神，這一點極大影響了中國人的思維方式，

代以來中國文學中社會性成份的濃鬱。文學對於近代以來的中國知識分子來說，似乎從來就被寄予了太多的期冀、承載了太重的使命。從晚清梁啓超的「三界革命」與做「新民」的關係，〔註2〕到「五四」時魯迅的改造國民性，再到此後的「革命文學」，無一不是寄希望把文學的功用施之於社會，只是取徑的方式有別，相互側重不同。而抗戰時期的文學運動才眞正又把「文學」在改變「社會」的直接性與功利性上推向一個新的高潮。一者，梁啓超的造「新民」止於士大夫；「五四」的改造國民性與之後的「革命文學」由於中國社會的城鄉分離，而知識分子有嚴重的城市化、知識化傾向，因而不但文學觀念上而且文學的實際影響上也都止於一小撮城市市民與知識分子；只有抗戰打破了知識分子長期生活在城市的、與鄉村隔膜的狹小天地，使他們有機會眞正瞭解廣大的內地、鄉村，農民既沉滯、閉塞又堅忍、善良的特點，以及新的社會現實既在主觀上改變了他們的文學觀念，又客觀上爲文學眞正面向大眾提供了條件。再者，近代以來的國家危機，無論不平等條約還是侵略戰爭，均發生於局部，所謂「亡國亡種」更多是知識分子強烈的憂患，所以文學面臨的外部環境遠沒有抗戰來的嚴峻、迫切，國人第一次不僅在意識上更是在生活中直面「生」與「死」、「存」與「亡」的極端情境。於是，非常態「血」與「火」的現實逼迫人們拆掉文學與國家、社會、人民之間的多元抉擇的、或直接或間接的「功利」，代之以堅定不移的、目標明確的、較爲直接的功利性。這兩點，是抗戰時期大後方文學運動中文學的突出特點。

大體上可以說，民國的「軍紳」社會是中國現代文學生長的土壤（不過當時的知識者們大都沒有自覺到這一點，並對之進行全面的考察認識）。由於近代化、新式教育體制改革造成的城鄉割裂以及知識分子的城市化、知識化現象，極大地影響了現代文學的面貌。抗戰帶來了一些新的變化。當戰前政府所依賴的城市及沿海發達地區淪陷的時候，以往被人們忽略的落後內地卻伸開臂膀接納這些「現代」的逃亡者，廣大鄉村、農民的生活似乎第一次不同程度地被現代知識者們所接觸和瞭解。他們同時發現了內地、鄉村、農民

而這種思維方式也反映到了文學上面。

〔註2〕 二者關係最具代表性的表述便是《小說與群治之關係》開頭的一段話：欲新一國之民，不可不先新一國之小說。故欲新道德，必新小說；欲新宗教，必新小說；欲新政治，必新小說；欲新風俗，必新小說；欲新學藝，必新小說；乃至欲新人心，欲新人格，必新小說。何以故？小說有不可思議之力支配人道故。

的既沉滯、閉塞又堅忍、善良，既卑微、渺小卻又蘊含著眞正的可以改變整個國家的強大力量，這兩方面的發現，給知識分子的心靈以極大的衝擊。作家們長久以來想通過文學的途徑改造社會，但這在那些令人震驚的「軍紳」社會諸多醜惡的勾連面前，顯得太虛弱、太書生氣了，於是他們筆下的所謂「文學」的面貌，也隨著他們對「軍紳」社會的瞭解與震驚而不斷調整。

　　但在社會的一面，戰爭卻沒有改變中國「軍紳」社會的性質。從政府的角度來看，似乎戰爭還在一定程度上促進了國家的統一，以往分裂的軍隊在指揮上也不同程度趨於統一，抗戰的最終勝利也給國家帶來莫大的榮譽。然而，從農民的角度自下往上看，抗戰時期的中國社會幾乎在各個方面都處於一種急劇的惡化中：稅收的繁重、徵丁中的混亂、災荒中政府醜陋的表演、奸商的投機與走私、軍隊的軍閥特徵、政府官員的自私自利、貪污腐化以及社會道德準則的黑白顛倒等等。也就是說，抗戰帶來的積極面，更多只是和政府以及社會上層相關，他們似乎是最大的得利者，尤其從財富的集中來看也的確是這樣；而作爲抗戰勝利最堅實依靠的廣大民眾，則幾乎承受著全部的消極面。在抗戰中，與這些可愛的民眾接近並逐漸站在民眾隊伍中的文人、作家不可能不面對這種殘酷的、赤裸裸的社會現實，並在自身的立場與文學的立場上重做抉擇。

　　前面說過，如果說此前所謂「亡國亡種」，更多是知識分子們強烈的憂患，因爲戰前文學面臨的外部環境遠沒有日軍的全面侵華來的嚴峻、迫切，那麼，抗戰中國人第一次不僅在意識上更是在生活中直面如此眞實、如此迫切的「生」與「死」、「存」與「亡」的極端情境。於是，非常態的「血」與「火」的現實成爲光明與腐朽、進步與墮落、革命與反動的催化劑與試金石，它在人們靈魂中施加的巨大壓力，也促使社會處於急劇的兩極分化之中。這種分化是多層面的，財富的分化、土地的分化、道德信仰的分化與人的分化──這其中人的分化是重心。本章的任務就是考察抗戰時期，中國「軍紳」社會各個方面急劇惡化的具體情形，並以人的分化爲核心考察社會的兩極分化狀態。因爲這種社會的惡化與兩極分化過程，是大後方文學運動主體（知識分子）的生存境遇，他們在這種環境中的體驗、認識、感受與抉擇都影響甚至是決定了大後方文學運動整體上的內容與性質。〔註3〕

〔註3〕　他們絕大多數都站在了追求光明、進步、乃至革命的方面，也是民眾的方面。

第一節　戰時「軍紳」社會圖景面面觀

民國以來的「軍紳」社會基本上還是處於緩慢、溫和的蠕變之中，雖然國民政府沒能控制國家機構與新型「紳士」的聯合統治導致的「非法」剝削，但政府的建設也取得了一些成效（主要體現在城市與沿海），而某些地方軍閥（如新桂系和滇系）的建設成績還相當可觀。而抗戰帶來了更嚴峻的形勢，摧毀了國民黨中央建設的（大部分）城市與沿海，地方軍閥建設的大後方反而成了全國抗戰的主要財力、物力、人力的來源，非常態的戰爭年代使得軍事上的投入急劇增多，而這種（從政府的角度看）自然的、合法的急劇增長卻被社會「軍紳」結構所利用，附載上了更多的人為的、非法的貪污中飽，政府不但沒能有效地阻止這一點，反而越來越成為這些行為的合作者、庇護者（參見第一章第二節）。結果，掌權的社會上層越來越處於一種墮落、混亂的泥潭，而下層民眾身上的負擔越來越重，瀕臨生活崩潰的情況越來越多，整個的「軍紳」社會也越來越失去一個常態社會應當存續的那種法則、秩序與標準，而呈現狼與狼的「叢林化」特徵。這體現在社會的方方面面。

一、政府與官員

以蔣介石為首的國民黨中央政府在戰爭時期的現實表現，直接影響著整個社會的整體面貌。一個政黨、一位領袖在抗戰這個需要凝聚人心時代，有著重大的影響，這種影響有時甚至是決定性的。抗戰爆發後，國民黨頒佈的「抗戰建國綱領」是一個較為進步的文獻，贏得了許多知識分子的贊同與支持，〔註4〕但一種政策、一種信念本身的精神動力是要和他的物質承擔者相結合，才能真正迸發出強大、持久的力量。因為口頭的承諾、紙面的表述是很有可能與實際的實施產生很大距離的。下面來看看中央政府在大後方文學中呈現的面貌。

首先來看國民黨政府地方官員的形象。這其中最有名的便是張天翼在《華威先生》〔註5〕中刻畫的那位救亡官僚。華為先生一天忙到晚，永遠「挾著他的公文包」（官員身份）和「黑油油的手杖」（紳士派頭），遊走於各種大大小小的救亡團體舉行的會議之中，忙於救國。每次開會都既遲到又早退，重複地說著兩點意見，一是要加緊幹、莫怠工，而是要認準一個領導為中心，其

〔註4〕　如賀麟在文章中就極力推崇抗戰建國綱領的意義。
〔註5〕　張天翼：《華威先生》，《華威先生》，南京：江蘇文藝出版社，2009年。

實重點只有一個，就是認定一個領導中心。但實質性的開展工作，實質性的領導卻沒有。在張天翼的另外一篇小說《譚九先生的工作》〔註6〕中，譚九先生是地方上的一位知識分子官員，某鎮抗戰大會的會長，一向自命愛國，逢人便談抗敵工作，但實際上，背地裏囤積糧食，和鎮上的其他勢力爭奪權力。如他的死對頭譚十一太公，雖是他的親叔叔，在譚九先生眼裏也成了「老混蛋」、「土豪劣紳」、「腐化分子」，還不惜在大會上公開攻擊譚十一太公。其實他們之間並無本質的不同，都是利用職權在徵丁時候偷梁換柱、冒名頂替；在攤派的時候弄虛作假、假公濟私。然而在表面上仍舊自命清高，抗日愛國，實際上則個人利益至上。另外，就像阿 Q 的爛瘡害怕被人提及似的，對於自己的陰私還特別神經緊張，當抗戰壁報上轉載了一篇關於戰時糧食統制的文章，由於文中順便談到糧食統制可以防止囤積居奇之事，譚九先生便怒不可遏，以爲是別人的有意安排、攻擊。

黃藥眠的短篇小說《陳國瑞先生的一群》〔註7〕，更是刻畫了一個類似的但更爲惡劣的抗戰官僚形象，表現了像陳國瑞一樣的國民黨官僚們的醜態。陳國瑞是讀過倫理學的大學生出身，在抗戰時期是政府某部門的委員，在面對李秘書認爲「停戰」（實際上是苟且、妥協、媾和）會讓他們這些人的生活變得舒服的看法時，他不由自主地在心裏「感到一種微妙的愉快」，覺得「這才是確切的眞理呀！」但表面上仍舊還得虛僞地搖著頭，以表示不能同意。他追求生活的舒適，戰時的物資匱乏並沒有能改變他對食物的挑剔與講究，而且還頗奇特地認爲西製的豬排終究是不如家製的米粉肉，有人就此恭維他是「國粹派」，他則自稱這是「愛國主義」。陳國瑞的私生活也是放蕩混亂，他雖然在家信中對妻子說他工作十分繁忙，答應她無暇出去「胡鬧」，但事實恰恰相反，每逢天色從黃昏轉爲暗夜的時候便踏上洋車到××飯店中去，常常有張志明參議、李軍需官等一類人及舞女月瑛、月娥的陪伴，他們徹夜地喝酒、玩樂，直到天快亮的時候才開始沉睡。

關於這些官員們的心理狀態，《大公報》上王芸生的一篇社論多少給出了一些提示：

> 從來中國的社會，大體上只有兩個階級，一種是農民，一種

〔註6〕　張天翼：《譚九先生的工作》，《華威先生》，南京：江蘇文藝出版社，2009 年。
〔註7〕　黃藥眠：《陳國瑞先生的一群》，《黃藥眠自選集》，廣州：花城出版社，1986年，第 447～464 頁。

就是官。讀書的士子，大都是爲了「學而優則仕」。幾千年來，這「官」階級中當然出了不少政治家及勤政愛民的官吏，但也有很多專爲做官而做官的官僚。這些人，既無主義，又無理想，做官只爲個人的利祿與妻妾子女的供奉。也談不到操守，只要有錢可撈，什麼壞事都敢做。他們做官的秘訣是「推」「拖」「騙」，而歸結一個字，就是「混」。天大的事，他們都能推得開，拖得過，騙得了；大事化小，小事化無，什麼大問題，他們都這樣混下去，永沒有一個眞正的解決。只有陞官發財，他們絕不放鬆。對上不惜奴顏婢膝，逢迎希寵；對下則趾高氣揚，頤指氣使；而對同儕的人則又排擠傾軋，爭風吃醋，無所不用其極。平心説，官僚未必賣國，而其誤國之罪則不可恕。遠的不必説，抗戰以來，這類官僚有沒有呢？我們放眼看，哪裏敢説沒有！而且沉痛些説，我們抗戰所以那麼艱苦，到現在還難關重重，一大部分原因，就因爲有這類官僚在那裡鬼混的緣故。〔註8〕

的確，像華威先生、譚九先生、陳國瑞等政府官僚都有這樣的特點，總結起來可以歸結到兩點：一是利己主義至上，「既無主義，又無理想」，一心只想謀求自身的權力和利益；二是混世主義，本身對抗戰就沒多大信心，而實際工作中更不會嚴格要求、盡職盡責，只是馬馬虎虎、得過且過、弄弄風月、玩玩派系，混得一天是一天。

在政府官員中這種不思進取、腐化昏聵的情形在當時是相當普遍的，然而這種腐化的現象有著很多深刻的前提基礎的，在王西彥的小説《夜宴》〔註9〕裏，便能夠看出一些端倪。

該小説寫了一個某學校師範部主任華大容，既是美國哥倫比亞大學的入籍生，也是某黨國要人的親戚，是一個顯赫的勢力圈子中的一員，剛回國時候在上海一家國立大學當教授，抗戰後學校西遷才屈就這個師範部主任的位置，而今又受那位要人的邀約，去擔任某要職。華大容生活上玩弄女人，千方百計地親近初中部的英文教師林薇，以公事之名把林薇變成師範部的常客，稱她爲「惹事的海倫」、「殘忍的莎樂美」、「上帝的傑作」，爲了得手還向

〔註8〕 參見王芸生《爲國家求饒》一文，引自《大公報一百年社評選》，上海：復旦大學出版社，2002 年，第 161 頁。

〔註9〕 王西彥：《夜宴》，《王西彥選集》第一卷，成都：四川文藝出版社，1985 年。

她許下誓願要把「家裏那個已經有著五個孩子的黃臉婆離掉」。而該學校的校長金其駿也曾留學日本，歸國後辦過醫院，因亂搞男女關係被妻子知曉而失業，戰後靠著在教育廳做科長的妻舅的關係，當了該學校的校長（用他自己的話是「清寒差使」）。上任後的第一次訓話便約法三章：一不反對資本主義，二不反對做舊體詩，三不反對消費。在為華大容踐行的豐盛的夜宴上，他無限感慨又滔滔不絕地讚美著美國的那種令人羨慕的生活方式，他回憶著自己畢生光榮的「紐約時代」，從摩天大樓談到高架鐵路，從鋼鐵大王、煤油大王談到好萊塢電影與爵士樂。……他的感慨「生為一個中國人真是不幸！非常不幸！」幾乎成了他的口頭禪，而下面的一段話最典型的表明了他的認識與態度：

> 我總覺得，生為一個中國人，實在很不幸！有時候，人家美國朋友對我們的扁平臉和黃皮膚辨認不清楚，問我：『你可是一個日本人嗎？』，我簡直沒有勇氣去否認，只好厚起臉皮點一點頭。你們想想看吧，你承認自己是一個中國人，面子上又有什麼光彩呢？中國人！又窮，又髒，又野蠻！辮子、小腳、鴉片煙！中國人簡直只是一個落後的代名詞！你瞧瞧人家美國吧，那真叫是，文明國家，有錢的黃金世界！紐約大馬路上一個揩皮鞋的，也比中國的大財主來得神氣些！我非常佩服金校長的卓見——資本主義是決不能反對的！資本主義可不是酸葡萄，我們絕對不能做伊索寓言裏的餓狐狸！我們中國就是缺乏資本主義，就應該老老實實地跟人家美國走，做人家美國的殖民地也不算冤枉！不看別的，就看香港吧，歸給了人家大英帝國，也變成了人間樂土！人家美國，唉，真是沒有說的，真是文明國家，黃金世界！

從以上不難看出，他們對待生活工作的態度及為人處世的方式是有著較為重要的思想認識方面、心理觀念方面的前提。校長金其駿一方面親睞舊體詩，似乎還保留著舊時士大夫的附庸風雅，卻完全沒有士大夫的那種「志於道」、「以天下為己任」的情懷；另一方面他不反對所謂的資本主義和消費，也是建立在對西方資本主義現代化的相當膚淺的認識上的，而且在抗戰時期還高談這些，與當時中國的實際國情相距甚遠，其原因之一在於這樣的知識分子其實已經不瞭解中國的（全面的）國情了。而華大容在後者上表現的更是典型，口口聲聲歎息「生為一個中國人真是不幸！非常不幸！」說明在他的心

目中對自己的民族、自己的國家，幾乎沒有了任何的自信。這種自信的喪失，很大程度上是由於對我們國家和民族在本質上的陌生。在代表一個民族最重要的文化層面上，中國延續幾千年的古代文化在西方文化（包括精神的、物質的兩方面）衝擊下迅速地衰敗，以至於中國文化的根本精神已經被在新教育體制中訓練出來的知識分子們所淡漠甚至是唾棄，他們對中國文化的認識和富有偏見的外國人一樣，似乎只有「又窮，又髒，又野蠻！辮子、小腳、鴉片煙！」。〔註10〕而華大容等人所瞭解的西方文化，也並沒觸及西方文化中最深層、最根本、最優秀的部分，而僅僅是「從摩天大樓談到高架鐵路，從鋼鐵大王、煤油大王談到好萊塢電影與爵士樂」、「有錢的黃金世界」，幾乎都是最物質化、最表面化、最膚淺的那些方面。所以，他們之所以傾慕西方、嚮往資本主義，主要是沉醉於那種舒適、奢華、衛生、便利的物質享受。在這種心理和認識之下，對抗戰勝利缺乏信心，生活的墮落腐化、得過且過就顯得不那麼奇怪了。

　　在王西彥的小說《兩錢黃金》〔註11〕中，還描寫了政府官員率先破壞政府法令制度以謀求私利的現象，這種行為是導致抗戰時期物價飛漲、金融混亂的一個重要原因。小說講述了一個哲學教授周玄道在戰時生活窘困的逼迫下，想靠著囤積兩錢黃金以求在通貨膨脹日益嚴重的時局下生活上能夠獲得一些保障的故事。反映了抗戰時期惡性通貨膨脹的許多方面，如為了抑制通貨膨脹，美國曾經借運黃金供國民政府穩定金融貨幣市場，但種種的貪污舞弊行為使這樣的努力終於落空。不但有「身為中央銀行業務局長，從行政院長那裡得知黃金提價的消息後，立刻把它泄露給朋友，那位朋友一次就存上黃金三千三百兩……而且，這還只是始作俑者，繼起的人多得不可勝數」；而且「那位長袖善舞的直接稅署署長提用保證金，舞弊公款在一千三百萬元以上」；再有「一位在美國當寓公的中國官員，和紐約一個某某富人競購金剛鑽，舉止的豪奢，簡直使黃金國的人士也驚訝不置！」；至於「他們的錢哪裏來的？難道不是我們這班被剝奪者的血汗？」這種嚴重的貪污舞弊行為

〔註10〕錢穆在抗戰時期發奮撰寫《國史大綱》，其最重要的動力就是批判那些盲目的失敗主義、悲觀心態及文化虛無主義，使國人對我們民族、文化的歷史和偉大精神有某種真實的瞭解，堅定國家不滅、文化不亡的信念，鼓舞起人們的鬥志。

〔註11〕王西彥：《兩錢黃金》，《王西彥選集》第二卷，成都：四川文藝出版社，1985年。

使得在所有的政治、經濟、軍事領域裏快速蔓延、深度滲透，用小說中的那位經濟學教授的話說便是：

> 中國的命運，完全斷送在貪污二字上面！無論什麼事情了，什麼制度，不管它在外國辦理得怎樣合理，怎樣有成效，可是一落入中國官吏手裏，立刻就成爲貪污的工具！我憑著一個公民的良心在說話，如果貪污不能肅清，不僅抗戰是一種徒然的犧牲，建國也只是一種夢人的囈語，一定毫無希望！

這些話就當時的情形而言，的確是一針見血的不刊之論。而至於那些參與舞弊腐化的人群，則正是有錢人的遊戲，即便像周玄道那樣向有餘錢能做著五分一錢的黃金夢人，都是沒有舞弊資格的，更遑論掙扎在飢餓和死亡線上的勞苦大眾。

《兩錢黃金》中所描寫的情形確有其事，當時的西方觀察家，也注意到在破壞法律、規則方面政府人員的帶頭作用。比如在通貨膨脹中，國民黨再次把自己的安全置於一切之上，而不去爲公眾做好事、樹榜樣，在官樣文章上，它一再重複加強物價限制，及其他反通貨膨脹措施。可在私下裏，國民黨「人」乃至政府機關都帶頭破壞剛通過的法律，帶頭從一次新的漲價中獲取暴利。〔註 12〕擁有特權的個人或集團在通貨膨脹中的投機活動異常猖獗，孔祥熙一次就曾購入黃金四萬鎊之鉅額外匯，以從事外匯、黃金方面的投機。〔註 13〕

正如《兩錢黃金》中展現的一樣，國民政府也做了一些抵制通貨膨脹的措施，然而這些在外國頗有成效的調節手段，在中國實施的結果卻往往與計劃背道而馳。如戰時國民政府曾多次從美國貸款以求穩定經濟。1942 年美國政府向中國提供了 5 億美元貸款，作爲國民政府加強貨幣準備、穩定幣值的保證；1943 年，當儲蓄業務陷入僵局、停滯不前時，國民政府從美國借款中提取 2 億美元，向美國購買黃金近 570 萬兩，陸續內運，在市場公開拋售，以圖回籠法幣，減低社會購買力。就黃金買賣而言，它對回籠法幣應該說有一定的作用，但其操作方式爲少數權貴搞黃金投機和發國難財創造了機會。其中的關鍵就在於黃金售價，它原本是由中央銀行隨時確定並通知中國農民

〔註 12〕〔美〕貝克：《一個美國人看舊中國》，北京：三聯書店，1987 年，第 88 頁。
〔註 13〕賈興權：《抗戰期間通貨膨脹政策對中國社會的影響》，《中國經濟史研究》，1993 年第 1 期，第 119 頁。

銀行和中國國貨銀行照辦，售出的數量和價格，外界鮮為人知，而有關的權貴則容易首先探知情報，這為他們的以權謀私活動大開了方便之門。比如那場最有名的黃金舞弊案：1945 年 3 月 29 日，國民政府內定提高金價，每兩黃金合法幣價由 2 萬元提為 3.5 萬元，提價前一天內情已經泄出，內部有關人員遂在當天下午銀行停止營業以前，以每盎斯 2 萬元的價格，大批買進，有的甚至挪用公款搶購，第二天即以每盎斯 3.5 萬元的價格賣出，隔了一夜就獲得如此暴利。國民政府出售黃金的目的，本在吸收遊資，回籠法幣，平定物價，其結果卻與原旨大相徑庭，國民黨高官要員在利欲薰心下，率先從事黃金投機，以致黃金價格迅速上漲，投機之風盛行，法幣的貶值自不待言，貨幣貶值的自然後果就是物價的不斷上漲。〔註 14〕其他原本為控制物價、穩定幣值的措施（如管制銀行信貸等）的最終實效，也都大致如此。

抗戰期間，國外對中國的捐款與援助，絕大多數被蔣介石中央政府接納，而政府對這些援助的使用則相當糟糕。例如，1942 年美國為支持重慶抗戰，貸款給中國政府 5 億美元，英國也在某些條件下提供了 5000 萬英鎊的貸款。幾個月以後，中國財政部長孔祥熙博士報告說，政府對如何最好地利用美國貸款進行考慮之後，專家們得出結論，認為應當撥出 2 億美元來償付進口的日本物資以及冒著風險、辛苦地把上述物資走私偷運入境的「愛國商人」，以作為利潤。至於政府官僚慣常利用職權分享上述利潤，只不過是細節問題。對政府已完全失望的中國工業家儘管提出抗議和呼籲，但上述貸款幾乎毫未用來補助國內的工業。〔註15〕

於是，戰時大後方各地都產生了大量的民謠（有些是文人仿作），對國民政府所掌控的混亂局面及不斷惡化的形勢有大量的諷刺、針砭、揭露。如一首民謠，對國民黨中央政府在抗戰時期為推行實際的「黨化」文化而倡導的傳統儒家道德——「忠孝仁愛信義和平」——結合當時社會上的諸多現象和事實進行了重新的解讀。

> 什麼叫做「忠」？
> 投降日本大有功。
> 什麼叫做「孝」？

〔註14〕 楊菁：《論抗戰時期的通貨膨脹》，《抗日戰爭研究》，1999 年第 4 期，第 103
～104 頁。

〔註15〕 愛潑斯坦：《中國未完成的革命》，北京：新華出版社，1987 年，第 235～236
頁。

　　　　辱沒祖宗是英豪。

　　　　什麼叫做「仁」？

　　　　千方百計害人民。

　　　　什麼叫做「愛」？

　　　　愛官愛錢愛敵人。

　　　　什麼叫做「信」？

　　　　皖南襲擊新四軍。

　　　　什麼叫做「義」？

　　　　別人忍讓我攻擊。

　　　　什麼叫做「和」？

　　　　對待敵人笑呵呵。

　　　　什麼叫做「平」？

　　　　獨霸中國一掃平。〔註16〕

　　應該說，作品中各方面的描寫都不是空穴來風，而是當時社會某方面現實的真實寫照。就拿許多政府官員為了貪圖錢財，不僅對內不擇手段，對外也至民族大義於不顧，在戰時不惜把許多重要物資送到日本人手中以牟取暴利，這種行為在實際的效果上和叛國通敵並無二致。如日軍進攻上海的時候，美國曾贈送遭受長江大水災難民一批麵粉，而中國政府將麵粉交給了一個委員會，委員會是由勢力強大的上海地痞流氓、造船大亨、煤業大王、糧食大王、家財萬貫的銀行家、職業政客、將軍、教授等組成的，人人都想從中大撈一把。他們把麵粉高價出售給保衛上海的中國軍隊，並且有些人還在無錫、上海一帶買了大批糧食，然後以高價出售給日本侵略者。〔註17〕再有當 1941 年，中國發生了痛苦的通貨膨脹，這種通貨膨脹部分是日本人有預謀地把儲存的大量中國紙幣，投入中國金融市場所引起的。由於日本在購買它所需要的物資時，付出的價錢比中國政府限定的最高價格高得多，所以它購買了中國大量的黃金、戰略金屬和其他物資；當它覺得這樣做肯定會給對方造成困難時，它又收購糧食。在邊境上的中國地方當局貪圖這種交易的高額利潤，

〔註16〕西南師大老彭搜集：《山西民謠二首》，鍾敬文主編：《中國抗日戰爭時期大後
　　　　方文學書系·第九編·通俗文學》，重慶：重慶出版社，1989 年，第 100～101
　　　　頁。

〔註17〕史沫特萊：《中國人的命運》，《史沫特萊文集 4》，北京：新華出版社，1985
　　　　年，第 322～323 頁。

不僅不出來加以制止，反而充當了交易的中間人。〔註18〕

各種情形不禁使人們發出這樣的感慨：

> 投軍不如當政，
>
> 當政不如吃糧，
>
> 吃糧不如當倉，
>
> 當倉不如經商。〔註19〕

而當時的國民黨各級政府官員，腐化之風隨著抗戰的深入愈發地蔓延，在下面的一首民謠中，有形象的描繪：

> 半分責任不負，
>
> 一句眞話不講，
>
> 二面作人不善，
>
> 三民主義不顧，
>
> 四處開會不絕，
>
> 五院兼職不少，
>
> 六法全書不問，
>
> 七情感應不靈，
>
> 八圈麻將不少，
>
> 九流三教不拒，
>
> 十目所視不怕，
>
> 百貨生意不斷，
>
> 千秋事業不想，
>
> 萬民唾罵不冤。〔註20〕

民謠中指責的不負責任、不講眞話、不幹實事的情形，的確是有著普遍性的事實，而爲什麼會造成這樣的情形，與當時的「軍紳」社會機構有很大關係。國民黨「新軍閥」與地方上的「新紳士」形成聯盟，日益成為利益上的共同體，即使這個共同體已經腐朽入骨、殘破不堪，但由於沒有找到另一種有效的替代模式，只能拼命地維持現狀。所以這樣的國民政府，難以有效地組織

〔註18〕 愛潑斯坦：《中國未完成的革命》，北京：新華出版社，1987年，第234頁。

〔註19〕《四川民謠四首》，鍾敬文主編：《中國抗日戰爭時期大後方文學書系・第九編・通俗文學》，重慶：重慶出版社，1989年，第103頁。

〔註20〕《民謠偶拾》，鍾敬文主編：《中國抗日戰爭時期大後方文學書系・第九編・通俗文學》，重慶：重慶出版社，1989年，第107～108頁。

眞正的建設事業。

　　不僅如此，它還必須敏感地排斥各種社會團體爭取進步的努力，因爲這種努力的成功是「危險的」。較典型的例子是戰時由路易・艾黎發起的「中國工業合作協會（工合）」。「工合」採取了那些會在美國贏得稱讚的進步手段和目的，諸如改善勞動條件、衛生條件、加強教育、社會服務等，並且號召工人以自己的團結與民主合作的手段來爭取實現這一切福利，而不是靠等待一個家長政府的恩賜。然而，國民黨卻對之心懷恐懼、疑慮重重、百般刁難，其眞正原因在於「工合」的這些進步措施會形成一種榜樣和號召，這一點對於中央政府而言在政治上卻是爆炸性的。因爲，在國民黨統治區任何種類獨立的社團，一旦顯示出優越性，就會擴散爲要求各種類型聯合與團結的連鎖反應，而這恰恰足以把國民黨精心營造的那個藏污納垢的大廈化爲灰燼。結果，「工合」越成功官方施加的阻力就越大，而倘若有段時間不那麼景氣，沒做出眞正改革性的工作，不僅壓力頓減很多，而且有時還能受到點資助。〔註21〕

　　許多政府官員工作上作風散漫、生活上荒淫無恥，但在政府各種苛捐雜稅上卻幾乎都是把好手，逼得老百姓走上絕境，且看下面的四川民謠：

　　　　五月太陽像火燒，

　　　　不燒鬍子唉，燒眉毛！

　　　　老闆昨天要加穩首（押佃）喲，

　　　　開口幾萬不能饒。

　　　　不肯加來沒田種，

　　　　一家大小怎開交？

　　　　吞下眼淚賣新穀，

　　　　好比心頭插把刀，

　　　　新穀好賣價不好，

　　　　老穀一挑當兩挑。

　　　　你家今年要加多少喲？

　　　　問你心焦不心焦？〔註22〕

〔註21〕　〔美〕貝克：《一個美國人看舊中國》，北京：三聯書店，1987年，第152頁。
〔註22〕　《問你心焦不心焦》，鍾敬文主編：《中國抗日戰爭時期大後方文學書系・第九編・通俗文學》，重慶：重慶出版社，1989年，第129頁。

　　而在抗戰時期大後方很著名的戲劇作品《陞官圖》（陳白塵著）中，裏面就給出了一個國民黨政府模範知縣的十大要素：

> 第一，是苛政暴斂，濫收捐稅；第二，是敲詐勒索，誣良爲盜；第三，是包庇走私，販運煙土；第四，是剋扣津貼，以飽私囊；第五，是浮報冒領，營私舞弊；第六，是假公濟私，囤積居奇；第七，是挪用公款，經商圖利；第八，是販賣壯丁，得錢買放；第九，是徵糧借穀，多收少報；第十，是私通亂黨，交結匪類！……總而言之，所有縣太爺們會犯的罪名，您都犯了！您眞是一個模範知縣！
> 〔註23〕

總之，關於抗戰時期國民黨中央政府的現實表現、精神氣質和形象，費正清有這樣的評價：

> 我甚至慶幸他們只不過是一些沒有道德的投機分子，而不是有什麼狂熱的信念。這個國家目前甚至連推行法西斯主義所需要的那種精神力量都沒有。人們長期以來所關心的只是抓一根活命的稻草，他們對每一根稻草都捨不得放過。如果要談精神力量，那只不過表現爲忍耐和頑固不化，而不是我們所說的勇氣。〔註24〕

而作爲那段歷史當事人的何兆武也在回憶錄中談到了國民黨在戰時的大體情形：

> 國民黨只有在 1937～1938 年，就是抗戰的前一兩年有點振作的樣子，比如在上海打，一直到臺兒莊、徐州、武漢，確實都是大規模的戰役，可是進人相持階段以後，戰事不那麼緊迫了，國民黨由於戰時統治有利於其專制，也就更加速了腐化，而且腐化的速度像癌細胞的擴散一樣，簡直沒有辦法。尤其是在戰爭的困難期間，物資極度缺乏，貪污腐化更容易，只要你有那個本事，倒騰一點就能發財，於是有的人就開始大發國難財，而且往往首先是那些有官方背景的人，結果貧富差距越來越大，社會矛盾越來越尖銳。〔註25〕

〔註23〕陳白塵：《陞官圖》，《中國抗日戰爭時期大後方文學書系·第七編·戲劇第二集》，重慶：重慶出版社，1989 年，第 973 頁。

〔註24〕〔美〕費正清：我發現了左派，張鳴、吳靜妍主編《外國人眼中的中國》第 5 卷，《中國國民黨人、抗戰》，長春：吉林攝影出版社，2000 年，第 419 頁。

〔註25〕何兆武口述，文倩撰寫《上學記》，北京：三聯書店，2006 年，第 192 頁。

總的來講，從積極的方面看，蔣介石及他領導的國民黨，戰時最大的功績體現在「抗戰」的方面，即不管過程中有多少曲折，蔣介石終究從來沒有真的對日本的威逼利誘而屈服，尤其在抗戰初期一度是國家抗戰救亡的象徵；至於「建國」的成績主要體現在「對外」的方面，其實這也是堅持「抗戰」而自然贏得的結果，即許多近代以來的不平等條約的廢除以及中國國際地位的提高。至於消極的方面，從「抗戰」的角度說，是國民黨的「軍紳」政權性質天然地懼怕發動群眾、喚醒民眾，因而雖然一面舉著抗戰的旗幟，卻只是堅持政府、軍隊以及爭取國際援助等聯合抗戰的思路，對於共產黨、知識分子聯合發動全民抗戰的路向始終高度警惕，並在戰時的大部分時期內百般阻撓；這也就自然造成「建國」（實質是現代化）上的糟糕成績，片面的依靠剝削、壓迫民眾的大資產階級、官僚買辦、鄉村地主等勢力，最終使自己失掉民心、越來越失去廣大民眾的支持，把自己變成了阻礙國家邁上現代化道路的最大的制度性「毒瘤」。而且，它之所以變成「毒瘤」，一方面似乎可以說是受了社會中腐朽階層的拖累，另一方面也可以說問題是出自蔣介石和他的中央政府的內部；後者對於他制定的政策的帶頭破壞大大鼓勵了前者的沒落行徑，而前者的任何反動舉措也會把後者一起拖入深淵。蔣介石中央政府之所以沒能完成「建國」上的任務，就在於它在行動上不能擔負起它口頭上宣揚的漂亮承諾，精神信仰與物質承擔者本身產生了如此巨大的悖離，其結果是：以「軍」「紳」妥協、聯合的政權越來越「剪不斷，理還亂」的纏繞在一起，把中國社會拖入到一個即便從主觀上想要認真建設、改造都已經無從下手的泥潭與困境。

二、投機與通貨膨脹

戰爭年代的動蕩與混亂，給了「軍紳」社會中那些只有一己私心的不法奸商、劣紳、地主、官僚等，趁亂大搞投機乃至和侵略者合作走私的天縱良機。文化價值系統、道德規範體系崩潰後人性的醜惡、叢林化的殘酷性，在戰爭這種「極端情境」下，展現到了極致。戰時投機包羅萬象，凡包括土地在內的生產資料，以至於消費資料，都是商業資本在囤積居奇的方式下追逐的對象。在城市，主要是囤外貨及生活必需品；工廠則以囤積原料為主；在農村，囤積糧食風行一時，土地投機每況愈下。

戰時社會上的投機行為愈演愈烈，其根本的原因總結一句話便是「上梁

不正下梁歪」，那些制訂政策的人往往是帶頭破壞政策的人。不是說國民黨中央政府裏的官員全都是這樣的人，實際後果的造成也不需要官員全都是腐化分子，但只要一部分人（哪怕只有少數幾個）先這麼做了，在那個多少有點戰時「末日」情境的心態下〔註26〕，立刻會像點了導火索那樣迅速蔓延。

在蹇先艾的短篇小說《春酌》〔註 27〕中，作品以第一人稱敘述的方式描寫了作爲師範學校教師的我，被一位商人初昌達請去「春酌」時的見聞，展現了抗戰時期不法投機奸商們大發國難財的各式嘴臉。他們大搞囤積，用他們自己的話說便是「現在的生意，是關起門來賺錢，開起門就要蝕本」；富泰紗行的老板邱鬍子一年的投機賺頭「有限得很，也不過才一千多兩千萬」；然而即便是這些「發了這麼大的國難財」的人，還不住的抱怨捐稅太高，訴苦生意地難做，並不住地駁斥商人「發國難財」的言論，認爲這「眞是豈有此理」，因爲比上那些大地主和做鴉片生意的人「眞有天淵之隔」，一副矯情、假惺惺的作態；實際上，在抗戰時期，大地主、投機奸商、煙片販子差不多是「鼎足三分」。

小說中還提出了另外一個問題，即商人們的奸猾暴利與其社會地位、社會心理的變化是非常顯著的，這一點連知識分子們也不得不承認。舊派文人老舉人柳清塘雖然還十分自豪於他的「子貢生涯」，然而已經難以掩飾對商人厚利的欽羨，只是苦於「缺少資本，始終無法加入，所以只好望洋興歎」；而新式的小學教員則認爲抗戰時期簡直是「萬般皆上品，唯有讀書低」，並直言不諱地承認要「脫離教育界，改行做生意了」。其實，這種現象在抗戰時期並非少見，包括「我」的朋友常志遠在內，都是「在抗日戰爭發生以後，他從上海翩然歸來，做了兩年的教書匠，後來忽然放下粉筆，搖身一變，成了匹頭商人了。這兩年，聽說他很賺了幾個錢。」於是，在傳統社會中商人是四民之末，而這種情況自近代以來就發生了重大的變化，到了抗戰時期似乎又達到了頂峰，商人們憑藉其行業性質及在抗戰中的有利地位成爲社會中最能靠抗戰大搞投機、囤積等牟取暴力的階層。而擁有財富在抗戰那個形勢嚴峻、廣大民眾物質極端匱乏的「大時代」裏，似乎成了最重要的現實，因而商人

〔註26〕 中央政府上層有一批官僚，一開始就對抗戰毫無信心，而大多數商人、資本家都持這種看法，甚至許多知識分子而且是高級知識分子也這麼看——比如西南聯大的許多教授。

〔註27〕 蹇先艾：《春酌》，《蹇先艾短篇小說選》，北京：人民文學出版社，1981 年，第 255～269 頁。

的名聲儘管很臭，但實際地位卻不斷上昇。

　　而在戰時「軍紳」社會的結構中，商人要想牟取暴利、發戰爭財，與官員之間的勾結也是必不可少的。如《霧重慶》〔註28〕中的沙大千，之所以能夠擺脫最初到大後方時候的窮困潦倒狀態，是靠著到香港跑生意，而他的生意之所以能夠迅速的獲得成功，靠的是和政府官員袁慕容（主任）的聯手。正如《春酌》中提到的做生意過程中遇到的種種稅收、關卡、運輸等環節，均不是商人們自身能夠完全掌握的，此時政府官員手中掌握的國家資源（包括無形的權力與有形的運輸工具等）就成爲牟利的必要條件。而官員們掌握這些便能從商人們的活動中抽取利潤，兩者對對方資源的需要構成了聯合的基礎，並最終演化爲事實。這也是民國社會「軍紳」聯合的一種重要形式，在抗戰時期表現地愈加明顯、愈加突出。

　　戰時重慶的《大公報》刊登了這樣的報導，「貪官利用特權進行套購禁售，其規模是奸商所無法比擬的，米價昂貴的根源便在於貪官」。這裡所指的貪官，當然係指惡德官僚，他們自然屬於國民政府內部。於是，對此放任的國民政府首腦部門可說是已經腐敗了。〔註29〕比如，孔祥熙就是最大、最典型的擁有極爲特殊身份的官僚：政府制訂了各種對外貿易的規章僅適用於某些中小商人。像孔祥熙博士那樣的超級富翁，則不受上述規章的約束，因爲他們自己就是負責管理國家財政的官僚，他們私人的財富和國家的資金常常是彼此不分的。中國的大富翁的確可以這樣說「朕即國家」。〔註30〕然而，政府高級官僚的許多具體運作，也離不開他周圍聚集著的商人、紳士，官與紳仍然是抱在一起的。於是，他們常常因爲有恃無恐而膽子越來越大，在這樣的情況下，較小的人物自然也要設法逃避規章制度，因爲政府不敢認眞檢查，生怕由此泄露更大的秘密。政府內外的富翁們，就變成了一群享有特權的違法者所組成的互相包庇的集團。這些人都決心要保持自己的財富，即使人民抗戰失敗，亦在所不惜，他們對抗戰本來也沒有多大信心，這些人也都想對人民隱瞞眞相。〔註31〕這便是爲什麼抗戰時期，蔣介石也曾想懲治腐

〔註28〕　宋之的：《霧重慶》，北京：中國戲劇出版社，1957年。

〔註29〕　〔日〕小林文男《抗戰中苦難的重慶》，《重慶文史資料選輯第30輯》，中國人民政治協商會議四川省重慶市委員會文史資料研究委員會，1989年，第87頁。

〔註30〕　愛潑斯坦：《中國未完成的革命》，北京：新華出版社，1987年，第230頁。

〔註31〕　愛潑斯坦：《中國未完成的革命》，北京：新華出版社，1987年，第230～231

敗，但大多是「打蒼蠅不打老虎」，「老虎」若動不得，蒼蠅也就不可能打乾淨，退一步說即使打乾淨了也會立刻又生出許多，因為「老虎」也離不開「蒼蠅」，他們是真正的「互惠互利（利用）」。

這種囤積、投機行為，在戰時的災荒中也沒有停止，而且災荒反而成為他們進一步投機的大好時機，流螢的報告文學作品《豫災剪影》〔註32〕對此有較為詳細的描寫。

災區的糧食投機，使得老百姓生存下去的最基本物資——糧食——成了民眾可望而不可求的奢侈品，無奈百姓們開始吃其他糧食替代物，如甘薯、榆樹皮、麻糝餅（榨油剩下的渣滓）等。然而，商人無所不用其極的投機，使得他們在操縱糧食之外，還操縱一切可以獲利的食物，於是，這些東西的價格也變得驚人。麻糝餅在災區，它要八元一斤才能買到；河裏的苲草，災民們要花三元錢才能換來一斤；甘薯根磨成的面要賣十元一斤，榆皮面也要五元錢才能填一次腸胃。在鄭州發生過這樣的事情：一個人以數千元的投資，買盡方圓幾十里地的榆樹，結果，不僅淨賺了木材，僅僅榆皮面都賺了許多錢。作者不禁發出這樣的感慨「有錢的人，真是『萬方逢源』啊！」這些行為導致災民們去吃「乾了的柿葉、剝下的柿蒂，蒺藜搗成的碎粉，吃麥苗，撿收鳥糞，淘吃裏面未被消化的草子，甚至掘食已經掩埋了的屍體」。

至於囤積中的高利貸更是高地驚人。「那些投機取巧的奸商們，利用這個機會，把糧食囤集起來，把生活線擡到天上，那些富而不仁的地主，乘這個機會放剝皮錢。在災區，糧食會一分鐘一個價錢。借一百塊錢，麥天要還兩斗麥。這些恐怕俺也不是後方所能想像的事。」造成河南大災荒的因素是天災與「人禍」的雙重夾擊，乾旱抽乾了土地中的水分，而投機取巧的奸商則吸乾了農民身上的鮮血。這種情況導致了惡性循環，災荒造成的局勢使壓迫者更加肥大，而壓迫者的肥大不斷加重者災荒的深度與規模，加速了人民的死亡。下面是作者對一個農民的訪問：

「利錢多少？」

「一百塊錢，到麥天出一斗麥的利，老斗！」

所謂老斗，是和全國新的度量衡完全不同的老式大斗，新斗只有二十斤，而老斗卻有四十五斤。

頁。

〔註32〕 流螢：《豫災剪影》，《中國抗日戰爭時期大後方文學書系・第四編・報告文學第三集》，重慶：重慶出版社，1989年，第1440～1477頁。

　　我很為他抱不平，並且很憤慨地問他這個高利貸者的姓名。

　　他說鄉下都是這樣，有的是借一百塊錢每天出三塊利，也有的是這時候借一斗麥天還三斗。

　　「沒辦法──油鍋裏的錢也得用哪。」

　　……在今天，在廣漠的河南一百多縣中，被奸商和高利貸者活剝皮的，豈止這一個老頭子，高利貸者又何止千百個？

　　……

　　最普通的利息，是一百塊錢麥收後繳一斗八升課租。如果貧人現在借五百塊法幣，按規價可以購糧一斗半多一點，麥天便要付九斗的利息，本錢還不在其內。九斗麥以現值計算，便需二千五百元錢左右（每市斗二百七十元），五百塊錢借三個月出二千五百元的利息，這是一個何等駭人聽聞的利率！但在今天的農村，卻是平常而又平常的事。

然而，民眾如此悲慘的處境，卻成為有錢有勢者大搞土地投機的良機。災區一市斗米的價錢是三百三十元，而土地的價錢則被壓縮到二百元一畝，也就是說，「農人們賣一畝地，換十幾斤糧食，而這些巨富商賈，拿出十幾斤糧食，麥收後換到的是一百多斤的收成，而且白賺了土地所有權」。於是，下面的情形既是令人悲憤也是順理成章的，「災荒，災荒！災荒的時間多延長一天，窮人便失去更多的田地、什物、性命，而那些富而不仁的人們，則恰好相反，災荒的時間越長，情情景越重，他們就越能更多地、更廉價地把窮人的一切卷到他們的手裏」。

　　戰時的通貨膨脹也為投機行為製造了良機。在國民黨地區，即使是農民，也受到物價上漲的影響，因為他們仍在投機商人的操縱之下。由於商人同時也是地主、債主、行政官員、國民黨官僚，因此，可以操縱農民的大宗買賣。他們能以低價收購農民的糧食，而對農民要購買的物品，則擡高其價格。他們還以囤積和投機的手段來操縱市場，政府卻無法阻止。〔註33〕

　　無怪乎在抗戰期間，出現過許多像這樣的歌謠、歌曲，來表達人們對這些發國難財的無恥奸商們的憎惡：

　　　你，你，你！

〔註33〕〔美〕岡瑟・斯坦：《紅色中國的挑戰》，上海：上海譯文出版社，1999年，第189頁。

你這個壞東西！
市面上日常用品不夠用，
你一大批，一大批，
囤積在家裏
只管你發財肥自己，
國家和民族你是不要的。
你這個壞東西，
你這個壞東西！
壞東西，壞東西，
囤積居奇，擡高物價，
擾亂金融，破壞抗戰，
都是你！
你的罪名和漢奸一樣的。
別人在抗戰裏，
出錢又出力，
只有你，整天在錢上打主意。
你這個壞東西，
眞是該槍斃！
嘻，你這個壞東西，
眞是該槍斃！

你，你，你！
你這個壞東西！
柴米油鹽布匹天天貴，
這卻是你，都是你，
一手造成的。
只管你發財肥自己，
別人的痛苦你是不管的。
你這個壞東西，
你這個壞東西！
壞東西，壞東西，

囤積居奇，擡高物價，

擾亂金融，破壞抗戰，

都是你！

你的罪名和漢奸一樣的。

想一想你自己，

死要錢做甚麼？

到頭來，你一錢也帶不進棺材裏。

你這個壞東西，

眞是該槍斃！

嗐，你這個壞東西，

眞是該槍斃！〔註34〕

　　話劇《霧重慶》〔註35〕中描寫了沙大千和袁主任（慕容）合夥倒賣軍需品——汽油，卻打著醫院品的招牌來運輸，從中漁得暴利。這種情形在抗戰時期確有其事。比如，抗戰時期曾有滇越鐵路、滇緬公路作爲大後方與國際聯通的物資供應線，當滇越鐵路被截斷後，滇緬公路便有著極爲重要的地位。但據說實際上，中國所有的官員也都知道，當時滇緬公路和滇越鐵路，在中國供應問題中只是很微小的因素〔註36〕，而更重要的物資流通則是與日軍佔領區的走私。觀察家認爲 1941 年底以前，日本的封鎖是一個篩，而歷史上最大的走私組織就在這篩上鑽尋空隙。中日兩方對走私的事情都知道，中國政府人員積極參加著走私，而唯利是圖的日軍是和中國的投機家合作的。據估計，光是買賣汽油的走私者，就雇用著 50 萬人，他們把汽油從海邊的船上偷運入西南邊境的山道中，轉而賣給中國政府，私人投資者把和汽油一樣多的布匹、輪胎、藥品以及其他緊要物品運售給政府。當然，這並不是單方面的買賣：中國的鎢、錫和銻也從同樣的道路，運出去給敵人充實兵工廠。中國液體燃料委員會給予走私進來的汽油以充分的運費和回傭，連由於敵人的行動而在路上損失的汽油，也不論多少償還全價。政府辦的中國航空公司通過廣州日軍的路線用賄賂收買高度揮發性的汽油，來維持這條把中國聯結在一

〔註34〕 舒模：《你這個壞東西》，臧克家主編：《中國抗日戰爭時期大後方文學書系·第六編·詩歌第一集》，重慶：重慶出版社，1989 年，第 1566～1567 頁。

〔註35〕 宋之的：《霧重慶》，北京：中國戲劇出版社，1957 年。

〔註36〕 抗戰時期滇緬公路在中國物資供應方面的作用、地位是不是「很微小」，這一點值得商榷，存有爭議。

起的唯一的重要交通線。而中國共產黨人，也在敵軍所佔的城中，購買槍枝、手槍和汽油。〔註 37〕這種和敵人之間的走私行為，的確一定程度上有助於緩解大後方面臨的物資匱乏，比如像汽油這樣的戰略物資在當時是十分重要的，而共產黨購置的軍火重要性也不言而喻，但我們卻很難說這種走私行為是抗戰、愛國之舉，它部分是因為形勢所迫、被逼無奈，還有中、日之間唯利是圖的勢力積極推動的結果。否則，我們很難解釋，為什麼在兩國戰爭年代，一方會輸出汽油、軍火，而另一方會輸出鎢、錫、銻這些重要的戰略金屬；並且也很難解釋，為什麼在災荒時期中國民眾大量餓死，與此同時大量的糧食、大米卻通過走私由受災區輸「出」的，向敵佔區輸「入」的現象〔註38〕。

　　這種商人和官員們的投機、囤積，不可避免的一個結果是經濟混亂和通貨膨脹。陳邇冬的詩歌《空街》〔註39〕，描寫的便是這樣的畫面：

　　　　　是人的空蕩與人的喧嘩，

　　　　　空街又沒有驅馳或停留的車馬，

　　　　　沒有招牌也沒有插草標，

　　　　　空街竟招徠了近遠的

　　　　　農人，工人，文化人，

　　　　　學生，公務員，有閒者，

　　　　　娼妓與流氓也穿插在

　　　　　貴婦與紳士的行列。

　　　　　讓空街，給赤足草鞋

　　　　　長釘馬靴和高跟鞋

　　　　　盡情的摩擦，盡情的敲打！

　　　　　皮統子，皮靴，皮手套，

　　　　　皮大衣和皮短褂

　　　　　全是尖子貨——最好銷！

　　　　　今天你不買，看明天

〔註37〕〔美〕白修德、賈安娜：《中國的驚雷》，北京：新華出版社，1988年，第78～79頁。

〔註38〕〔美〕貝克：《一個美國人看舊中國》，北京：三聯書店，1987年，第21頁。

〔註39〕陳邇冬：《空街》，《中國新文學大系（1937～1949）》第十四集，上海：上海文藝出版社，1990年，第355頁。

　　　明天又漲上了，它們隨著

　　　油鹽柴米，隨著洋紗，

　　　物價像黃河的河床，

　　　別說一年，就一天，

　　　一天也比一天高！

商人們的囤積造成了物價的飛漲，而物價越是不穩定，越是上漲的厲害，商人們就更是囤積手中的貨物，不輕易向外出售，以求壓上一段時間之後，能夠賣得更高的價錢。這也印證了小說《春酌》中的那句話，「現在的生意，是關起門來賺錢，開起門就要蝕本」，所謂「蝕本」自然指的是沒有獲取更高的利潤。以戰時的成都市為例，

　　　成都市蠆售國貨物價總指數截至三十四年底較戰前漲 2341
　　　倍，其中食物類指數上漲 2002 倍，衣著類上漲 2143 倍，燃料類上
　　　漲 3854 倍，金屬類上漲 5802 倍，建築材料類上漲 2468 倍，雜項類
　　　上漲 1941 倍。

　　　三十四年底，成都零售物價總指數較戰前上漲 2977 倍，其中
　　　食物類指數上漲 2237 倍，衣著類上漲 3394 倍，燃料類上漲 5793
　　　倍，雜項類上漲 3519 倍。

　　　成都市機關辦公用品價格總指數，截至三十四年十二月止，較
　　　戰前上漲 1625 倍，其中文具類指數上漲 1271 倍，消耗類上漲 3143
　　　倍，印刷類上漲 444 倍，郵電旅費上漲 329 倍，修善類上漲 1794
　　　倍，雜項類上漲 1509 倍。

　　　成都市平民家庭生活費指數，截至三十四年十二月份止，較戰
　　　前上漲 1998 倍，戰前四口之家，在節約生活情況下，每月需 25 元
　　　者，在三十四年底需 51000 餘元。〔註40〕

由以上數據不難看出，抗戰期間大後方發生了多麼嚴重的通貨膨脹，大體上說，1941 年以前的情況還相對較為正常，而自 1942 年開始，物價就逐漸像脫繮的野馬一樣難於控制。杜運燮有一首詩《追物價的人》〔註41〕，描寫了當

〔註40〕 四川省檔案館編：《抗日戰爭時期四川省各類情況統計》，成都：西南交通大
　　　　學出版社，2005 年，第 75 頁。
〔註41〕 杜運燮：《追物價的人》，臧克家主編：《中國抗日戰爭時期大後方文學書系·

時的社會情景。

> 「物價」已是抗戰的紅人，
> 從前同我們一樣用腿走，
> 現在不但有汽車，還有飛機，
> 還結識了不少要人，闊人，
> 他們都捧他，提拔他，摟他，
> 他的身體便如灰一般輕，
> 飛，但我得趕上他，不能落伍，
> 「抗戰」是偉大的時代，不能落伍，
> 雖然我已經把溫暖的家丟掉，
> 把好衣服厚衣服把肉丟掉，
> 還把妻子兒女的嫩肉丟掉，
> 而我還是太重太重，走不動，
> 讓「物價」在報紙上，陳列窗裏，
> 統計家的筆下隨便嘲笑我，
> 啊，是我不行，我還存有太多的肉，
> 還有菜色的妻子兒女，他們也有肉，
> 還有重重補丁的破衣，它們也太重，
> 這些都應該丟掉：爲了抗戰，
> 爲了抗戰，我們都應該不落伍，
> 看看人家物價直飛，趕快迎頭趕上，
> 即使是輕如鴻毛的死，
> 也不要計較，就是不要落伍。

詩歌運用了擬人、反諷等手法，描寫了廣大民眾在物價飛漲面前的慘痛與窘迫，對這種違背人民利益，乃至於剝脫人民生存權利的現象進行辛辣的嘲諷。王芸生在 1944 年 12 月 19 日的《大公報》發表社評《爲國家求饒》，對這些利用抗戰大發橫財的人們發出了痛心和悲憤的呼告：

> 國難商人們，這幾年財也發夠了。囤貨居奇，喪天害理，把物價擡得這麼高，把後方經濟攪得這麼亂，國家吃他們的苦，一般軍

第六編·詩歌第一集》，重慶：重慶出版社，1989 年，第 684 頁。

民同胞也都吃夠了他們的苦，而他們揮金如土，只知一己的享樂。現在，我們也要誠懇的乞求他們，時至今日，你們應該罷手了，請你們饒了國家吧！你們這樣昧著良心做下去，國家固然受害不淺，你們自己也總有個不了。試看湘桂黔桂路上，有多少的千萬富翁變成了赤貧，甚至送了命。雲煙豪華，眞如一場春夢！過去的算了，財旣發夠，趕快洗手，請你們饒了國家吧！

　　還有那些非官非商亦官亦商以及潛伏在大團體裏的混食蟲們，我們也得向他們求饒。他們有的在機關，有的在軍隊，有的在社團，利用勢力，假公濟私，把公款經商囤貨，走私漏稅，一般商人做不了的買賣他們都敢做，一般商人發不了的財他們都敢發；他們也許嘴裏還仁義道德，像個人樣，而實際的罪惡卻暗無天日。今年的例子就不少，爲什麼豫戰初起一發不可收拾？爲什麼桂柳疏散那麼慘苦？走私之風滲入了軍隊，把許多好部隊的紀律破壞了；而當疏散緊急之際，多少民眾逃不了，多少貴重的國防物資機器運不出，而這些亦官亦商的大力者卻可以任意抓車，運載他們的囤貨，而且乘機大做買賣，大發橫財。你們這些人，假使還有一點良心，看到國家的遭難，聽到一路的哭聲，應該要懺悔了！你們難道以爲國家眞沒有法紀，人民都沒有耳目？到了惡貫滿盈，總要清算；與其讓人清算，何如先自懺悔。懺悔的第一步，就先應自己克制無窮的貪欲。放手吧！饒了國家吧！順便也應該向那些潛伏在大團體裏的混食蟲們求饒，你們的財已發夠，也請你們饒了那些確應愛護的團體吧！〔註42〕

三、徵丁與稅收

　　抗戰時期，楊山根據自己的見聞寫了這樣一首敘事詩《他是一個中國人》〔註43〕，記述了下面的一個故事：

〔註42〕引自《大公報一百年社評選》，上海：復旦大學出版社，2002年，第162～163頁。

〔註43〕楊山：《他是一個中國人》，臧克家主編：《中國抗日戰爭時期大後方文學書系‧第六編‧詩歌第一集》，重慶：重慶出版社，1989年。

一

　　他是一個中國人
　　他走在中國城市的街道里
　　他的手被反縛著
　　他的衣服襤褸得像一張濫污紙
　　（老實說
　　還不如一張豬皮清潔）

　　而且，他的頭
　　流著血，殷紅的血呀
　　淌在這太陽光照耀著的土地
　　淌在他的說不出什麼顏色的衣服上
　　畫家可以在他身上找到顏料
　　考古家可以把他送到倫敦博物館去陳列

　　而且，他的臉已分辨不出摸樣來了
　　他的口，也變成啞子
　　他的後面
　　還跟著兩個拿槍的
　　趕著他，像趕著一頭羊似地……

二

　　他是一個中國人
　　（我也是一個中國人呀）

　　等他停在一個店裏的時候
　　我鼓著勇氣走去問他
　　「兄弟，你是幹什麼的？」
　　他睜著一對駭怕的眼睛
　　戰抖的眼睛，悄聲說：
　　「我是一個人」

　　「人」我向他說

　　「我知道」

　　「你是幹什麼職業的？」

　　「我……」他向那兩個人看一眼

　　「是一個種田人

　　被欺侮的……」

　　「我的家，在××場……

　　有一個老母親……

　　婆娘，兩個娃兒，兩三歲……

　　昨天……夜裏，保長帶隊在我們……

　　家裏，拉我……當壯丁……」

　　「先生……我們家只我一個，還有婆娘娃兒……

　　我不肯，他們就打我……」

　　「看」他指著他的頭

　　他的聲音在抖，牙齒也在磨

　　他的一滴淚

　　也落在土地上——中國的土地。

三

　　他是一個中國人

　　他就這樣活在中國的土地上。

其實，這樣的場景在抗戰時期，是頗為普遍的現象。在抗擊日軍侵略的戰爭
中，中國軍隊無論裝備、訓練、協作能力上都遠遜日本，正如當時外國觀察
家的那句判斷「現代的軍隊只能出現在現代的國家」。中國社會的「軍紳」
性質，使得「軍閥」（包括蔣介石在內）所得的利益幾乎全部都倚仗軍隊，
他們對軍隊都極為重視，軍費開資也很大，但這些都不足以建設現代化的軍
隊，儘管有些部隊在裝備上已經現代化（機械化）了。所以，軍隊的大規模
傷亡，自然需要新的兵員補充，於是徵集壯丁的工作在堅持抗戰中的重要性
不言而喻。但實際上，徵丁過程中的內幕使得這項工作的莊嚴、神聖的意味
喪失殆盡。蔣介石都曾不無沉痛的承認，征兵工作現在做得很糟，這實在是

我們軍隊紀律鬆散和戰鬥力衰退的主要原因。他在戰時也說過這樣的事實，在一隊從福建步行去貴州的 1000 人中幸存者不足 100 人；在從廣東到雲南的 500 英里的艱苦跋涉中，700 名新兵只有 17 人活著走過來。這些無疑是極端的例子。但是，在 1943 年徵集的 167 萬人當中將近有一半——44%——在他們趕往所去部隊的途中死去或逃走。〔註44〕

　　研究者們對抗戰期間，國家徵集壯丁的總數及失蹤的壯丁數字常有較大出入，但一致的是，他們的調查都表明至少有數百萬的壯丁在戰時由於徵集過程中的種種駭人聽聞的腐敗而離奇失蹤。一種說法認爲，在 1937 至 1944 年期間，國民黨軍隊征兵 1200 萬人，直接或間接在戰鬥中傷亡的也許有 300 萬人，沒有一人復員。然而在戰爭後期，全部軍隊僅有 300 萬人，（誰也不相信官方公佈的 500 萬人的數字），於是，六百萬人「不見了」。〔註45〕這種估算的結果，顯然是不準確的，而且是最爲保守的。易勞逸的研究是，1937 年 7 月中國軍隊 170 萬人，1937～1945 年間徵集壯丁的數字是 14053988 人，而 1945 年 8 月，國民黨軍隊人數中方統計爲 350 萬、美方統計爲 270 萬。其中，戰時傷亡共 3211419 人，投降日本不超過 50 萬人，於是，至少有 800 萬，也許 900 萬人下落不明。以上是從國民黨自己的官方資料中得出的結果，但他在研究中也發現國民黨官方資料常常互相矛盾，顯示了國民黨有關軍事資料的不可靠性。〔註46〕於是，另一種國民黨內部人士的說法也就顯得很有價值，蔣夢麟抗戰時曾任紅十字會會長，到各地查看壯丁收容所，對國民黨徵集壯丁的內情所知頗多。據他當時估計，

> 　　在八年抗戰期內，未入軍隊而死亡的壯丁，其數不下 1400 萬人。當然，曲江壯丁從 700 死剩 17 個人，只是一個特殊的例子，不可作爲常例。當時我曾將估計的數字向軍事高級長官們詢問意見，他們異口同聲的說：「只會多不會少。」可惜我把估計的方法忘記了。
> 　　因爲那時所根據的各項數字是軍事秘密，我沒有記錄下來。〔註47〕

蔣夢麟提到，他估計時依據的數字是軍事秘密，這是極有可能的，官方公佈

〔註44〕〔美〕易勞逸：《毀滅的種子——戰爭與革命中的國民黨中國（1937～1949）》，
　　　　南京：江蘇人民出版社，2009 年，第 131、135 頁。
〔註45〕愛潑斯坦：《中國未完成的革命》，北京：新華出版社，1987 年，第 238 頁。
〔註46〕〔美〕易勞逸《毀滅的種子——戰爭與革命中的國民黨中國（1937～1949）》，
　　　　南京：江蘇人民出版社，2009 年，第 140 頁腳註 3。
〔註47〕蔣夢麟：《西潮・新潮》，長沙：嶽麓書社，2000 年，第 296 頁。

的數字帶有明顯的保守性。

　　爲什麼抗戰八年中徵集的壯丁會有如此之多的下落不明？蕭乾在抗戰期間曾作爲記者到廣東考察採訪，從他的報告文學《嶺東的黑暗面》中，我們似乎可以得到一些答案。首先，原本政府在徵集壯丁的時候，曾經承諾要優待軍屬已解決應徵者的後顧之憂，可實際上這種情形在潮汕沒能夠認眞兌現。而這種現象並不是局部的，在其他地方也很普遍。如韓北屏在《狙擊手方華田》〔註48〕中，描寫了某部隊士兵狙擊手方華田是家中的獨子，在應徵之前政府答應派人幫助他的家人進行農業勞動，可實際上並未兌現承諾，家中的幾畝田全靠他的老婆耕種；應徵壯丁原本有一批優待款也沒有領到；而且由於他入伍從軍，家中沒人撐腰，本村的流氓便試圖打他老婆的念頭；其本家的叔父也和村長勾結，想瓜分他的田地，當他母親要和他們理論的時候，他本家的叔父明知道方華田在軍中不能隨便回來，故意說：「你有本領，叫你兒子回來辦交涉！」在這種政府不能有效得實施自身頒佈的法令的情況下，政府本身的信譽度和民眾對之的依賴感便大大降低，自然壯丁應徵的積極性也會大受挫折。另外，各地的壯丁在徵集後的訓練和行軍過程中，濫施肉刑，致使壯丁們死傷慘重，使人們越來越害怕被徵召入伍。還由於徵丁費用被大肆貪污中飽，使得壯丁們在營養、衣著、住宿、醫療方面的條件十分惡劣，不但「吃不飽」是普遍的怨言，而且餓死病死的情形非常普遍。壯丁的訓練營被觀察家們形容爲納粹集中營。例如，在成都參加壯丁營工作的醫生對於德國集中營的手段並不覺得什麼驚訝，他們說，一切關於納粹集中營的描寫，簡直就和他們所工作的壯丁營一模一樣。靠近成都的一個壯丁營要接受四萬個壯丁來受訓入伍，但是在來營途中有許多人就已死了，能夠活著拖到訓練終了的，結果只有八千人。〔註49〕

　　其次，壯丁徵集過程中貪污瀆職行爲造成了嚴重的後果。原本徵丁「是爲了捍衛鄉土。這中間，如果政治動員工作進行得到家，不難做到七分自願三分強迫的程度。然而當前壯丁的積極性已爲貪污瀆職的經手人減殺殆盡。一件光榮神聖的國民服役，卻已變爲十九世紀最卑劣的黑奴買賣了」〔註50〕。

〔註48〕韓北屏：《狙擊手方華田》，《中國抗日戰爭時期大後方文學書系・第四編・報告文學第三集》，重慶：重慶出版社，1989年。

〔註49〕〔美〕白修德、賈安娜：《中國的驚雷》，北京：新華出版社，1988年，第313頁。

〔註50〕蕭乾：《嶺東的黑暗面》，《中國抗日戰爭時期大後方文學書系・第四編・報告

一來，富裕的有勢力的家庭總是輕易地逃避應徵的義務，而且這些人同時也往往是地方上的徵丁經手人，他們不但自己逃避兵役，還要利用徵丁上名額分派的權力從中漁利，常用的辦法是把兵役名額標上價碼，能掏得起錢的便能免除兵役，而拿不出或不願拿的只能把自己的孩子送到前方，結果造成了那些被應徵入伍的壯丁往往是最不能離開家的那部分人。政府和地方上的新型「紳士」利用對征兵額的攤牌權，大肆收受賄賂，有的時候還公開買賣。在成都，一個黑市的壯丁——被這種巡邏隊綁架而去的肉票——可以賣五萬至十萬法幣，相當於買五袋白米或是三隻豬的價格。〔註 51〕而且在某些地方，如嶺東的南夏鄉人中還流行起一種「職業壯丁」，他們替人頂替徵丁名額，每次能得七十元至百元不等，「他們領了錢，開拔出去。再由營內開小差回來。在普寧某村，一次徵去十名，竟逃回七八名之多。其中個人中最高的記錄，竟至逃回過四次」。二來，他們不但侵吞政府用於徵丁的款項、出售兵役名額，還利用徵丁，隨意攤派各種款項。如「揭陽第三區爲了送一個新兵，須繳給區長查驗手續費（每名三元）、車租（六角）、影像費（五角）、伙食費（每日三角）。有時地方索的名數比上層派定的多，這中間的空隙，就是筆糊塗賬了。目前民眾不堪其擾，男子多逃往南洋，或索性投軍上前線去了」〔註 52〕。在沙汀的小說《巡官》中，當地的鄉長和無冕之王彭幺鬍子，在徵壯丁的時候就以爲壯丁做制服爲名而攤派制服捐，其派款總數就遠遠在實際開支之上。〔註 53〕

而這樣混亂的徵丁方式，不可避免地在過程中有種種的不公正，以及這些不公正釀成的慘劇。沙鷗的敘事詩《這裡的日子莫有亮》〔註 54〕便簡述了這樣悲慘的一幕：青年農民袁海廷由於曾經和保長在收款的時候吵過嘴，結下了宿怨，所以他在結婚前便和李保長約定新婚一個月後再去當兵。然而在新婚當日的宴會上，正當新郎新娘拜天地的時候，李保長違背約定，故意爲難硬要抓袁海廷去當壯丁。在袁海廷向保長苦苦哀求無效，滿場客人說情也

文學第二集》，重慶：重慶出版社，1989 年，第 1663 頁。
〔註 51〕 〔美〕白修德、賈安娜：《中國的驚雷》，北京：新華出版社 1988 年版，第 312頁。
〔註 52〕 蕭乾：《嶺東的黑暗面》，《中國抗日戰爭時期大後方文學書系·第四編·報告文學第二集》，重慶：重慶出版社，1989 年，第 1663 頁。
〔註 53〕 沙汀：《巡官》，《堪察加小景》，南昌：江西人民出版社，1983 年。
〔註 54〕 沙鷗：《這裡的日子莫有亮》，臧克家主編：《中國抗日戰爭時期大後方文學書系·第六編·詩歌第一集》，重慶：重慶出版社，1989 年。

無用的情況下，他想起平日裏所收的冤屈及被抓了壯丁的後果——「還不是活活去拖死，一條命就送進鬼門關」，無奈在房間裏上吊而亡。丈夫在新婚之夜就被逼死，目睹了此情此景的新娘子，徹底失去了對生活的念想，絕望之下用菜刀砍死了保長自己也割喉嚨自盡，用同歸於盡這種最極端的方式來表示最無奈的反抗。

王西彥的小說《刀俎上》〔註55〕也講述了一個與徵丁有關的悲慘故事。老農人榮林爺的獨子豬欄是家中的支柱，實在不能送到前線。但家中的窮困出不起高額的「緩役費」，榮林爺只能背著豬欄把家中的剛剛插牙的小黃牛賣掉，而買了小黃牛一事被豬欄知道後大發雷霆，失了理智要到收「緩役費」的章富那裡把錢要回來，結果被抓起來送到鄉公所關了起來。小黃牛被出賣，兒子被抓，媳婦外出尋夫，在這種種打擊之下，榮林爺在牛棚裏上吊自殺，只留下孤獨的小孫女鳳囡。

總之，徵丁制度和操作過程中的糟糕程度，用當時觀察家的話便是，「整個中國都沸騰於征兵拉丁的浪潮中，而征兵之殘暴野蠻，冷酷無情，以及貪污舞弊，就算在中國最黑暗的史迹上這也是惡劣透頂的。」〔註56〕

再來看看戰時大後方民眾所承受的苛捐雜稅。先從一首苗族的民謠談起：

> 千差萬差，差到農家。
>
> 白湯一碗，酸菜一抓。
>
> 清早出門，半夜歸家。〔註57〕

從中不難看出民眾因不堪苛捐雜稅的重負，幾乎不敢呆在自己家中的心酸之景。四川的民謠中也有很多關於這方面的生動形象的描寫，如下列兩首：

> 《縣長走下鄉》
>
> 縣長走下鄉，
>
> 小民大遭殃。
>
> 個個煙賭匪，
>
> 人人挨棒棒。〔註58〕

〔註55〕王西彥：《刀俎上》，《王西彥小說選》，北京：人民文學出版社，1982年。

〔註56〕〔美〕白修德、賈安娜：《中國的驚雷》，北京：新華出版社1988年版，第312頁。

〔註57〕《苗族民謠二首》，鍾敬文主編：《中國抗日戰爭時期大後方文學書系·第九編·通俗文學》，重慶：重慶出版社，1989年，第106頁。

〔註58〕《縣長走下鄉》，鍾敬文主編：《中國抗日戰爭時期大後方文學書系·第九編·

《啥子法來啥子令》
　　啥子法來啥子令，
　　法法令令套百姓。
　　肥的已經整瘦了，
　　瘦的整死見閻君。〔註59〕

前一首既揭露了政府地方官的「煙賭匪」的眞面目，又展現了他們下鄉禍害百姓的情形；後者道出了政府「法令」的繁多，以及在這些「法令」的剝削、壓迫下，百姓們不堪重負的情形。在四川，1941 年的徵實額爲 678 萬餘市石，占全國 21 省徵實總額（25458918 市石）的 1/4，農民的負擔已經很重，但另外以農民爲對象的攤派籌募如飛機捐、節約儲蓄等從未免除，照常徵取。當年四川災區 50 餘縣，重災區收穫不足一成，有的竟全無收入，輕災區收穫最多不及五成，多數人民所得不足一家之需，前者扣賑極微，後者同額徵購，民眾負擔之繁重，生活之困苦可想而知。〔註 60〕類似的作品還有很多，大都反映了當時的社會現實和傳達了民眾的新聲：

　　莊稼是豆腐，
　　昨天割股股，
　　今天刮胸脯，
　　後天骨一副。

　　小麥剛上倉，
　　秧苗快全黃，
　　稻草米成堆，
　　穀子就搶光。〔註61〕

　　在抗戰之前，雖然國民總產值中農業仍佔據一半以上，但政府的稅收卻主要來自東南沿海的非農產業，但抗戰之後，這種情況發生了進一步的改變。

　　通俗文學》，重慶：重慶出版社，1989 年，第 127 頁。
〔註59〕《啥子法來啥子令》，鍾敬文主編：《中國抗日戰爭時期大後方文學書系・第九編・通俗文學》，重慶：重慶出版社，1989 年，第 128 頁。
〔註60〕甘典夔遺稿：《1941 年四川田賦改徵實物經過》，《四川文史資料選輯第 11 輯》，中國人民政治協商會議四川省委員會四川省省志編輯委員會，1979 年，第 125 頁。
〔註61〕《民謠三首》，鍾敬文主編：《中國抗日戰爭時期大後方文學書系・第九編・通俗文學》，重慶：重慶出版社，1989 年，第 110 頁。

　　沿海和大城市原本有限的工業、金融等產業受到戰爭的摧殘和日軍的佔領，受到嚴重的打擊、損失巨大，於是內地的廣大農村就成爲政府財政收入的主要來源。但從總體上說，政府雖主要依賴農民，卻一直缺乏對農民的承諾。政府名義上的稅收是有數的，但實際上攤派到民眾頭上的總稅額則從來都是個謎。政府只是把它所需要的稅額分派給地方各省、市、縣、村，但僅憑政府各級機構無力完成稅收計劃，於是不得不接受地方「紳士」、「強人」的幫助，他們是與地方農民直接打交道的人，並常常以層層包稅的方式操作，而包稅中大多地方政府人員已被收買；作爲回饋，政府只能對實際征稅過程中的不正規操作視而不見，甚至在外界的質疑、攻擊面前也只能竭力庇護，因爲事實上已形成政府和地方「紳士」利益的一體化。從長期穩定繁榮的角度，現代國家的稅收政策應當作出適當的措施以平衡收入差距、避免兩極分化，表面上看，國民政府也曾試圖這樣做過，但得到的實際結果卻恰好相反——損不足以奉有餘。

　　不過，無論政府的稅收方式如何千變萬化，事實上總是「不離其宗」：最後承擔賦稅的對象是最貧困、最弱勢的下層民眾。比如，對於政府職員領取的微薄薪金，要預先扣除所得稅。受影響最大的，只是那些最底層的小員工，因爲高級公務員可以領取超出其薪金許多倍的特別津貼，絕不扣除所得稅。而對於牟取暴利的囤積居奇者，由於他們生產性質上與工業截然不同，沒有賬冊，一般無法加以檢查，故在牟取暴利後，卻不繳稅金。並且這些囤積居奇的奸商由於違反官方專賣條例遭到警察拘捕的事例，差不多是絕無僅有的。至於生產性企業，恰恰因爲其正當經營，產品、賬目可以檢驗，都須繳付超過其應繳數額的稅金。而且稅率隨贏利的百分比遞增，工廠的成本往往仍按照戰前銀元的數字計算，營業額和收益則以戰時劇烈通貨膨脹的紙幣數字計算，所以一般情況下普通的贏利就變成巨大的數字。這種幣制的混亂，再加上戰爭年代的動蕩不安造成的借款困難、生產上的其他風險，常使工廠無力應付。於是，這樣的稅收制度就起著促使工廠破產的作用。〔註62〕

　　在農村，調查發現攤派負擔偏壓在小地主、自耕農甚至佃戶這些農村社會的貧苦階層身上，大部分富裕村民及與政府或秘密會社有關係的大地主，能夠說服保甲長及其他攤派徵收者寬容他們或強迫他們的佃戶付稅。以至於

〔註62〕愛潑斯坦：《中國未完成的革命》，北京：新華出版社 1987 年，第 240～241 頁。

在 1942 年，蔣介石也氣憤地宣稱，大地主和鄉紳集團的富餘人員中的絕大多數人是如此自私地逃避他們應當負擔的那部分賦稅，致使他們已經喪失了作爲中國公民的權利。〔註63〕

政府並不是不向富人征稅，只是富人所承擔的稅額幾乎都以各種方式轉嫁到最弱勢的農民頭上。如抗戰時政府曾出臺「自治富力捐」，本意是想讓富人出錢，而在江西大瘐，當地的「富力捐」竟攤派到挖礦的工人身上，不過更常見的是轉移到農民。戰時贛南一位官員曾對記者透露，政府規定的地租額是 30%，而實際的徵收額度在 1/2 到 2/3 之間，這樣造成的後果是，農民尤其是中小農，因爲所交穀類太多，拋棄田地不種的現象很多。此時，政府則規定拋棄土地三年不回者，沒收他的土地，那些尙未拋棄土地的人就只能半農半做工以補貼收入。〔註64〕征稅過程中貪污中飽的方法花樣百出。如中國各地的驚人差異也給貪污開了方便之門。因爲許多農村地區度量單位和器皿容量沒有標準化：有的縣和村使用斗作爲糧食容積度量單位，但斗的大小（有老斗、新斗等之別）各種各樣不能確定；而另有一半省份習慣以重量而不是容量來度量糧食；還有一些地區習慣以銀兩而不是法幣征稅；也有的比如雲南最初是以滇幣納稅；不產稻米的地區，農民被允許以其他作物充抵，主要有麥子、小米、豆類、馬鈴薯、玉米、棉花等，但都要按比例換算成稻米。這些不同的度量單位、錢幣和糧食向官方標準額的轉換產生了令人吃驚的混亂和極大的不公正。雖然，有些換算上的出入來源於事實上的困難，但其中掩藏的可供欺騙、勒索的巨大空間很快成爲貪污的淵藪。〔註65〕

再有，利用糧食的徵集、儲存、運輸、和分配程序中飽私囊。從老百姓那裡徵集到得糧食是優質和足量的，而到最後人們食用的時候，變的量既少質又差。通常的辦法包括：磨坊的人虛報碾磨和清理過程中的「損耗」，糧食管理者經常性的偷竊所謂「散落」，運輸者常藉口翻船或遭受土匪打劫，還有把水、石子、雜草等「摻拌」到糧食裏，以代替他們偷取的部分。據《大公報》估計，作爲官員們和地方豪紳們投機的結果，到去殼時約有 10%以上的

〔註63〕 〔美〕易勞逸：《毀滅的種子──戰爭與革命中的國民黨中國（1937～1949）》，江蘇人民出版社，2009 年，第 50 頁。

〔註64〕 楊剛：《東南行》（節錄），《中國抗日戰爭時期大後方文學書系・第四編・報告文學第一集》，重慶：重慶出版社，1989 年，第 751 頁。

〔註65〕 〔美〕易勞逸：《毀滅的種子──戰爭與革命中的國民黨中國（1937～1949）》，南京：江蘇人民出版社，2009 年，第 48 頁。

稅糧已被吞掉，另有 30%消失於儲存期。在運送糧食過程中又有進一步的損失。即使這一估計誇大了由腐敗帶來的損失，但它清楚地顯示出損失是非常大的，它將直接或間接地加重農民的賦稅負擔。〔註66〕

如此混亂不堪、沒有底限、日益惡化的稅收管理，造成的結果是：在田賦上，用嚴格的數學語言來說，從 1942 年開始農民的田賦近 5 倍於戰前稅率；更有甚者，據 1945 年初的《大公報》所載，小農們的付出量 5 倍於政府下達的賦稅，因爲大地主將其大部分賦稅負擔轉移到他們身上。〔註67〕戰時山東流傳有兩首民謠，生動地道出了農民的心聲：

> 刮民黨，
>
> 敲竹槓；
>
> 老百姓，
>
> 淚汪汪。
>
> 今日盼，
>
> 明日盼，
>
> 盼來兩個大混蛋，
>
> 一個×××，
>
> 一個×××，
>
> 派個國旗兩千八百元。（濟南民謠）〔註68〕

沙汀的小說《巡官》中，作爲實力派前身的鄉長，和既是糧紳又是（袍哥）大爺而其神通遠在任何糧紳和大爺之上的（當地的）無冕之王彭幺鬍子，便可以向群眾徵收苛捐雜稅，如徵壯丁的時候要求爲壯丁做制服而攤派制服捐，其派款總數就遠遠在實際開支之上。而在王西彥的小說《刀俎上》〔註69〕之中，因爲保長華安家的女學生小老婆生了孩子，便可以挨家挨戶的攤派「滿月禮」每戶 500 元。

〔註66〕〔美〕易勞逸《毀滅的種子——戰爭與革命中的國民黨中國（1937～1949）》，南京：江蘇人民出版社，2009 年，第 48～49 頁。

〔註67〕〔美〕易勞逸《毀滅的種子——戰爭與革命中的國民黨中國（1937～1949）》，南京：江蘇人民出版社，2009 年，第 46、51 頁。

〔註68〕袁水拍《通俗詩歌的創作》，《中國新文藝大系（1937～1949）·第一集·文學理論卷一》，上海：上海文藝出版社，1990 年，第 389 頁。

〔註69〕王西彥：《刀俎上》，《王西彥小說選》，北京：人民文學出版社，1982 年。

四、軍隊與特務

蔣介石的國民黨，由於並不真正重視意識形態，所以抗戰時期中央政府對國內局勢的掌控也主要依賴軍隊和特務兩大系統。這個特徵與共產黨對比一下便十分清楚，共產黨的控制是通過嚴密的黨組織實現，在精神意識上則體現為普遍的「覺悟」和「黨性」，即便在軍隊中，黨的威信也是毋庸置疑的。不過，蔣介石政府的「軍紳」性質的一個重要方面就是，他一直沒能使國民黨洗去「軍閥」的做派，一個重要的原因是中央政府在軍隊管理上的不健全。因為，基本上說，軍政部並沒有能力處理所有的人事公文，也不可能提供後勤支持，安排所有的運輸事宜，因此必須容忍軍隊不按正規的舉動。國民黨管理軍隊的方式是，在缺乏軍隊的地區，軍政部會給當地的高階將領大筆整數的金錢，讓他們自行解決問題，這樣，資金運用的誠實與否，其間分際就很模糊，有時差異不過是程度上而已。〔註70〕

這種封建化、軍閥化色彩極為濃厚的軍隊，雖然在抗戰初期一度迸發出堅強的戰鬥力，為抗日做出了重大貢獻，但其內部情況總體上還是比較糟糕的，並隨著戰爭的曠日持久而愈發惡化。

在小說《給予者》〔註71〕中，描寫了一個士兵黃伯祥在部隊中的見聞和遭遇。他在日軍炮火的驅趕下逃出了上海，逃出了他的家庭，參加了抗戰的軍隊；他本以為自己可以脫離以前的那種「泥坑一樣的痛苦的地位」，卻沒想到「在祖國的腐朽、破爛、充滿著獸性的隊伍中，犧牲了自己，忍受著種種的凌辱與折磨」；這樣的結果不能不使他大大地失望了，他終於明白自己「是從火中逃出來的，卻不料縱身一躍，已經落進了海裏」。這便是黃伯祥對於中國軍隊的感受和認識。

吳組緗的小說《鐵悶子》〔註72〕以第一人稱的方式，借助在濟南車站乘軍用物資車時遇到一位逃兵被抓的故事，暴露了當時軍隊中的許多腐朽情形。當老易和我談論到士兵在本質上並不是「老奸巨猾，不可救藥的壞東西」的時候，也不得不承認他們，「搶劫財物，姦淫婦女，這也都是必然會有的」，

〔註70〕〔美〕黃仁宇：《黃河青山——黃仁宇回憶錄》，北京：三聯書店2001年，第17、19頁。
〔註71〕東平執筆，參與者歐陽山、草明、東平、邵子南、于逢：《給予者》，《邱東平文存》，銀川：寧夏人民出版社，2009年，第127～180頁。
〔註72〕吳組緗：《鐵悶子》，《中國抗日戰爭時期大後方文學書系·第三編·小說第二集》，重慶：重慶出版社，1989年。

因為，「他的社會環境他的部隊教他如此做，鼓勵他如此做，他為什麼不如此做？他有什麼罪？」而這一點也被部隊的一個參謀官所承認：「當了三年兵……哪個不是財迷色狂！士兵們沒教育，沒紀律，成天看上級胡作胡為，心裏火著了，膽子變大了，誰是該死的，不吃口葷兒？都是整個村子整個村子的給他們糟蹋了！說起來還不喪德怎麼的！」由此不難看出軍隊內部的混亂，其原因主要還是「上梁不正下梁歪」。如軍隊在撤退的過程中，敵人的炮聲還在「轟——隆隆」響的時候，軍官們還命令士兵「搶救」各種物資，忙著拆電線、挖電線杆。反映了抗戰時期的軍隊中「一方面是嚴肅地工作，一方面仍舊荒淫與無恥」兩者並存的嚴酷現實。

軍隊中管理上的官僚主義和腐敗作風相當嚴重，即使在抗戰初期也是這樣。邱東平在《一個連長的戰鬥遭遇》〔註73〕中，記述了一個國民黨軍隊中的連長林青史，在戰鬥中曾三次果斷地出擊日軍，改變了戰鬥的局面。在戰鬥中表現出了慷慨激昂的精神面貌，不怕犧牲並創造了英勇的戰績，以至於知悉此事的一個飽經滄桑的中年特務長發出了這樣的感慨：「中國的新軍人果然在舊的隊伍中產生了！」然而，正是這個英勇的「新軍人」其結局卻是令人悲憤的：全連有 50 多人在與日軍的戰鬥中幸存了下來，卻慘遭友軍的 36 團的 5 個連的雄厚兵力所圍殲，而經歷了日軍炮火考驗的連長林青史，不但沒有寸功反而在所謂「公正」的紀律下被營長高華吉執行槍決。

吳奚如在《蕭連長》〔註74〕中也記述了這樣一個事實。國民黨軍隊某連鎮守的前進陣地在戰鬥中丟失，連長蕭某認為事關重大，應該當機立斷趁敵軍立足未穩實施反攻，在來不及請示上級的情形下率部英勇出擊並最終收復陣地。恰在此時，營部由於聯繫不到蕭連長，便輕率地做出判斷認為蕭連長已經臨陣脫逃，並將此事報告上級。而在層層上報的過程中，消息逐漸被各級軍官的官僚作風所扭曲，到師部上報給最高指揮的時候，已經變成了：「臨陣脫逃的蕭連長，我們已經把他抓住，而且，已經槍斃了！……」這樣的報告顯然是在沒有弄清事實的情況下，謊報軍情。於是，當收回前進陣地的蕭連長歸來之後，卻因為上級的猜疑與謊報成了「死人」，為了圓上級的「謊（報）」，不再次「謊報」——這次應該是蕭連長沒有臨陣脫逃，而是及時出

〔註73〕邱東平：《一個連長的戰鬥遭遇》，《邱東平作品全集》，上海：復旦大學出版社，2010 年，第 348～371。
〔註74〕吳奚如：《蕭連長》，《吳奚如小說集》，武漢：長江文藝出版社，1984 年，第198～215 頁。

擊收復陣地，將功折罪——師長以所謂的「苦衷」為由命令把蕭連長就地槍
決。作者在結尾處雖然給了蕭連長一條生路，不過那是為了考慮到不影響全
民抗戰的積極性而做出的曲筆，真實的蕭連長確實被處死了。

　　軍隊內部的貪污舞弊十分嚴重，當戰爭快結束的時候已經變成：每個師
長在領到一筆錢後，就隨意撥一點出來作為軍醫、餉銀、菜蔬以及作戰意外
事項的開支。在通貨膨脹日益厲害的時候，軍官們也許覺得比起國內任何集
團來，自己站在貪污的最好的戰略地位上。比如，薪餉表是虛報的，米賬是
虛報的。這弊病弄得這樣彰明昭著，以致將軍們認為貪污是自己的權利。每
師應有一萬人左右，但很少有一個師在六千人以上。〔註 75〕其實，一些中央
軍軍事長官，他們統轄的軍隊在戰前政府給養較為充足的時候，紀律也並不
太壞，軍隊的敗壞、惡化常常也可以追溯到國民黨中央上層的腐化墮落，這
一切都是相互影響、相互關聯的。政府高級官員的大發橫財，引起軍事長官
們的眼紅，而在政府官員看來，似乎又是軍事長官大權在手、財源滾滾，自
己也不甘其後。自 1938 年底到 1943 年底長達 5 年的時間內，中日之間並無
大戰，軍事長官察覺到重慶的戰略目標不是要採取任何進攻行動，就認為沒
必要搞好部隊的給養和裝備。於是，在兵餉和醫藥用品方面進行貪污中飽，
就成為司空見慣的事情。士兵們常由於營養不足和醫療不當而衰弱和死亡，
不願忍受這種處境的人只有開小差。許多將軍手下的士兵，因疾病和戰死，
已有半數或半數以上的空額，但他們仍舊向上報稱他的部隊是滿額的，目的
是為了多領餉銀。〔註 76〕

　　軍隊長官的發財途徑自然不止這些，在前線上同敵佔區的走私生意時常
如火如荼。應募保衛國土的士兵，不拿槍枝，卻肩挑扁擔，手推小車，把商
人軍官的貨物偷運過防線。另一些士兵則被派去為將軍們修建漂亮的住宅，
這些將軍以走私賺來的錢，購置田地，成為當地的大地主。地主將軍們的夫
人，在前線與上海之間穿梭往來，她們深入敵佔區，購買衣服、煙酒和餐桌
上的珍奇食品。〔註 77〕另外，對所駐區域民眾的征稅也是重要的財源。例如，
湯恩伯軍隊中的軍官和地方政府各級官員想出一切名堂徵收捐稅，農民每宰

〔註 75〕 〔美〕白修德：注定遭殃的中國兵，張鳴、吳靜妍主編《外國人眼中的中國》
　　　　　第 5 卷，《中國國民黨人、抗戰》，長春：吉林攝影出版社，2000 年版，第 527
　　　　　～528 頁。
〔註 76〕 愛潑斯坦：《中國未完成的革命》，北京：新華出版社 1987 年版，第 236 頁。
〔註 77〕 愛潑斯坦：《中國未完成的革命》，北京：新華出版社 1987 年版，第 236 頁。

一頭豬、賣一隻牛，甚至在自家農舍屋頂上曬果品，都要交稅，且任何理由也不能免除，甚至災荒期間也在繼續。河南流傳有兩首民謠，真切的刻畫了湯恩伯軍在河南的形象：

第一首是

敵人殺掠還能熬，

老湯捐稅受不了。

第二首是

河南四荒，

水旱蝗湯（恩伯）。〔註78〕

軍隊中上下級之間關係緊張，軍官毫不關心士兵，士兵則對上級軍官又恨又怕。軍隊中收入的高低，不是按軍階的差別，而是按有無機會或是否願意牟取暴利而定。在抗戰後期，下級軍官中沒有門路或潔身自好的人，幾乎全都開了小差。下層士兵在部隊中受到最重的掠奪和剝削，士兵被看成餓著求飯吃的狗，他受到如此待遇，就設法從比他更弱的人——農民——那裡盡量攫取東西，這樣來解決自己內心的不滿。所以，雖然軍隊在當地大肆掠奪、走私、弄虛作假，但除去生財有道的軍官，一般而言軍中的生活是相當艱苦的。胡適在 1943 年 7 月 8 日的日記中也有這樣的記載：

費孝通教授來談，他談及國內民生狀況，及軍隊之苦況，使我歎息。

他說，他的村子裏就有軍隊，故知其詳情。每人每日可領 24 兩米，但總不夠額；每月三十五元，買柴都不夠，何況買菜吃？如此情形之下，紀律那能不壞？

他說，社會與政府仍不把兵士作人看待！兵官每月四百元，如何能不舞弊走私？〔註79〕

這樣的軍隊的確有太濃鬱的「軍閥」特徵，比戰前的情景還要差很多。自私自利成了普遍的價值標準，以至於 1944 年，面臨日軍的進攻時，在戰區中心洛陽，河南軍隊手上有軍用卡車 700 至 800 輛，殘破程度不等，其中 100 輛用來馳運援軍，以支撐崩潰的前線，其餘的卡車都被軍官們用來搬運私人

〔註78〕愛潑斯坦：《中國未完成的革命》，北京：新華出版社 1987 年版，第 247 頁。
〔註79〕曹伯言整理：《胡適日記全編 7》，合肥：安徽教育出版社，2001 年，第 534 頁。

財產。這些軍官都是帶了太太、孩子和親戚上任的，如今他們的行李、傢具和財物裝在軍用卡車上，衝到安全的後方西安。軍官們為了補充軍運和自己的用途，甚至開始徵用農民的牛。〔註80〕

　　抗戰時期，特務的橫行霸道是國民黨統治的大後方的一大特色，蔣介石逐漸建立起多個特務警察系統，如力行社、軍統、中統、三青團等等。並且在抗戰期間，蔣介石對特務系統的依賴逐漸增強，其重要的原因是外有戰爭的破壞、內有政府的腐敗造成了全社會的混亂與動蕩，使得局勢越來越難以控制，不得不仰仗秘密警察的硬性監控。袁水拍在一首詩《釘子》〔註81〕中，形象的描繪了當時特務橫行的情景：

　　　　　無所不在的眼睛啊，
　　　　　在地窖裏，
　　　　　在屋頂上，
　　　　　在牆壁後面，前面，中間，
　　　　　在抽屜裏，
　　　　　在字紙簍裏，
　　　　　像槍口那樣瞪著人。

　　　　　你並沒有敲門，
　　　　　我也沒有來開，
　　　　　你已經坐在我對面。
　　　　　你看我剪指甲，
　　　　　像富於鑒賞力的美容技師。
　　　　　你看我打哈欠，
　　　　　象牙醫一樣審視我每一顆牙齒。

　　　　　我和朋友談話，
　　　　　你別轉頭來就聽。
　　　　　我和我自己談心，

〔註80〕〔美〕白修德、賈安娜《中國的驚雷》，北京：新華出版社，1988年，第199頁。
〔註81〕袁水拍：《釘子》，臧克家主編：《中國抗日戰爭時期大後方文學書系・第六編・詩歌第一集》，重慶：重慶出版社，1989年，第734頁。

　　　你埋怨我們的聲音太輕。
　　　我給我女人寫信，
　　　你跑在我們中間作證。

　　　我疲倦了，我替你感到了疲倦，羞辱，
　　　我就在桌子上休息，
　　　你的頭從桌子底下伸進來，
　　　兩隻眼睛，兩點黑色，
　　　像兩隻釘子。

他將特務監視人時候的眼睛比喻成「釘子」可謂是入木三分，並強調了這個「釘子」的無所不在，舉凡屋頂、牆壁、抽屜裏、字紙簍裏、和朋友談話時候等等，都無時不刻的「像槍口那樣瞪著人」。

　　不過，抗戰時期為蔣介石特別依賴的特務系統中，在抗戰中後期其情形也好不到哪兒去。特務的培養，大多是有過意識形態灌輸，經過了一定的法西斯式訓練，而且組織控制上也比較嚴酷、嚴密。但由於中央內部的上層不能潔身自好、做出表率，久而久之，被灌輸的外在信仰在現實中缺乏依託的缺陷日益暴露，特務系統也以驚人的速度開始腐化。而這種腐化，從某方面說，居然也是「軍紳」政權自身的需要。因為當國民黨中的各派勢力都處於腐化狀態，而倘有一個警察組織效率很高，那就會強大得使人不安，於是要麼它也加入到（腐化的）遊戲規則中來，要麼就會被蔣介石及其他各種勢力予以吞併、分割、削弱，以保持全國性的癱瘓式平衡。於是：

　　　一九四○年前後，據信，包括主要的政治警察在內，都害了全
　　　國性的通病。戴笠的人在前方利用職權走私，而陳氏兄弟和朱家驊
　　　所委以重任的人卻都是些僅會對主子效忠而毫無警察業務能力的草
　　　包。在那些小特務網裏，大家都以圖謀私利為主要目標。

　　　顯然，大多數特務都各為自己的私利而操心，有時胡亂搞些非
　　　法逮捕，那是應付表面，應付上級。真正的日本特務，共產黨人在
　　　國民黨區行動是有相對安全的。而填滿了集中營的則是一些無辜的
　　　後生小輩，因幼稚好奇而看了點馬克思著作的中學生，因私人恩怨
　　　而被捉弄的政府小職員，如此等等。〔註82〕

──────────────

〔註82〕　〔美〕貝克：《一個美國人看舊中國》，北京：三聯書店1987年版，第117頁。

五、「軍紳」社會的混亂與惡化

民國「軍紳」社會在抗戰時期，不再是戰前的那種由「舊軍閥－舊紳士」向「新軍閥－新紳士」緩慢的蠕變過程，而是步入到急劇轉變的快車道。這樣的轉變，其外在原因當然有戰爭擠壓的因素，但內在的原因仍舊不能忽視，那就是「軍紳」社會結構自身的本質，即它原本就是一個畸形的、非常態的、過渡的社會類型。因為近代中國最大的歷史任務是促進國家的現代化，而由「軍閥」這種武裝暴力作為領導力量是不足以完成這個使命的。因而，抗戰時期中國「軍紳」社會的快速惡化局面，是「軍紳」聯合的社會結構在抗戰的外因「逼促」下共同促成的。抗戰時期大後方的文學作品，有許多描寫了中國基層的「軍紳」社會圖景。

王西彥在小說《樂土》〔註83〕中，給出了戰時地方上統治人物的形象，他們是戰爭帶來的三位重要人物、三位地方新貴。一個是出身於縣上的世襲紳士，是「握有令人懾服的勢力的『名門之後』」，是當地的維持會長和護路專員；一個曾是地方上的實力派，曾有過一段轟轟烈烈的「黃金時代」，綽號「老虎」，雖然失勢很久了，但借助抗戰又陡然發跡起來，重新「成為鄉里間重要人物的鄉長」；還有一個是鄉長的侄兒，憑著「自己的嘴和手」，很會搬弄是非和欺壓良善，故而「很被做士紳的叔父所看重，歷來就是叔父得力的幫手」。

從中不難看出地方上「軍紳」社會權力上的基本結構，大致分為兩派，在朝的官員與在野的新紳士。有的地方上是官員勢力大些，而有些時候，地方上的紳士雖然沒有名義的官職，卻能在暗中掌控實權。如師陀在短篇小說《「鬼爺」》〔註84〕中，就集中描寫了一位在民國鄉村中具有典型意味的橫霸一方的「新紳士」的代表「魁爺」──朱魁武。魁爺是在暗中長期統治果園城的巨紳，他的方法是聯合、籠絡地方上的其他勢力──胡、左、馬、劉等家族，把這些「無賴，痞棍，地主」，「地頭蛇，二三流紳士，對可憐的莊稼人，他們什麼事做不出來，又有什麼事沒有做過」的人，安插進各種機關。他本人並不擔任實際職務，但這種表面上的「無為」在暗地裏卻「無所不為」，始終維持著自己的超然地位，成為無形中的果園城主人，不受任何政治變動的影響。據稱，每任縣長上任後的第一件事便是去拜望魁爺，由此可見其勢

〔註83〕王西彥：《樂土》，《王西彥選集》第二卷，成都：四川文藝出版社，1985年。
〔註84〕師陀：《「鬼爺」》，《蘆焚短篇小說選集》，南昌：江西人民出版社，1983年。

力的龐大與根深蒂固。魁爺整日表面上「說多和善有多和善」，但背地裏和胡、左、馬、劉等人沆瀣一氣、無惡不作，但凡「打架，綁票，上吊，謀殺，械鬥」等，都是他們製造出來的，最終落得好處的總是他們。如張三李四與趙富錢貴因一棵小樹發生糾紛，互不相讓，事情只能讓魁爺、左爺等人來裁決，他們的辦法是把公正、法理拋在一邊，各自拿了一部分錢，利用自己的威嚴強制「和平」的解決，其結果是，為了一棵小樹，雙方各自花了比那棵小樹多 30 倍以至 60 倍的錢。

　　林蒲的短篇小說《官爺爺》〔註85〕則描寫了一個地方上的夷人大土目「官爺爺」，他坐擁大量的土地，在其官寨中「眼睛所能看到的，都是官爺爺的領地」；他管理著領地內的各種實際事務，如土地賦稅、訴訟糾紛、冬防、修築山水道路等等。官爺爺在自己的臣民面前，極盡尊嚴高貴，可是在面對一個區上的朱大隊副的時候，卻是異常的謹慎恭敬。其實，這個朱大隊副只是一個地方上的中下層政府官員，其「胡作橫行」向來被官爺爺在背地裏所憤恨，然而為了和另外一個夷人土目爭奪×市一帶土地（×市是塊好地方，一年可以出產千擔穀，四五百挑洋煙）的承繼關係，雙方各不相讓，不得不盡力巴結地方的各種勢力相互箝制，包括代表地方政府的朱大隊副等人。不過，雖然官爺爺和對手花去了十萬銀子，而其爭端最終仍舊沒有什麼結果。

　　蔣經國在抗戰期間也曾經到贛南走訪，在他的《在贛南各縣視察》〔註86〕中，較為詳細地分析了當地社會的一些情況。其一，從同樣是送給當地鄉長的兩封信中的用詞語氣中，作者看出來「地方上的士紳如何把持一切，同時鄉長在民眾心目裏又是何等尊嚴高貴呢！」其二，文中提到當地的迷信風氣仍舊很嚴重，如當地許多民眾仍舊願意建築城隍廟，「有許多民家甚至賣去了牛去捐款」，一個重要的原因是「現在到城隍廟裏去告狀的依舊的很多」。其實這種現象的出現，有迷信的因素在內，但不能簡單地單單歸結為迷信，因為民眾們之所以還到城隍廟告狀，很大程度上也是無奈之舉，這說明地方上的相關政府部門不能夠替他們申冤做主。其三，在視察的一個小學內的禮堂上還掛著孔子的照片，而且學校內部相當腐敗，但因為校長在地方上勢力很大，所以地方政府也不敢把他換掉。

〔註85〕林蒲：《官爺爺》，《中國抗日戰爭時期大後方文學書系·第三編·小說第三集》，重慶：重慶出版社，1989 年。

〔註86〕蔣經國：《在贛南各縣視察》，《中國抗日戰爭時期大後方文學書系·第四編·報告文學第三集》，重慶：重慶出版社，1989 年。

其四，政府的政令在很多地方無法推行，因爲地方事務常常由當地的土豪劣紳把持。比如一個叫唐老謀的，被地方百姓稱作「老虎」，「據說，老虎不除，地方上的政令永遠推不動的」。當蔣經國讓保長帶著他到老虎家視察的時候，保長由於害怕唐老謀而在離「老虎」家不遠的地方就回去了。

> 老虎的家裏，有四個碉堡，裏面可以養豬種菜，差不多可以另成一個「世界」和外面隔絕關係。當我們進門時，他要我們去找保長，說有公事可找保長，他不見。後來我們終於進去了，當時，把他家所有的人聚集在一所屋子裏關著，同時訊問老虎有多少槍支，據他說只有一支，但是，不肯繳出來，在搜尋的結果，僅在一個碉堡內就搜出了三十三支槍和子彈。

當老虎被抓住帶走之後，當地的老百姓雖然很高興，但仍舊沒人敢出面幫助蔣經國挑東西，最後只有一個鄉民主動答應，可見這類土豪劣紳在當地民眾的心目中是怎樣的兇神惡煞。

最後，蔣經國得出的結論是：在贛南還遺留著「土豪劣紳把持地方，貪官污吏敲詐人民，流氓地痞擾亂地方，富戶奸商壟斷市場」等四個不良現象。

沙汀的小說《代理縣長》〔註87〕，描寫了地方官員與實力派在賑災過程中的醜態。一方面由縣長到省裏請款賑災，另一方面具體的賑災事宜則大多承包給地方紳士們辦理。他們在發放賑災糧的時候，不僅「常常是用八角的升子發賑，而且只有自己的親戚佃戶有分」，其他的百姓們想要領到賑災糧，還要先花錢從地方糧紳手裏買票據，之後憑票領取。地方上的這些勢力沆瀣一氣，他們在搜刮民眾（包括災民）的時候，幾乎無所不用其極，刻畫了他們「瘦狗還要煉他三斤油」的猙獰面目。

在王西彥的小說《刀俎上》〔註88〕中，便描寫了在地方官紳的步步緊逼下，老百姓無奈走上絕路的慘劇。在老農人榮林爺的家鄉，先前按照王法打仗時是三丁抽一，獨子尚可以留做傳宗接代，而日本人一來，便「王法沒有啦，獨子也難免啦」。榮林爺的獨子豬欄已經逃過一次兵役，爲此還欠了一大筆債（緩役費）。而此地村裏的首富，保長華安家的女學生小老婆生了孩子，便挨家挨戶的攤派「滿月禮」每戶 500 元。在此雙重壓力之下，走投無路的榮林爺萬分不捨地將家裏最重要的財產—— 一頭剛插牙的小黃牛——變賣，

〔註87〕沙汀：《代理縣長》，《堪察加小景》，南昌：江西人民出版社，1983 年。
〔註88〕王西彥：《刀俎上》，《王西彥小說選》，北京：人民文學出版社，1982 年。

用以償還這兩項沉重而迫切的負擔——「緩役費」與「滿月禮」。兒子豬欄得知此事之後，大發雷霆一時失去理智，到收緩役費的村中紅人章富家裏索要，結果被抓住並連夜送到了鄉公所。在小說的結尾處，一面是保長華安家張燈結綵喜氣洋洋的慶賀滿月，一面是豬欄媳婦外出尋夫，而榮林爺則在牛欄中上弔自殺，只剩下小孫女鳳囡無助而恐懼的哭泣。

　　沙汀的又一小說《巡官》〔註89〕，通過主人公馮二老師的一段經歷，展示了鄉鎮農村的各種「軍紳」勢力，及其對民眾的壓迫與搜刮。馮二老師原本被抓壯丁逼得走投無路，無論出錢還是找人冒名頂替均不成功的情形下，只得到城裏的丈人家避風頭，沒成想卻遇上巡官（鄉村警察）訓練的招生班，就通過岳父的關係帶了政府的委任狀回到鎮上當巡官。儘管他的委任狀是政府頒發，但在地方上能不能起到效力以及起到多大效力，都取決於地方上的實力派對他的認可程度。當地的實力派既有作為實力派前身的鄉長，又有當地的無冕之王彭么鬍子，後者即是糧紳又是（袍哥）大爺，其神通則遠在任何糧紳和大爺之上。他們既控制著當地的賭攤與煙館，還可以向群眾徵收苛捐雜稅，比如徵壯丁的時候要求為壯丁做制服而攤派制服捐，其派款總數就遠遠在實際開支之上。馮二老師這個巡官的職位在地方上是個新東西，要在當地立足會一定程度上侵犯地方上原有的權力、利益結構，在巡官為自己爭取權力過程中，這種調整勢必觸犯某些既得利益者的權益，以及引發各方勢力對自身未知前途的莫名擔憂或恐懼，因而總是處於當地各派勢力的排斥與擠兌之中。當他想要有所作為，借助縣長視察的機會試圖行使一些權力、樹立一些威嚴的時候，竟然遇到了各方面的忌恨和抵制；而在一翻的掙扎之後，只得聽從老父的勸告，僅頂著巡官之虛名，事事謹慎小心、少管閒事，反倒落得處境安穩。小說展示了地方上的糧紳、鄉長、（袍哥）大爺、巡官、地主等聯合一氣的村鎮統治圖景。

　　從《巡官》中不難看出，在基層的「軍紳」社會中，地方的官紳是如何相互勾結欺壓百姓。再有就是描寫了地方權力、利益結構的牢固性，即使利用政府的權威去推動其改變，也是相當困難的，這也許就是民國「軍紳」社會形成的重要原因之一。

　　都市裏的情形也是一樣的混亂和黑暗。徐遲在《山城的詛咒》中暴露了大後方的黑暗：

〔註89〕沙汀：《巡官》，《堪察加小景》，南昌：江西人民出版社，1983年。

……我詛咒這山城的秋天。秋色雖然像開屏孔雀，山城卻成了沉淪的地獄。欺騙織成了天羅地網，到處是貪污的虎豹豺狼。上將掛滿了叛國的勳章，純良少女，也在經商。……一陣濃霧把山城遮掩，最骯髒把戲幕後上演，外交界的登徒子日夜歡宴，劊子手殺人不眨眼，……〔註90〕

方敬在《不安的夜》〔註91〕中，留下了這樣的文字：

我們是一座座沉默的聖像，

看看那比夜還黑的秘密，

走私的，奸細的，鷗梟的影子

看看這悸動的城市，

那些抽搐著的被損害的靈魂，

比夜還黑的妓院，監獄，賭窟

看看平時吸慣了血的

比夜還黑的長得又高又胖的

銀行與衙署：

……

我們看見

在保險櫃上是貪污的手，

在印璽上是枉法的手，

在車盤上是敲詐的手，

但罪惡的叛逆的手，

扼不住民族的咽喉，

群眾閃閃的怒箭，

已搭上堅韌的弦上！

詩歌中描寫了「軍紳」社會各個階層、各色人等的拙劣表演，以及面對這些的群眾在心中埋藏、積累已久的不滿和憤怒。而更有代表性的描寫還在綠原的詩歌《給天真的樂觀主義者們》〔註92〕之中：

〔註90〕徐遲：《山城的詛咒》，《徐遲文集》卷一，長江文藝出版社，1993 年，第 141 頁。

〔註91〕方敬：《不安的夜》，臧克家主編：《中國抗日戰爭時期大後方文學書系·第六編·詩歌第一集》，重慶：重慶出版社，1989 年，第 159～160 頁。

〔註92〕綠原：《給天真的樂觀主義者們》，綠原、牛漢編：《白色花》，北京：人民文

二

　　大街上，警察推銷著一個國家的命運，然而嚴禁那些
齷齪的落難者在人行道上用粉筆訴寫平凡的自傳。
　　這是一片寶島：貨幣集中者們象一堆響尾蛇似的互相呼應，
　　共同象徵著一種意志的實踐：光榮的城永遠堅強地屹立在地球
上。

　　水門汀，鋼筋混凝土……永遠支撐著──象陀螺般向半空飛旋
上去──
　　銀行，信托部，辦事處，勝利大廈，百貨商場……
　　然而，告訴你，灰爐熄滅了，那怕形狀團結在一起，也是不能
持久的！
　　破裂的棺材怎樣也掩不住死體的臭氣和醜樣子！
　　請看，知名的律師充任常年法律顧問，發行了巨批傑作：

　　撲克，假面會，賽璐璐，玻璃玩具……
　　坤伶，明星，交際花，肉感的猥褻作家，美食主義者，拆白黨，
財政敲詐者，肉體偶像……
　　茶會，午餐，雞尾酒晚宴，接風，餞行，烹調術座談會，金融
討論……
　　勳章，獎狀，制服，符號，萬能的 Pass，雞毛文書……
　　賭窟，秘密會社，娼妓館，熱鬧的監獄，瘋人院……
　　鴉片批發，靈魂收買，自行失蹤，失足落水，簽字，畫押，走
私，誘拐，祈禱和懺悔……

　　我不知道，可愛的讀者，是否你以爲我的見解十分荒謬；
　　或者是否你見到悲慘的嚴肅的一面，與我的所見完全相反呢。

三

　　……
　　不過，大體上說，這光榮的城不容易屈服！

學出版社，1981 年。

幾分鐘後又美麗地擡起了頭：

男人照樣同女人弔膀子……

電影院照樣放映香豔巨片……

理髮廳照樣替顧客挖耳糞……

花柳專科醫師照樣附設土耳其浴室，奉送按摩……

糧紳們照樣歡迎民眾們大量獻金……

保甲長照樣用左腳跪在縣長面前，用右腳踢打百姓：如此類

推，而成衙門……

譯員們照樣用洋涇浜英語對駐華白僑解釋國情……

公務員照樣繕寫呈文和布告……

報紙照樣發表勝利消息，緝拿和懸賞，更正和駁斥……

可憐的學生照樣練習他們的體操：立正，敬禮，鞠躬，下跪……

大人們照樣指著流淚的、流血的、死了的、毀滅的和倒坍的

象放屁一樣念著「阿彌陀佛」和 alleluia，

發揮著十字架的光榮，金字塔的嚴肅以及東方文藝復興的意

義……

……

何況這兩三年連空襲都沒有了，哦，可愛的讀者，

誰敢仔細研究這一堆酪酊到蠕滑地嘔吐著黏質的肉蟲呢？

在中國，誰能快樂而自由呢？就是這些天國的選民。信不信由

你。

第二節　戰時「軍紳」社會分化與知識分子的分化

總之，抗戰時期的國民黨似乎在形式上使國家更為統一，但實質上則造成了社會的嚴重分裂。這種社會的分裂與戰前的「城鄉分離」、知識分子與大眾分離的特徵不同，而是演變成社會中急劇地兩極分化局面。其中，一方面是「物」的分化，即社會財富更加集中，貧困差距顯著拉大。這一點戰時幾乎所有的學者和觀察家都看到了相同的情形：

在中國，歷來都有明顯的貧富懸殊狀況，但現在，在戰爭時期，

此種狀況又變本加屬了。……農民們比任何時期都更加飢寒交迫和衣衫襤褸。老百姓及其統治者之間的鴻溝擴大了。〔註93〕

　　從 1940 年開始，趨勢改變了，農村貧富之間的傳統差距擴大了，大地主階級更趨富裕，而同時其他的大部分農戶（包括小地主）感到日益增長的經濟貧困。看起來矛盾的是，農村民眾經濟上的兩極分化，卻是農產品價格急劇上漲的結果。〔註94〕

　　中國農民被投機家，軍閥和西洋的工商業弄得破產，桎梏在自己的古老的封建關係之中，漸漸被迫得氣都透不過來。縱然中國有著一些新的鐵路和工廠，縱然中央政府有著一點合乎人道的紙上的立法。有些學者認為，在現世界之中，只有中國的人民才比五百年前吃得更少，生活得更苦，穿得更壞。〔註95〕

　　另一方面是「人」的分化，即面對國家無論內憂還是外患上都急劇惡化的局面，是選擇以一種犧牲自我的精神去奮起開創國家未來的新局面，還是隨波逐流、自私自利、放任墮落。人的分化是體現在各個方面的，並且從戰爭初期就已經存在。這些戰時初期已經普遍存在的現象，是中國近代以來長期受到西方的衝擊，社會逐漸城鄉二元分離、價值準則逐漸喪失而必然發生的，在抗戰時期這種非常態的異常嚴酷的年代，此種情勢只會急劇加重。

一、社會的分化

　　抗戰時期的社會分化大體上是走上兩個極端，即在「軍紳」社會原有的城鄉二元分離之上再加上貧富的兩極分化，並且這種兩極分化具有極大的不合理、不公正的特徵。總的來說，為國家做出巨大貢獻的民眾越來越一無所有，而大量的財富則越來越向戰時腐化、墮落、殘忍、混世的有錢有勢的人們集中。且看 1945 年，萍平給戰時大後方到處充斥著的逃亡的難民們描繪了一幅寫照圖：

　　　　四十里長的行列

〔註93〕愛潑斯坦：《中國未完成的革命》，北京：新華出版社，1987 年，第 256 頁。
〔註94〕〔美〕易勞逸：《毀滅的種子——戰爭與革命中的國民黨中國（1937～1949）》，南京：江蘇人民出版社，2009 年，第 35 頁。
〔註95〕〔美〕白修德、賈安娜：《中國的驚雷》，北京：新華出版社，1988 年，第 34 頁。

難民，把淚滲和著雨和雪
灑向地面
路，是泥濘的
肚子，是飢餓的
一角包穀粑
喂上三個孩子
這還是拼著老命
去抱來的呀

後面是火光
前面是烏黑的天
路，有走不完的路
要明天不挨餓
除非停止了呼吸
一家人凍死兩個
餓死了兩個
僅留下的一個啊
向著「溫暖」的
「自由」的重慶走去。

山城，還很熱鬧
風，只能威脅著那
徘徊在公館外面的人們
因凍餓而倒在路旁的
睜白著眼睛
死盯著陰藍的天空
一個一個甲蟲（注：「甲蟲」是流線型汽車）
爬過來，又爬過去
而垂死的人
卻用他最後的心語
告訴死神，說

「我是一家人僅留下的一個啊」

山城，舒服的人
睡著了
山城，有錢的人們
在爭買金券
那些企業家們把資產裝上汽車
飛機
然而，凍死的，餓死的
都還倒在路旁
他們是永遠地緘默了〔註96〕

在這首詩歌中，難民們是處在飢餓、泥濘、雨雪與孩子的包夾中排著「四十里長的行列」，後面有戰火的驅趕，而前方是未知的「黑暗」，沿途中不斷地有親人餓死、凍死，但心頭仍舊保留著一點希望，那就是「溫暖」、「自由」的重慶在前方。然而，前方的重慶眞的是他們想像中的那個樣子嗎？在那裡一邊是大街上流離失所、無家可歸的難民，一邊是巍峨高嚴的公館；一邊是凍餓、垂死的人們，一邊是來來往往的流線型汽車；凍死與餓死在路旁的難民是「緘默」的靜物，而「舒服的人們」、「有錢的人們」在忙碌，忙著爭搶金券，忙著把資產裝上汽車、飛機……在整首詩歌中，窮與富、貴與賤、「高尙」與卑微對比是如此強烈，揭露出社會分化的嚴重程度。

　　關於抗戰時期上流社會的腐朽與奢華，有許多材料留下了記載。戰時的美國武官卡爾遜，在經歷了北方的戰事後到達後方的漢口之後，看到漢口上層階級的那些年輕人在抗戰時的態度令其既震驚又困惑。因為北方前線的許多年輕人在那裡正做出著偉大的個人犧牲，從事各項有關的工作，而他們只顧跳舞玩樂、舉行精緻的雞尾酒會和宴會，簡直忘了他們的同胞正為民族生存而戰鬥。〔註97〕植山曾在他的報告文學作品《懷鄉病與難民》中，也描述了這樣的情形，「咖啡店裏沉醉著西裝的紳士。旅館裏叫囂著肥胖的商人。公

〔註96〕　萍平：《一幅難民寫照圖》，臧克家主編：《中國抗日戰爭時期大後方文學書系・第六編・詩歌第一集》，重慶：重慶出版社，1989年，第1426頁。
〔註97〕　〔美〕埃文斯・福代斯・卡爾遜：《官員和百姓：分配和犧牲的不平等》，戈寶權主編：《中國抗日戰爭時期大後方文學書系・第十編・外國人士作品》，重慶：重慶出版社，1989年，第129頁。

園裏漫步著戀愛的男女。戲院裏上演著腐敗的舊劇。街頭巷尾流動著悠閒地行人。幾乎和巴黎一樣的繁華和昇平。」〔註98〕當時的漢口有個叫做「洛西氏」（Rosie』s）的地方，它是一家由嫁給葡萄牙人的中國婦人經營的舞廳。這裏是一個「上流的」地方：

> 在這裏你可以會見領事，大使館職員，和他們的中國情婦，英法美的海軍軍官，少數商人，自覺荒唐的年輕教士，一群喝麥酒的俄國（塔斯）記者，以及不顧蔣介石的禁止奢華的中國老爺少爺們。在這裏你也可以看見從前線請假回來的王小林小姐的娉婷姿態；這在中國軍醫處擔任少校的德國姑娘甚至在舞廳裏也擺弄著她的漂亮的茶褐色緊身軍服。

> 總之，有些中國的戰時的文官武將也出現在「洛西氏」裏面。這裏有的是中國漂亮男女，即使日本人殺進來他們也會跟他們跳舞的。〔註99〕

而在中國戰時的首都（陪都）重慶，這種情況也比較常見。觀察家看到的重慶生活，明顯的缺乏愛國主義的熱情，戰爭似乎已成爲遙遠的過去，引人注目的是常常會有一大群一大群衣著華麗、口抹朱唇、跟西裝革履的公子哥兒搭肩挽臂的妙齡女郎。〔註100〕

在抗戰過程中，在地方上，情況是同樣的糟糕。許傑抗戰時期的採訪中就發現這樣一個城池，不遠處正在展開神聖的民族血戰，而這裏卻正在舉行盛大的聚餐會，他們的邏輯是「要抗敵，便得聯絡感情；要聯絡感情，便得聚餐」。於是，「在這燈光下面，不是密密地排著十張大圓桌，在每一張大圓桌的四周，不是都密密地擠著十來個抗敵人士嗎？而這一些抗敵的人士，不是都以上前線的精神來進攻席上的腴美的全雞與全鴨嗎？白熱的燈光，熱情洋溢的談笑，背挨著背，肩靠著肩，筷子碰著筷子，酒杯碰著酒杯」。並且，當聚餐會上有人提出應當設一個委員會專門來辦救濟被抽壯丁的家庭，組織

〔註98〕 植山：《懷鄉病與難民》，碧野主編：《中國抗日戰爭時期大後方文學書系·第四編·報告文學第三集》，重慶：重慶出版社，1989 年，第 1783 頁。

〔註99〕 〔英〕弗雷達·阿特麗：《揚子前線》，北京：新華出版社 1988 年版，第 186 頁。

〔註100〕 〔印〕比·庫·巴蘇：《巴蘇日記摘抄》，戈寶權主編：《中國抗日戰爭時期大後方文學書系·第十編·外國人士作品》，重慶：重慶出版社，1989 年，第 84 頁。

農村的互助，檢舉並且懲戒鄉鎮長的作弊等等事情的時候，卻被主席以打「太極拳」的方式給迴避掉，聚餐會仍舊繼續。〔註 101〕廣州失陷後，許多居民已經逃走，但在一所逃過了轟炸的有著屋頂花園餐廳的旅館中，則有一番別致的景象。那裡有活躍的生活和買賣交易，大走私販子和文武官員一起在那兒吃喝玩樂，後者已經成了前者的同事。由國民黨當地駐軍將領舉行的一場豪華酒宴，「有鱧魚唇、大蝦、雞、鴨、豬肉、高級調味品等」，而且「那些肥胖的官員和商人們在笑語歡聲中，開懷暢飲。他們像孩子般的玩笑打鬧，把他們新近走私來的珍品互相比較。其中有：自來水筆、溫度計、手錶、旅程表、標著諸如『摩登時代』、『歡迎』等英語字樣的衣帶環扣等」。〔註 102〕

　　以上是所謂的上流社會荒淫奢華的生活，而老百姓的境況則常常慘不忍睹。1940 年，蕭蔓若在她的詩歌《所見》〔註 103〕中，描寫了這樣怵目驚心的一幕：

> 百物都漲價了！
> 只有嬰兒，
> 不值一文錢；
> 在偏僻的街道，
> 冷落的角落，
> 城牆邊的菜田，
> 防空室的門口，
> 彷彿被人隨意拋棄的
> 一隻隻的破鞋，
> 讓過路人瞥他一眼，
> 又昂著頭走開，
> 只有狗子熱心，
> 覷著沒有人，就大膽
> 齧吻著他的腦袋，

〔註 101〕許傑：《抗戰聚餐紀盛》，碧野主編：《中國抗日戰爭時期大後方文學書系・第四編・報告文學第一集》，重慶：重慶出版社，1989 年，第 624～633 頁。

〔註 102〕〔美〕貝克：《一個美國人看舊中國》，北京：三聯書店，1987 年，第 33～34 頁。

〔註 103〕蕭蔓若：《所見》，臧克家主編：《中國抗日戰爭時期大後方文學書系・第六編・詩歌第一集》，重慶：重慶出版社，1989 年，第 916 頁。

他的全身，

污紅的肚腸攪著布片！

好修養的路人，

袖著手站在一邊。

並不是沒有育嬰堂，

難道是害怕

當做饅頭一樣蒸，（注）

為了報復，才把

這些殘害了的小生命

顯示給青天

白日下的人

（注：據浣雲說，她們家鄉漂×育嬰堂，大概為了節省用費，有一次用蒸籠
把許多嬰兒蒸死。清早上，一個挑糞的人，經過廚房，以為是蒸的饅頭，高
興極了，想悄悄偷兩個吃，當他一打開蒸籠，駭得連糞桶都不要就跑了。）

詩歌開篇就道出這樣的事實，商品、物資是不斷地漲價，而人命則不斷地掉
價，嬰兒幾乎到了「不值一文」的境地；接著描寫了一個被拋棄的嬰兒，像
被扔掉的破鞋那樣既隨隨便便有沒有旁人理睬，而唯一對他感興趣的是路邊
的野狗，它感興趣的方式竟然是在大街上「齧吻著他的腦袋」；最後一段通過
這個棄嬰聯想到育嬰堂這樣的慈善機構，而某些慈善機構在戰時為了節省開
支（亦或是內部貪污腐敗）竟然把嬰兒蒸死，當作者把「這些殘害了的小生
命」，把流落街頭被野狗啃噬著的棄嬰的場面比喻成對「青天白日下的人」的
一種「報復」的時候，心中是如何充滿著無奈和悲憤。

　　王魯彥的小說《陳老奶》〔註104〕描寫了抗日入伍的軍屬陳老奶一家的悲
慘遭遇。二兒子征兵入伍後，陳老奶就因為受到打擊而精神頹喪；戰後的物
價上漲、生活吃緊，陳老奶帶領一家勉力支撐，但不幸的是大兒子在老二入
伍半年後病亡；家裏失去了頂梁柱，陳老奶又一次面臨精神的崩潰，但為了
兒媳與孫子將來「渺遠」的「希望」，她只得勉力振作、安慰兒媳，雖則仍舊
是一天天地在悲傷中衰老下去。然而，在鄉村中家庭失去了男丁便是失去了
依靠，大兒子病死二兒子當兵在外的情形給了村中黑勢力任意欺凌的空子。

〔註104〕王魯彥：《陳老奶》，《魯彥小說精品 鄉土小說的拓荒人》，北京：中國文聯出
　　　　版公司，1997年。

大兒子生前打工的雜貨店老闆（屬於新紳士）與鎮長狼狽爲奸，假造借款字據，榨取這孤兒寡婦的血汗。終於在這最後的重擊面前，陳老奶懷揣著孫子長大成親、二兒子穿軍裝歸來的美夢離開了人世。

　　抗戰這種非常時期，國家一定程度的動盪、社會在某種程度上的緊張局勢或許是難以避免的，但問題在於這種動盪與緊張是不是合理的。在戰時大後方社會中呈現出來的日益兩級分化現象既觸目驚心又缺乏合理性，眞正爲抗戰做出最重大貢獻的是廣大的勞動人民，但他們卻在抗戰中幾乎越來越失去一切，乃至自己的生存權，而戰爭中最大的得利者反而是那些勾結一起的政府官員和不法奸商，他們的許多做法在某些方面是破壞抗戰與漢奸無異，卻能夠享受豪華荒淫的生活。不用說這種兩極分化是相當畸形和危險的，正如方敬在詩歌中描寫的那樣，「群眾閃閃的怒箭，已搭上堅韌的弦上」。所謂「不患寡患不均」，其實質性的內容是「不患寡而患不公」，最重要的也許不在於是否平均，而在於是否公正。在戰時的湖北有一首民謠：

　　　　　　銀子過萬，走州過縣；

　　　　　　銀子過千，鄉里胡鑽；

　　　　　　鍋裏沒米，抗戰到底！〔註105〕

歌謠裏形象地展現了財富的多寡、地位的高下與抗戰積極性、對抗戰的實際貢獻間的反比關係：越是富有，便越是躲避抗戰、消極混世，而眞正抗戰到底的反而是那些「鍋裏沒米」的人群。這種情況在政府公務員之間也十分明顯：有些跟隨汪精衛投降了日本組成了漢奸傀儡政府，因爲日本人給的薪水，比重慶政府高兩三倍，家庭中的舒適設施一應俱全；而中央政府上層，包括內閣成員、高階將領、高級官僚等雖然沒有投降，但有些人時常和日本所謂的和平試探眉來眼去；不過，抗戰初期低級公務員中的忠誠、紀律和充滿希望的信念，是較爲堅定的，他們在沒有盟國、獨立抗戰的時候也能堅守崗位，沒有逃走的打算。〔註106〕

　　臧克家在詩歌《勝利風》〔註107〕中也描寫了這樣的情形：

〔註105〕《湖北民謠一首》，鍾敬文主編：《中國抗日戰爭時期大後方文學書系·第九編·通俗文學》，重慶：重慶出版社，1989年。
〔註106〕〔美〕白修德、賈安娜：《中國的驚雷》，新華出版社1988年版，第18頁。
〔註107〕臧克家：《勝利風》，臧克家主編：《中國抗日戰爭時期大後方文學書系·第六編·詩歌第一集》，重慶：重慶出版社，1989年，第1814頁。

四

　　我提議：

　　把流亡在美國的那幾萬萬兩黃金：

　　鑄勝利九鼎，

　　鼎面上，反反覆覆刻上三個字：

　　老百姓，老百姓，老百姓……

　　因為，他們才算是勞苦功高，

　　卻不自居英雄。

五

　　這裡忙著：

　　論功，行賞，

　　分封，裂土；

　　人才，在無緣的角落裏，

　　閑敲著滿肚皮的抱負。

這裡的兩廂對比是鮮明的。之所以要在頂上反反覆覆的刻上「老百姓」三個大字，是因為他們是抗戰中真正的「勞苦功高」、「卻不自居」的英雄，但用於鑄鼎的黃金，卻是富人們在抗戰時期轉移到國外的財富；抗戰的勝利給當權者帶來的是「論功，行賞，分封，裂土」的好處，而那些有真才實學的卻在「無緣的角落裏」被冷落一旁。

二、知識分子的分化

　　在漫長的歷史演進中，有社會變動較慢、秩序較為穩定的常態歷史，也有社會快速變革、激蕩不安的非常態歷史。對於人們來說，尤其是知識分子這個特殊的群體而言，在前者的歷史階段，社會處在成型期，似乎有較寬鬆的社會空間、較多的道路可供抉擇，心態上可以平和一些，生活上可以優雅一點；但在後者的歷史時期中，社會往往處在一個轉型期，新舊交替之時一切都不定型，於是知識分子擔負著十分艱巨的歷史任務和使命，在這個過程中可供他們做出的選擇不多，往往十分鮮明甚至是極端，這就是所謂的「大時代」。用魯迅先生的話說，便是「不是生，就是死，這才是大時代」，並且以魯迅的看法，「中國現在是一個進向大時代的時代。但這所謂大，並不一定

指可以由此得生，而也可以由此得死。」〔註108〕魯迅對大時代的界定，眞是敏銳地抓住了那個非常態歷史對知識分子的嚴苛挑戰，無論「生」還是「死」都是那麼極端的路，由此也不難看出大時代將知識分子的心靈壓迫到怎樣逼仄的境地。

　　有學者認爲，「對於知識分子來說，這樣的大時代有四個：先秦、魏晉、明末清初和 20 世紀。在這些大時代中，整個社會面臨著巨大的轉型，知識分子的思想和人格不僅與政治環境發生激烈的衝突，而且自身也面臨著巨大的矛盾。」〔註109〕如果說，整個 20 世紀中國在由傳統的「天下」轉變成「現代」「國家」地連續不斷的轉型期，都可以算作大時代的話，那麼八年抗戰對知識分子而言，更是大時代中的大時代，是極端情境中的極端。

　　近代以來的知識分子本就處在感時憂國的情境之中。如晚清最後一代士大夫康有爲、梁啓超、章太炎等無不盡了傳統士大夫的義務，以強烈的「天下興亡，匹夫有責」的心態熱心於政治活動，通過這種途徑推動國家的富強。然而，他們之後的一代知識分子在接受了以西方知識體系爲主的新式教育之後，普遍的對西方的科學、民主、自由等思想產生了不同程度的認同，並在這個過程中，隨著西方教育模式的推行而產生了知識化、城市化的現象，他們在瞭解西學的道路上不斷精進，但與中國廣大的農村社會的現實則產生了不同程度的隔離。知識分子群體的西化，使得他們在社會中的位置同時也逐漸的邊緣化，雖然這裡包含著主動的和被動的兩方面的因素。抗戰的烽火打破了知識分子在城市中長期營造的巢穴，被迫流亡到大後方的內地與農村，以往在城市中及西化知識中對中國社會的想像，在赤裸裸的現實面前受到極大地衝擊。無論是大學中的學者教授還是社會中的文人作家，都不同程度地拉近了與底層民眾、鄉村現實之間的距離，而思想上、知識上也令人矚目地發生了「中國化」的潮流。這是大時代的「實景」對知識分子叩問的結果，然而，抗戰的意義還不僅於此。由於知識分子多少改變了以往寓居「現代」都市的情形，拉近了與普通民眾的距離，他們在抗戰的艱苦環境中也目睹和體驗了低層大眾那種悲慘的生活。如果說知識分子對於民國以來中下層社會「軍紳」結構的演變，還是一個遠觀者的話，那麼抗戰八年間他們對社會的

〔註108〕魯迅：《〈塵影〉題詞》，《魯迅全集》第 3 卷，北京：人民文學出版社，2005年，第 571 頁。

〔註109〕許紀霖：《20 世紀六代知識分子》，《中國知識分子十論》，上海：復旦大學出版社，2003 年，第 81 頁。

劇變是一個近觀者甚至是參與者。尤其是體現在廣大的中下層民眾、社會上的急劇惡化，以及由此反映出的社會上層及中央政府的腐朽墮落上，他們第一次較為全面的目睹了這一切（此前寓居城市中之時，目睹的只是較為片面的現實）。與抗戰初期的那種甫一接觸地方「軍紳」社會時的心理衝擊有所不同，這是通過不斷地親眼目睹及深入思考的累積而產生的另一種持續的強大衝擊。如果說抗戰初期與內地、農村的接觸和重新認識產生的是第一波，那麼抗戰期間目睹社會各方面的急劇惡化造成的是第二波。我認為，知識分子群體在這兩個階段接受的那種震顫靈魂地思想衝擊，以及伴隨著這種思想衝擊產生的對自我、對國家未來的重新思索、設想和定位，是知識分子在抗戰時期走向分化的主要動力。

　　大後方文學運動中的眾多參與者，大體上是屬於熱烈的擁抱我們國家和民族未來「新生」的那些知識分子，儘管他們清楚地知道，在這條「新生」的道路上對於個人而言卻有可能意味著「死」。正如有些研究者所說的，「在這些大時代中，整個社會面臨著巨大的轉型，知識分子的思想和人格不僅與政治環境發生激烈的衝突，而且自身也面臨著巨大的矛盾。大時代的知識分子是最光彩的，也是最醜陋的；是最單純的，也是最複雜的；是最勇敢的，也是最怯懦的。」〔註110〕

　　在吳祖光寫於 1944 年的劇作《少年遊》〔註111〕中，通過這些淪陷區北京的一群剛畢業的學生的日常生活，展現了知識者的不同道路。三幕戲都發生在女生宿舍，通過四個不同性格的女青年董若儀、顧麗君、洪薔、姚舜英的日常交往展示了較為寬廣的社會畫面。其中，有投靠日本憲兵隊的浮浪子弟，有大商號的闊少爺，有憨厚的替妻子坐牢的鄉下青年，有游擊隊的聯絡員；也有嚮往光明進步的人，他們憧憬的是「解放了的國土」和「游擊隊出沒的地方」，最終也有組織的出走了。

　　陳白塵的劇作《歲寒圖》〔註112〕，通過一家結核病醫院中各個醫生的不同選擇，描寫了戰時知識者的分化。黎竹蓀是這家結核病醫院的靈魂人物，這裡的大多數醫生都是他培養的，他是一個具有理想主義色彩的知識分子，為了服務抗戰，制定了一個龐大的防癆計劃，並一直能夠忍辱負重地堅持下

〔註110〕許紀霖：《20世紀中國六代知識分子》，《中國知識分子十論》，上海：復旦大學出版社，2003年，第81頁。

〔註111〕吳祖光：《少年遊》，《吳祖光劇作選》，北京：中國戲劇出版社，1981年。

〔註112〕陳白塵：《歲寒圖》，群益出版社，1949年。

去。劇中的胡志豪是在生活壓力下，走向謀求私利、不擇手段的代表，下面的這段話能夠較充分地反映他的形象：

> 我怕窮，我怕苦，因為一個人在窮苦當中根本不能夠進行他
> 的事業！所以我要賺錢，我要發財！我要為我的事業發財！
> Dr.黎，您是位名教授，國內知名的肺科專家，一個真正的學
> 者！但您每月收入有多少？全部的收入能維持生活不？江大
> 夫的收入在這醫院裏總算是中上等的了，可是她的母親和一
> 個寡婦嫂子在家裏餓飯，都沒有辦法接濟！物價繼續不斷地
> 高漲，生活緊壓到無可再低！可是還是活不下去！多少知識
> 分子在窮苦疾病中死亡了，多少薪水階級做買賣去了，多少
> 教授都改行了！而另一面，那些貪官污吏和投機取巧的人，
> 不是一直過著驕奢淫逸、安富尊榮的生活？Dr.黎，我們知識
> 分子都有著一份理想的，可是在這個社會裏，知識分子算個
> 什麼？你的理想又算得什麼？在這樣混蛋的社會裏，請問是
> 讓自己的事業理想和自己的生命一同淹死了呢？還是努力掙
> 扎起來，爭取自己的事業和理想？為了目的，可以不擇手段！
> 我們中國有句話，叫做「殊途同歸」；在外國也有一句話，叫
> 「條條大路通羅馬」。Dr.黎，我和您的理想沒有不同，不同的
> 是手段罷了！

從這段話中我們可以看出，胡志豪原本也曾經是有著知識分子的「一份理想的」，只是在當時大後方嚴酷的社會環境中，知識者地位低下、生活悲慘，而那些「貪官污吏和投機取巧的人」則「一直過著驕奢淫逸、安富尊榮的生活」，因而他逐漸受不了醫院工作的清貧和窮苦，想到昆明去賺錢。他的性格中有被動的被社會情勢逼迫的因素。如許多知識分子的貧病而死，教授、職員們紛紛改行，就連黎竹蓀的其他弟子張大夫、馬大夫、葉大夫也先後離去，終於黎竹蓀的最後一個學生江大夫也為了生活去結婚了⋯⋯正如劇中人的一段話中透露出的社會環境對個人的壓迫：

> 沈庸：好，我們先不談醫學界。你說大家都改行做投機買賣去
> 　　　了，這不僅僅是醫學界的情形！你看看這整個大後方，
> 　　　公務人員也好，一般市民也好，大學教授、小學教員，
> 　　　甚至家庭主婦都在紛紛改行，做投機買賣去了！還有一

種人，你根本說不出他是什麼行當，他的行當就是利用
他自己或者親戚朋友的職權、地位來進行投機買賣，發
國難財！——大家都在發國難財，整個大後方成了個投
機市場！

但胡志豪也有自己主動的、軟弱的、貪圖享受的、自私自利的方面。從他一
開始能跟著黎竹蓀潛心學技術，等到學成後就要去賺錢，及「爲了目的，可
以不擇手段」的話就能看出來。而且，他不單單自己要去昆明，爲了具備更
好賺錢的條件和人手，他還要拉上黎竹蓀的得力助手江淑嫻與他一同離開。
所以，胡志豪是一個比較複雜的人物。與胡志豪相比，江淑嫻則是一個比較
善良，且富有正義感的青年女性，她承受著和其他人一樣的生活的重負，也
曾經一度想離開黎竹蓀，但經過一番動搖和掙扎後最終選擇了留下。

　　然而，即便是留下繼續堅持的人們，他們的結局也是暗淡無光的。黎竹
蓀的那個非常必要的龐大防癆計劃（包括 11 個療養院和 30 個肺病檢驗所），
在戰時大後方混亂腐化的環境中，不可能實現。胡志豪稱「這是書呆子的空
想！」因爲「衛生部裏沒人撐腰，財政部裏不肯給錢」——在這一點上他是
不無道理的。

　　宋之的的話劇《霧重慶》〔註113〕也是關於知識分子題材的作品，也描寫
了知識者們如何走上不同的道路。徐曼也曾受過教育，由於死了父母，生活
沒有辦法，還有弟妹一大堆都由她負擔，於是改名苔莉成了舞女、交際花，
與袁主任打得火熱，出入都是汽車，不過後來卻淪爲野雞。但她並沒有完全
迷失自己的本性，明知道自己已經被之前的同學朋友瞧不起，仍舊關心他們
的生活，利用自己職業便利給沙大千找工作出主意。沙大千是個大學生，在
抗戰後逃到後方，沒有工作生活困窘，再加上自己和林卷妤的孩子死去了，
心情一直氣悶。在林卷妤和友人的勸說下，他們先是合夥開了家飯館營生，
生活雖有好轉但仍顯得頗爲狼狽，自己也心有不甘。經苔莉介紹到香港做了
運輸生意，靠投機發了財，生活便逐漸豪奢起來，脾氣也變得傲慢，時常呵
斥傭人、抱怨菜肴、抽煙擺闊，就連當初介紹給他這份差事的苔莉也看不過
眼（儘管沙大千當初還對這生意有些不情願）。沙大千一直表明自己講究實
際，永遠反對追時髦，不過他認爲投入抗戰事業是趕時髦，而埋頭一心賺錢
則是講實際。他的理由是，抗戰雖需要人們的參與，而建國似乎是更重要的，

〔註113〕宋之的：《霧重慶》，北京：中國戲劇出版社，1957 年。

將來要致力民族工業方面；便和袁主任合夥倒賣軍需品——汽油，當做醫藥品來運輸；在情感方面，沙大千還背叛了林卷妤，並讓後者感染了梅毒。不過他的這些理由卻受到林卷妤這樣的指責，「你做了違法生意，是為了賺錢自飽；跟壞女人胡鬧，為了適合你的環境；拿了民族工業作藉口，不過是想掩飾自己的罪惡，你的行為，究竟哪一點與抗戰有益呢？」在劇中的所有人物裏，沙大千是個知識者墮落的代表。

林卷妤是劇中較為正面的人物，她在和沙大千一同到大後方之後，曾經勸說他出去做事情，當時林卷妤更多的是想讓沙大千儘快從低落的情緒中走出來，振作起來，沒成想沙大千之後變成了那樣一個人。林卷妤感覺就好像是自己給自己「掘了一個坑，這坑到底把我埋起來了」，她後悔當初「不該開那個小飯館，不該慫恿他到香港去，更不該賺了這麼多的錢！」因為擺在她面前的事實是，「生活一安定，特別是有了錢，人就慢慢地變壞了，變傻了！」於是她鄙視自己的這種生活，一直在內心的自我譴責和痛苦之中。她在重慶的五三、五四大轟炸中，冒著大火去救人，幫助人們擡死屍；花費了「許多精力為著難民和傷兵服務」，盡著愛國抗戰的責任；還發動了寒衣捐，準備募捐十萬元送到總打勝仗的第二集團軍，僅自己就捐了一萬元；她想做更有意義的事情，想到抗戰的前方工作，而妹妹家棣也想一同前往。最後林卷妤和妹妹林家棣果真一起出走，去尋找另一種新的生活。

那個畸形的、處於惡化中的「軍紳」社會對知識分子有著極為深重的影響，這是促成知識分子分化的一個最重要原因。但也由於它對於任何一個個體的人來說都是一個最強勢的存在的緣故，這種分化並不總是涇渭分明的。即便是那些最終選擇光明、進步，甚至是走上革命的知識分子，在其思想的轉變過程中，也常常經歷過痛苦地掙扎；有許多選擇了與黑暗的現實想妥協，積極地加入到它們中間，成了腐朽勢力的一部分；當然還有許多找不到出路的知識者處在幻滅、頹唐、虛無之中。

綠原在詩歌《給一個樂觀的天真主義者》〔註114〕中，也描寫了這類知識分子的心態和他們生活的情形：

可愛的讀者，我還談談可憐的知識分子吧。

在驕傲與頹廢的輪替裏，他們不敢大聲說話。

〔註114〕綠原：《給一個天真的樂觀主義者》綠原、牛漢編：《白色花》，北京：人民文學出版社，1981年。

你看，一些精神蔓長著鬍鬚的丑角兒嚶嚶哭泣起來了……

在泥濘的時間的走廊上，他們用虛無主義的酒灌醉自己，避免窗外
的噪音。
在象海一樣洶湧著波濤的大路上，他們迷信地懷疑一切──甚至專
門尋找
哀傷的街，喪氣的屋子，流淚的書……做他的一朵離世的島嶼，
潛伏著他們的做手勢的靈魂，恐懼地聆聽著鬥爭的陣亡者的作怪的
呼喊……

他們非常苦悶，常常用手按住自己的脈搏檢查自己的病症，
有時不覺得將自己的思想孵化出變節的幻蟲！
於是，閱讀著錯誤的哲學；巧妙地注解著慈善家殺戮嬰兒的原因：
模仿蟋蟀用尾巴歌吹──慶祝聖者以神的名義統治他們的同胞。
他們逃避著巨大的愛情和仇恨，他們自嘲：魯濱遜不需要錢幣！
然而，可愛的讀者，這群幼稚的犬儒們將永遠回覆到
神權時代的恐怖與恥辱裏去：恐怖自己的影子，羞恥於接近陽光：
他們漸漸昏迷了，可憐這些夭折在母胎裏的嬰兒。

作者在此對知識者的剖析中所展現的一片虛無頹唐的情形，有著深刻的文
化、社會方面的原因。我們前面分析過，這些知識者所接受的西方現代化教
育，熟悉的是一整套在西方的社會土壤中形成的知識體系，這種教育體制和
知識體系中的城市化、知識化傾向，與中國在整體上還處於一個農業社會的
現實有很大的隔離。所以，知識者畢業後不願回到鄉村、服務鄉村，但滯留
城市令許多人難以找到工作，不免彷徨苦悶。再加上抗戰時候，社會的情勢
更加惡劣，生存的空間更加逼仄，但他們又對廣大的農村、農民不大瞭解，
對抗戰的前景存有疑惑，找不到正確的出路，再加上自身的軟弱（既是個人
的也是知識者這一群體的），就容易造成這樣的境況。

　　這種情形在黃藥眠的小說《暗影》〔註115〕中，有非常細緻生動的描寫。
小說的故事發生在抗戰時期的某大學校園內，從一群青年學生的視角反映了

〔註115〕黃藥眠：《暗影》，《黃藥眠自選集》，廣州：花城出版社，1986年，第385～
　　　　426頁。

大學內部各種知識者的言行與抉擇。這裡的校長曾是武裝接管學校的，靠修一次宿舍就能從中漁利六七萬元，還和總務主任挪用公款做囤積生意，囤積了一大批黃豆，但不巧遇上了一個多月的雨，致使黃豆發芽賣不出去，故而整整一個月的教師薪水與學生的貸金、助學金都沒有著落。學校裏的教師大多不務正業，人心惶惶，有的上課講文化史，總拿著英文課本在那裡念，講了一個學期，羅馬的部分還沒有講完；許多教師在做生意，且每個月都說別人做生意賺了多少多少；教授們之間常常鬼打鬼，互相揭發陰私，如一個心理學的教師公然說另一位經濟學教授是靠賣老婆得來的位置……這種各樣的矛盾，派系之間的鬥爭，亂七八糟的謠言，使學生們也無法安心念書，用小說中的原話便是：

> 學校裏的事情，我看就是中國社會的縮影，整天是鬼打鬼的！校長是一派，老教授他們又一派，L 學院出身的又一派；學生的情況更是亂七八糟！有些是照地方分派，有些是照政治分派，也有些是莫名其妙的有奶便是娘主義者，誰上臺，他就擁護誰，目的在於自己順手撈一點小便宜。

總之，教授不像教授、學生不像學生是很普遍的現象。學生中有劉明這種常常讀革命書，專門刺探消息，向上報告的三青團成員；有胡公俠這樣會鑽營、會拉攏、能說會道的反校長的反對派，作風不正派，整日裏無中生有的製造謠言，發表各種宣言，出入各種打倒會，目的無非是擁護自己的一派上臺，可以沾光；有丘煜這樣的，是打倒和擁護誰都無所謂，這邊得到的消息傳到那邊，那邊聽來的消息傳到這邊，表面上中立，實際上當有利益的時候，兩邊都要；還有專作打油詩的，專吃大菜的，專追逐女性的，茶館裏做常務委員的，聚賭的，滿口洋涇浜的，跳舞的，整天開口上帝閉口上帝的，有機會就到什麼地方趕場做生意的；一間大學簡直成了所謂的「國寶陳列所」。

　　王西彥的小說《春天》〔註116〕，從一個知識分子坎坷經歷的角度展現了知識者是如何在社會的種種打擊下，由掙扎步入頹喪的。該短篇小說的結構與風格受到魯迅的《在酒樓上》的影響，描寫了「我」到醫院中探望自己童年時代的伴侶和相交近 20 年的老同學莫立明。從他們之間的幾次談話中刻畫出知識青年的現實遭遇與心路歷程。初出校門剛剛步入社會的莫立明，有著當時一切青年身上的優點和缺點，他「懷著一顆熾熱的心」，幹練而又自負，

〔註116〕王西彥：《春天》，《王西彥選集》第二卷，成都：四川文藝出版社，1985 年。

「鄙視周圍所有的人們」，「覺得自己的前途充滿光輝，理想的種子定能開花結果」，然而至於「自己所報的理想」是什麼，他並「未曾具備一個明確的概念」。在步入社會的第一次戰鬥中便敗下陣來。那是抗戰前他剛剛畢業之後，回到家鄉被聘為一個公立師範學校的教員，當時他「認為教書是一種神聖的工作，一種人的改造。他高興極了，也興奮極了……他使用著最親切的語句，向孩子們傾訴自己的抱負和身世，既無顧慮，也無保留。他原是一個年輕的人，在激情的洪流中，全然沉入忘我的境界」。出乎意料的是，這樣的舉動卻招來了一些「偽君子們的嫉妒」，「碰上那代表人類最壞的惡德的暗礁」，於是「種種不潔的謠言產生了，或明或暗的攻擊起來了」。開始的時候，他並不害怕，而且以一個新戰士而自許，以為那些更年輕的人會站在他的一邊，從而左右這戰鬥的勝負，不過這些更年輕的人「原來比我更脆弱，更沒有用」，小小的詭計已使得他們變成了「網中的鳥」。於是，短短三個月他便在舊勢力地夾擊下被趕走了。這第一次失敗雖然對他打擊很大，但卻沒有讓莫立明灰心，或者「以後得聰明一點了」，而是仍然保持著「鬥爭」、「掙扎」的情緒，到一個大都市裏當新聞記者。他也吸取了上次的教訓，變得「戰戰兢兢，小心謹慎，唯恐踏了上次的復轍」，他把教書看成是對人的改造工作，而當新聞記者是一種社會的改造工作，仍舊「非常看重工作的社會意義」。莫立明仍舊要「說真話和裸露自己的本性」，且不論哪一次，都是理直氣壯，認為道理完全在自己的一邊，可以完全穩操勝算。儘管他認為自己只是在守本分，並未侵犯別人，但總會有莫名奇妙的陷阱在暗地裏安排，「一方面叫你不知不覺地跌到那裡面去，一方面卻在旁邊拍手叫好——你跌得越重，他們的掌聲和叫好聲就越響亮！」於是，他得出了結論，像他這樣的人並不是因為缺乏經驗教訓之故，而是「太愚蠢」的緣故。而第三次以後的情形也與此大致相同。

此外，莫立明的婚姻經歷也較為淒慘，雖然她是自己過去的一個學生，常使自己「暗暗欽慕的女孩子」，「年輕，聰明，有如一朵陽光下燦爛發光的鮮花」，他在心裏決定「要用全生命來愛她，來使她幸福，也使自己幸福」。然而，激情剛過，莫立明便發現「自己和她是兩種不同的人」，比如「我把自己的生命溶合在她的生命裏，我決心要和她共命運。這是我的決定，但在她看來，我這種打算都很可笑」，便時常發生衝突，起初當「我一次一次的把社會習慣的難以違反，生活的不可克服，明哲保身的處世方法等等，詳盡地解說給她聽……第一次和第二次，她聽著，默默無言，彷彿不很理解，也彷彿

不置可否。後來次數多了，她就變得不耐煩了，甚至發出輕視的冷笑了」。於是，當他們不滿周歲的小孩死掉之後，她就離開了莫立明。莫立明正是在這些生活、工作、婚姻、精神、身體的多方面折磨下，在那個冷漠的私立醫院中任由病情惡化下去。

中國知識分子在近代以來，尤其是民國「軍紳」社會中的分化，有著思想文化上的根源，這方面徐復觀的分析較爲深刻。他認爲傳統文化，「在道德上卻只能成就少數人，不易成就多數人，而中國文化之所以能深入社會以至根深蒂固，有待於政治上（他力）的『化民成俗』」〔註117〕。傳統社會中道德水準的維繫，依賴政治對於道德、倫理背後的「道統」的認同與敬畏。但近代以來，中國傳統文化中作爲主體的儒家「道統」與帝制的「政統」都不同程度的逐漸崩潰與消散了，這對於知識分子而言極爲不利。因爲，中國知識分子，

> 常是由文化上以道德之心爲一切的出發點，一轉而爲以自利之心爲一切的出發點；由以一切爲充實個人道德之心之資具，一轉而爲以一切爲滿足個人私利之心之工具；於是中國文化在成就人的人格上，常表現爲兩極的世界：一是唐君毅先生『論中國的人格世界』一文中所敘述的世界，這是文化向上性的少數知識分子的世界；一是我在這篇文字中所要敘述的一般知識分子的純自私自利的個人主義的世界，這是文化墮性的多數人的世界。西方的自私自利的個人主義，可由『他力』的宗教、法、國家社會等加以限制；而中國的知識分子的自私自利的個人主義，則沒有，也不接受這些『他力』的限制，只有聽其『人欲橫流』的『橫』下去。〔註118〕

也就是說，在傳統社會原本的常態中，那種由少數知識分子承載的文化向上性，能夠通過政治在倫理道德方面的提倡與教化，使得這些價值標準伸展到廣大的民眾之中，在「民」那裡成爲日常中的「俗」。如此，這種價值體系的維繫，不全賴「小眾」的知識分子，甚至可以說很大程度上其基礎在於「野」（這也就是爲什麼會「禮失而求諸野」的原因），這種道德體系的「在野」形成了極爲普遍的價值認同標準，也能反過來在知識分子群體中保證一定的道

〔註117〕 徐復觀：《中國知識分子的歷史性格及其歷史的命運》，黃克劍、林少敏編：《徐復觀集》，北京：群言出版社，1993年，第142頁。

〔註118〕 徐復觀：《中國知識分子的歷史性格及其歷史的命運》，黃克劍、林少敏編：《徐復觀集》，北京：群言出版社，1993年，第143頁。

德水準。但當近代以來，價值體系與認同此價值的政治同時變革，且知識分子又隨著社會的城鄉分離而逐步城市化與知識化，他們既缺少傳統社會強大的「道統」作爲支撐（在過去被認爲是眞理），又沒有政治的倚重和庇護，失去了作爲社會重心的士大夫地位，還遠離了「在野」的民眾（摒棄了孕育在「民間」的道德反饋效應），再加上他們也沒有西方社會中的宗教、法律、國家社會等種種對於自私自利型個人主義的制衡，就使得那些原本就容易滋生的「個人私利之心」，更加沒有常態社會中的「他力」制約，而漸趨「無所不用其極」的墮落境地。

前面所分析的關於「人的分化」的種種現象，其中在腐化的政客、官僚、商人、紳士、軍人身上，也無不體現著知識分子那種負面的、下沉式的分化。但知識分子也有著另外的一面、另外的一部分。那些被炮火驅趕的知識分子在客觀上更加貼近下層社會，抗戰中知識分子的艱辛生活、社會的惡化與兩極分化實景刺激和培養了知識分子的「平民」意識、民眾立場，這成爲他們與共產黨聯合併參與大後方文學運動的重要出發點。在戰爭中，由於通貨膨脹、四處流亡等客觀因素致使許多戰前與社會、民眾隔離的知識分子在心理上、認識上發生了變化：一面是知識者身邊的特權官僚、無恥紳商們的貪污腐化、大發國難財；另一面是已經嚴重貧困化了的知識分子，在生活上逐漸貼近人民，有了和廣大民眾幾乎同樣窮困潦倒的親身、痛切的生命體驗。斯諾在戰時就發現了這一現象：許多中產階級的家庭，幾乎喪失了他們所有的一切，有的現在是完全普羅化了；許多地方貧乏的物質條件使學者、商人、兵士和工人處於同等的境遇，成爲同等收入的一群；中產階級人們學習了一些窮人的哲學。〔註119〕這一鮮明的對比，許多戰前在經濟生活中處於社會中上層的知識分子的貧民化，再加上他們受到的社會不平等和不公正的強烈刺激，產生了一種與平民大眾同呼吸共命運的平民意識。

因而，抗戰前已經有許多知識者致力於社會革命，而抗戰中更使得許多知識分子開始走出象牙塔，走上了十字街頭。聞一多就是這種現象的典型代表。他在少年時代就經歷了長期的美式教育，後來又到美國留學，歸國後長期任大學教授，生活較爲優越，與中國社會的「軍紳」化的現實隔離很遠。政治上一度保守，潛心研究古代文化典籍，曾有「何妨一下樓主人」的稱號，

〔註119〕〔美〕埃德加・斯諾：《爲亞洲而戰》，《斯諾文集 2》，北京：新華出版社，1984 年，第 200 頁。

足見其當時「獨善其身」的狀態。不過，在經歷了戰時種種對社會、國家、知識者及人民的全面觀察與思索後，於信件中說過，「抗戰以來，由於個人生活壓迫及一般社會政治上可恥之現象，使我恍然大悟，欲獨善其身終不足以善其身。兩年以來書本生活完全拋棄，專心從事政治活動（此處的政治是指參與到推動社會變革的民主活動中去）。」[註120] 聞一多反省了那些聚集在抗戰大後方的許多學院派知識分子，認為：

> （昆明）是一個特別充滿了僞善和臭美的頑固知識分子的城，因為，這是以一個什麼學府自誇的城。「新中國」對昆明應該是一個嚴重的抗議，不，得給他們當胸一拳、再找上兩個耳光，這些僞善和臭美的先生們，這些知識分子們，他們自己也該受點教育。告訴他們，該醒醒了，這是「人民的世紀」啊！[註121]

若沒有抗戰時期親歷的種種心靈的「震驚」，像聞一多這樣從居於社會上層的大學教授（政治上較為保守的群體）到「人民」本位的轉變，是不大容易發生的。

　　而戰時最積極、最進步的知識分子則更是直接地投入到抗戰之中。不是用槍桿子，而是用他們的筆，用他們的熱情與行動，去深入農村、奔赴前線，直接面對最下層的民眾，喚醒他們的抗戰意識、救國熱忱，團結一切能推動「抗戰建國」的力量。這類知識分子中，一部分是戰前就已經「左傾」的知識者，另一部分是受到抗戰的擠壓，流亡中親見了內憂外患的現實，經歷了敵人的殘酷與社會（內部）黑暗的兩方面刺激後，加入到抗戰陣營之中的。據資料顯示，戰爭爆發後僅上海一地，學生界先後成立的抗日團體就有 35 個，組織的抗日集會有 67 次，發表的抗日愛國宣言和通電達 94 個。全國各地的抗敵組織、救亡報刊風起雲湧，戰前文人之間思想分歧、四分五裂的局面發生了很大變化，形成了全國知識分子空前的大團結。最典型的代表就是 1938年「中華全國文藝界抗敵協會」的成立，在《中華全國文藝界抗敵協會宣言》中，便強調了「團結」與「聯合」的重要性，一是知識分子的「聯合」，二是知識分子要喚醒民眾的「聯合」：

> ……我們必須聯合起來。

〔註120〕聞一多：《聞一多書信集》，北京：人民文學出版社，1986 年。
〔註121〕聞一多：《「新中國」給昆明一個耳光吧！》，聞一多《聞一多全集 2》，武漢：湖北人民出版社，1993 年，第 235 頁。

　　對國內，我們必須喊出民族的危機，宣佈暴日的罪狀，造成全民族嚴肅的抗日情緒生活，以求持久的抵抗，爭取最後的勝利。對世界，我們必須揭露日本的野心與暴行，引起全人類的正義感，以共同制裁侵略者。曠觀世界，今日最偉大的事業，是剔除侵略的賊寇，維持和平；內察國情，今日最偉大的行動，是協力抗日，重整山河。在這偉大的事業與行動中，我們文藝工作者自然須負起自己的責任，而我們又必須在分工合作，各盡所長的原則下，傾盡個人的心血，完成這神聖的使命。爲了這個，我們必須聯合起來。

　　……

　　我們相信文藝是政府與民眾間的橋梁，所以必須沿著抗戰到底的國策，把抗敵除暴的決心普遍的打入民間；同時，把民間的實況轉達給當局。一方面我們竭誠的去激勵士氣民氣，一方面我們也不能不揭發了各方面的缺點和弱點，以補救與革新。〔註122〕

　　隨後在《中華全國文藝界抗敵協會發起旨趣》中，知識分子們普遍意識到發動群眾參與抗戰的重要意義，以及文藝在宣傳上的特殊作用：

　　半年來抗戰的經驗，給我們寶貴的教訓，一個弱國抵抗強國的侵略，要徹底打擊武器兵力優勢的敵人，唯有廣大的激勵人民的敵愾，發動大眾的潛力。文藝者是人類心靈的技師，文藝正是激勵人民發動大眾最有力的武器。數年來爲了呼籲抵抗，中國文藝界無疑地盡了最大的責任。但自抗戰展開以來，新的形式要求我們更千百倍的努力。〔註123〕

　　知識分子在大體上分爲這兩大部分，而參與大後方文學運動的知識者大體上是屬於是那些在嚴酷的「大時代」中選擇國家、民族與自我的「新生」中的一群〔註124〕，在抗戰、救亡、建國、革命的大潮中，他們用自己手中的文藝奏響了一曲壯麗的長歌。

　　李廣田的長篇小說《引力》〔註125〕，通過一個女青年在抗戰中顛沛流離

〔註122〕自文天行等：《中華全國文藝界抗敵協會資料彙編》，成都：四川省社科院出版社，1983年，第12～14頁。

〔註123〕文天行等：《中華全國文藝界抗敵協會資料彙編》，成都：四川省社科院出版社，1983年，第16頁。

〔註124〕當然，那些沒有參與其中的知識者，也並非都走向了消沉、沒落、虛無、頹唐。

〔註125〕李廣田：《引力》，銀川：寧夏人民出版社，1983年。

的一段生活與追尋，表現了知識者們在黑暗腐朽的社會中怎樣「蛻變」走上進步的道路。小說的主人公黃夢華，是一個對「家」有著很深的依戀的人，她小時候「是在一種非常安樂的環境中過來的」，有著傳統的中國女性普遍擁有的那種對「家」的情結。對於她而言「一個女子既有一個所謂『家』的存在，便只想經營這個家，並理想日積月累，漸漸有所建設，她的心正如一顆風中的種子，隨便落到什麼地方，只要稍稍有一點沙土可以遮覆住自己，便想生根在這片土地上」。不難看出黃夢華的這種關於「家」的依戀，有著明顯的中國傳統文化的影響。中國傳統的國家觀念原本就不強，且所謂「國家」與現代意義上的國家在性質上有很大不同，它更是一種文化的、社會性的觀念，傳統的「國家」、「朝廷」都沒有特別清晰的輪廓，常常是模糊的。在大多數時候更多與個人的一生息息相關的，實際上是「家」而非「國」，因而在傳統的中國人心中「家（族）」就顯得更具有現實性，也更能給人以情感上的依賴和戀慕。再加上傳統文化中崇尚生活、社會的「安」與「和」（不是現代的進步、發展），培養了中國人對寧靜、溫馨之美的喜愛。這些種種的文化特徵在黃夢華的身上都有不同程度的體現。如黃夢華生在城裏，當她嫁給了鄉村出身的雷孟堅之後，竟很快喜歡上了夫家的那個農村的大家庭，「鄉下的一切都使她愛，都使她驚奇，而慈善的翁姑與樸實的弟弟妹妹更使她驚訝於世間竟有這麼可親的靈魂⋯⋯她寧願意在鄉下住下去，寧願在這麼一個家的溫暖和愛中過此一世」。黃夢華在這裡對夫家人的「慈善」、「樸實」、「可親」以及那個鄉村大家庭的「溫暖」、「愛」感到如此驚訝和喜愛，更加體現了她身上的這種「傳統氣息」。然而，文中描寫的那種傳統的「家」與「國（文化）」，不但帶有一些理想的成分，而且最重要的是無論怎樣在那樣的一個時代裏，這種情形只怕難以再持續下去，傳統的「家」成了絕唱。

當黃萬華離開家踏上千里尋夫的路程，她的思想、認識就不可避免地不斷發生變動，最重要的便是她的視域如何從「家」中走出擴展到整個的（現代意味的）國家和社會。她在長途的旅行中，通過戰火、槍聲、原野、苦難、千千萬萬流亡的國人，才真正深切體驗到「國家」的意義，即若沒有一個獨立強大的「國」，她之前曾魂牽夢繞的「家」只能是個美好的夢幻。不過，當時她所看到的國家、社會卻是弱小而黑暗的，當她終於到了大後方的時候才明白，自己是「從昏天黑地的淪陷區走到這昏天黑地的大後方來了」。這時候，對知識者而言就面臨著新一輪的抉擇，許許多多的知識者隨著這黑暗

一同沉淪，而黃夢華則鼓起勇氣振作起來燃起了希望，開始嚮往她的丈夫雷孟堅所去的那個「更新鮮的地方」，「更多希望與更多進步的地方」。

　　不過，仍然需要強調的一點是，接受西方近代教育、習慣了都市現代生活的知識分子在走向以農民爲主體的大眾之時，民國「軍紳」社會的城鄉二元分離致使他們在知識上、思想上、觀念上、趣味上、情感上、生活上、經濟上都有著很大的差別乃至鴻溝，因而這個過程是相當曲折和艱難的。王西彥有一篇小說《鄉下朋友》〔註126〕，通過一個向來讚美農村的教授莊道耕在鄉間生活一段時間後心理上所起的微妙變化，深刻地反映了這一點。

　　小說的情節其實頗爲簡單，講的是一位「根生在都市裏的」，「靈魂是和城市的靈魂互相溶結在一起的」學者莊道耕，拜訪他的鄉下老同學劉樂能，並在鄉間居住一段時間發生的故事。莊道耕原本是一個對城市裏的「享受和代價，一切卑污和墮落」生出厭惡之情的人，在上學期間便「是一個田園生活的讚美者」，且「衷心愛慕田園生活，對莊稼人具有濃厚的興趣」。走出校門從事著述之後，他也從不吝嗇對田園生活和農民的讚美，與人交談只要一涉及農村生活及農業問題，他的偏袒態度就會立刻出現。從他的研究、學理的知識出發，他認爲「要復興古老的中國，必須從復興農村、改良農民生活著手」。儘管出校門後，他一直在文化中心的大城市裏，專心於名山事業，研究哲學、藝術、文化等，並已經在文化界建立了相當的地位。初到鄉下，田園的一切對莊道耕而言，都顯示著新奇的誘惑，令他興奮萬分。在與老同學劉樂能的交談中，常常批評都市生活的墮落與污濁，及近代文明和機械文明帶來的種種罪惡。下面的一段話最典型的代表了他的看法：

　　　　田園生活是至高無上的生活，農民是最可尊敬的勞動者，而土地則是產生一切有用之物的母親。農村的純眞和美，跟都市生活的黑暗與醜惡，正好是一個強烈的對照，但是都市算什麼？不管是怎樣奢侈華麗，也不過是農村的一種贅瘤，一種最可憎的寄生物。不說別的，我們只說糧食一項，只要一百天，不，甚至只要一個月或十天，農村不把他們從土地裏播種出來的米麥供給都市，那麼生活在都市裏的人就只有餓死。一切都市的繁華和享受，一旦離開了農民的支持，就只有毀滅一途。所以有人說，人類的希望從農民而生，

〔註126〕王西彥：《鄉下朋友》，《王西彥小說選》，北京：人民文學出版社，1982年，第330〜371頁。

> 從播下種子的農民期待種子的萌芽和收成而生；先有了這希望，才
> 有其他人類的一切希望。而人類，如果沒有希望，自然也就沒有理
> 想，沒有宗教，也沒有神了……

在面對他的鄉下朋友的「農民們終歲勞頓，可還謀不到一家溫飽」的現狀時，他興奮地給出以下的理論：

> 這都是都市的罪惡……農民為什麼不能夠溫飽？他們是真正
> 自食其力的人。他們用自己的血汗灌溉土地，和土地奮鬥，從土地
> 收取勞力的報酬，如果沒有都市的榨取，何至於不得溫飽！從農民
> 的立場看，一切都市裏的人簡直都是寄生蟲，用欺騙和貪婪從純真
> 的農民奪取糧食，卻反過來輕視農民，侮辱農民，製造罪惡，放僻
> 邪恥，無所不為。而農民，他們健康，誠實，勤儉，純真，具有人
> 類一切美德！

並且，莊道耕在面對他的鄉下朋友所說的許多農民也會撒謊、喜歡賭博、有些甚至盜竊的質疑之時，莊道耕堅持那些只是例外。當劉樂能陪著莊道耕在鄉間的阡陌上穿行的時候，他發出了這樣的讚歎：「詩，簡直是詩！……農民的生活和勞動本身就是詩，大自然的一草一木都是詩，農民簡直就生活在詩裏。……詩，無所不至的詩！」當莊道耕看到牧童在懸崖上迅捷的攀爬，便列舉出城市人的種種怯弱和虛驕，還引經據典來反證鄉下人可貴的野性。雖然他的論辯思路清晰、邏輯嚴密、雄辯滔滔、極富自信，但劉樂能卻始終不能同意，儘管他對自己的意見也不能充分完整地表達出來。

　　然而，莊道耕對農村生活與農民的讚美終究是虛驕脆弱和過於理想化的，等到時間一長，對鄉間的生活有了較全面和完整的瞭解之後，其認識、態度、情感便急轉直下。如當他在觀刈稻的時候，開始還一度陶醉在豐收的大好景象之中，但當他見到了稻叢中的毒蛇之時（這不用說是大大出乎他意外的），便不禁一陣心驚，儘管還能自我安慰性的認為「田園生活的真諦就在這種地方，自然界的一切，不論它是雲霞，是蛇蟲，什麼都是美，都是詩，都是享受！」但是當小長工換上了瘧疾，劉樂能用鄉間常用的辦法給鄉民畫符治病，小長工老娘向他下跪磕頭的時候，莊道耕卻連開玩笑的心情都沒有了。再加上觀刈稻時候毒辣的太陽和穿蓑衣時候被大雨淋得衣褲全濕，令他欣賞農村豐收氣象、田園雨景的興致被一掃而光。最後，當主人劉樂能興致勃勃地邀請他參加農民集會的時候，他不但假裝胃病拒絕參加，還發出了這

樣的感想「哼！究竟是一個鄉下人，還要我去參觀農民們的集會哩。」於是，他燃起一支煙捲，靜靜地在桌邊坐下，懸想著都市生活的熱鬧多趣，不禁歸心似箭了。

　　總之，知識分子的分化也呈現出諸多的複雜形態，他們在以一個個體的身份面對整個社會的普遍黑暗與惡化之時，無論是走向沉淪、墮落的還是邁向進步、奮起的，都有許多猶疑、彷徨、糾結、掙扎的過程在裏面。